도의 상징들

영국 여성이 바라본
동양과 서양의 신앙

"SYMBOLS OF 'THE WAY'
—FAR EAST AND WEST"

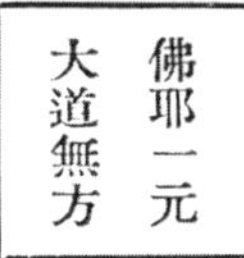

BY

THE HON. MRS. E. A. GORDON

AUTHOR OF

"CLEAR ROUND!", "TEMPLES OF THE ORIENT", "WORLD HEALERS," ETC.

FULLY ILLUSTRATED

MARUZEN & COMPANY, Ltd.

TOKYO, OSAKA, KYOTO, FUKUOKA & SENDAI

大正五年

1916

022
그들이 본 우리
Korean Heritage Books

도의 상징들

영국 여성이 바라본
동양과 서양의 신앙

엘리자베스 A. 고든 지음
신종범 옮김

살림

'그들이 본 우리' ― 상호 교류와 소통을 위한 실측 작업

우리는 개화기 이후 일방적으로 서구문화를 수용해왔습니다. 지금 세계는 문화의 일방적 흐름이 극복되고 다문화주의가 자리 잡는 등 세계화라는 다른 물결 속에 있습니다. 이제 우리가 주체적으로 우리의 문화를 타자에게 소개함에 있어 진정한 의미에서의 상호 소통을 통한 상호 이해가 필요함은 주지의 사실입니다. 그리고 타자와 소통하기 위한 첫걸음은 그들의 시선에 비친 자신의 모습에 대한 진지한 탐색입니다. 번역은 바로 상호 교류를 통해 자신의 정체성을 확보하기 위한 작업이며, 이는 당대의 문화공동체, 국가공동체 경영을 위해 중요한 과제 중의 하나입니다. 우리가 타자에게 한 걸음 다가가기 위해서는 타자와 우리의 거리를 정확히 인식하여 우리의 보폭을 조절해야 합니다. 그런 의미에서 서구가 바라보았던 우리 근대의 모습을 '번역'을 통해 되새기는 것은 서로의 거리감을 확인하면서 동시에 서로에게 다가가기 위한 과정입니다.

한국문학번역원이 발간해 온 〈그들이 본 우리〉 총서는 바로 교류와 소통의 집을 짓기 위한 실측 작업입니다. 이 총서에는 서양인이 우리를 인식하고 표현하기 시작한 16세기부터 20세기 중엽까지의 우리의 모습이 그들의 '렌즈'에 포착되어 기록되어 있습니다. 그들이 묘사한 우리의 모습을 지금 다시 읽는다는 것에는 이중의 의미가 있습니다. 우선 우리는 그들이 묘사한 우리의 근대화 과정을 통해 과거의 우리를 확인할 수 있습니다. 하지만 이 작업은 다른 면에서 지금의 우리가 과거의 우리를 바라보는 깨어 있는 시선에 대한 요청이기도 합니다. 지금의 우리와 지난 우리의 거리를 간파할 때, 우리가 서 있는 현재의 입지에 대한 자각이 생긴다고 할 수 있습니다. 이런 의미에서 이 총서는 시간상으로 과거와 현재, 공간상으로 이곳과 그곳의 자리를 이어주는 매개물입니다.

이 총서를 통해 소개되는 도서는 명지대-LG연암문고가 수집한 만여 점의 고서 및 문서, 사진 등에서 엄선되었습니다. 한국문학번역원은 2005년 전문가들로 도서선정위원회를 구성하고 많은 논의를 거쳐 상호 이해에 기여할 서양 고서들을 선별하였으며, 이제 소중한 자료들이 번역을 통해 일반인들에게 다가감으로써 우리의 문화와 학문의 지평을 넓혀줄 것으로 기대합니다. 한국문학번역원은 이 총서의 발간을 통해 정체성 확립과 세계화 구축을 동시에 이루고자 합니다. 우리 문학을 알리고 전파하는 일을 핵심으로 하는 한국문학번역원은 이제 외부의 시선을 포용함으로써 상호 이해와 소통이 현실적으로 가능하도록 더욱 노력하겠습니다.

끝으로 이 총서가 세상에 나오게 힘써주신 여러분들께 감사드립니다. 특히 명지학원 유영구 이사장님과 명지대-LG연암문고 관계자들, 도서 선정에 참여하신 명지대 정성화 교수님을 비롯한 여러 선생님들, 번역자 여러분들, 그리고 출판을 맡은 살림출판사에 감사드립니다.

2009년 5월

한국문학번역원장 김주연

차례

일러두기

1. 이 책은 엘리자베스 A. 고든의 *Symbols of 'The Way' - Far East and West*를 옮긴 것이다.
2. 본문에 나오는 성서 제목은 『공동번역성서』의 표기를 따랐고, 필요에 따라 제목을 축약한 것도 있음을 밝힌다. 축약한 제목들은 혼동되지 않도록 모두 통일하였다. 그리고 성서의 장과 절은 모두 ':' 표시로 구분하였다.
   예) 마태오의 복음서 → 마태오복음, 고린토인들에게 보낸 첫째 편지 → 고린토 1
       마태오복음 4:5 → 마태오복음의 4장 5절을 뜻한다.
       루가복음 3 → 루가복음의 3장을 뜻한다.
3. 최초 등장하는 외국 인명, 지명 등은 가급적 원어를 병기하였고, 이후 등장 시에는 병기하지 않았다.
4. 주(註)는 별다른 표기가 없는 한 모두 저자 주이다. 또한 주에 나오는 '이 책'이란 표현은 모두 한국어판 『도의 상징들』을 가리킨다.
5. 표기와 발음이 서로 다른 경우, 대괄호로 표기하였다.
   예) 쉐산[雪山], 산둥[山東]
6. 외래어 표기는 부득이한 경우를 제외하고 모두 국립국어원의 '외래어표기 용례집'을 따랐다.
7. 원문의 성격상 본문과 부록, 주(註)의 경우 가급적 원문의 느낌을 살리려 했으나 가독성을 위해 편집 및 수정한 부분도 있음을 밝혀둔다.

제 1 장
영혼에 관한 세계적인 서사 작품 세 편[1]

의심할 나위 없이, 우리 모두는 영혼과 그 영혼이 삼계(三界)를 거처 상승하는 여행을 다룬 위대한 드라마에 대해 어느 정도 알고 있다. 이탈리아어로 쓰인 『신곡』[2]과 앵글로색슨어로 된 『천로역정』이 바로 그것인데, 이 작품들은 서력기원으로 각각 14세기와 17세기에 지어졌다.

나머지 하나인 세 번째 작품은 13세기 말 중국의 어느 승려가 지은 아시아의 위대한 우화(寓話)로, 단테 알리기에리의 작품보다 약 15년 앞서서 쓰인 것이다. 이 책은 지난 600년 동안 극동의 세 제국에서 헤아릴 수 없이 많은 사람들의 사랑을 받았다. 이러한 사실은 이 책이 가치 면에서 영적 삶에 관한 앞의 두 거장의 작품들에 결코 뒤지지 않는다는 점을 증명한다.

이 책은 일본어로 옮겨지면서 중국어 원본보다 훨씬 멋진 초기 기독교식 목판화로 장식되었고, 지난 반세기까지 부상국(扶桑國)[3]의 모든 마을 사찰에 퍼졌으며, 최근에는 조선 젊은이들이 가장 좋아하는 이야기가 되었다.

서양 세계는 지금까지 번역본이 없어서 이 책을 알지 못했지만, 최근 상하이의 티모시 리차드(Timothy Richard) 박사가 훌륭한 번역본을 출판함에 따라 앵글로색슨 말을 읽을 수 있는 사람이 아직도 이 책을 모른다는 것은 변명의 여지가 없게 되었다.

일본 수상을 지냈고, 와세다대학교 창립자로 존경 받는 오쿠마 남작은 ―우화 자체는 이미 잘 알려져 있지만― 이 책의 교훈이 오늘날의 학생들에게 매우 중요하다고 생각해서 『서유기』 영역본 『미션 투 헤븐(Mission to Heaven)』의 번역자 서문을 즉시 일본어로 출판하도록 했다.[4]

경성 근교 86개 사찰을 관할하는 봉은사[5]에서 이 우화는 지난 500년 동안 3년에 한 번 길일을 맞아 신비극으로 공연되고 있다. (주지가 내게 이 사실을 알려줬다.)

조선 사람들의 말로 된 『서유기』 번역본이 하나도 없다는 점은 분명하다. 승려들이 한문 원본을 보고 공부했기 때문이다.

지난 해 가을 금강산을 찾았을 때[6] 운이 좋게도 정양사(正陽寺, '남쪽을 향하고 있는 절'[7]이라는 뜻. 이 절에는 약사발을 들고 있는 위대하고 훌륭한 의사인 약사여래가 본존本尊, 즉 주 경배 대상이다[8])에서 서역에서 정법(正法)이 도래한 것을 기념하는 큰 벽화 세 점을 발견했다. 이것은 『서유기』에 나타난 바와 같다.

안타깝게도 이 절의 사적기(寺蹟記)가 화재로 소실된 탓에 이 벽화와, 5세기라 알려진 사찰의 창건 연대에 대해서는 확인할 길이 없다.

첫 번째 벽화를 보면 황제의 전령인 —실제로 629년 정법을 찾으러 서역으로 갔던— 순례승 현장 삼장[9]이 일체경(一切經) 두루마리[10]를 배에 싣는 것을 감독하고 있고, 관음보살이 이 어려운 과업을 돕도록 보낸 현장의 종자(從者)인 저팔계와 손오공이 귀중한 불경을 싣느라 분주하게 움직이고 있다. 이 불경들은 도(道), 즉 '신적인 존재(divine)와 같이 되는 길'의 비밀을 드러낸다.

이러한 신비는 초기 기독교 신학자들의 수장인 로마의 히폴리투스(Hippolytus)가 3세기에 "물과 성령으로 신성하게 된다."고 말한 것을 연상시킨다.

이것은 일본어 가운데 "부처, 즉 보살[11]이 되다."는 표현에 해당하며, 이기심이 없고, '신성을 갖고' 신과 같은 초인이 된다는

조선의 사찰 배.

뜻이다. 이러한 경지는 —『서유기』에 따르면— 관음보살과 그
가 버드나무를 갖고 뿌린 신주(神主)인 감로주[12]를 통해 가능하게
된다. 이로써 영혼은 천상의 지혜를 얻고 완전히 깨달음을 얻게

된다.

다음 그림은 경전을 실은 배가 용의 등에 올라 바다를 건널 때 용왕이 이 배를 반갑게 맞이하는 장면을 그리고 있다. 이 그림은 로마 카타콤 벽화에서 기독교 교회가 배로 묘사되어, '어류 중의 왕'인 돌고래의 도움을 받아 이 험한 세상의 파도를 헤쳐 난파를 모면하고 안전하게 뭍에 닿는 장면과 흡사하다.

위대한 스승인 관음보살은 가슴 부위에 만(卍)자 문양을 새긴 채 정병(淨瓶)에 담긴 생명의 물줄기를 부으며 하늘에서 내려와 노아의 방주를 닮은 그 배를 지킨다. 매우 흥미로운 것은 노아의 방주 모양은 초기 기독교 예술에서 사람들이 가장 일찍 그리고 가장 좋아하는 교회의 모습이었다는 점이다.[13]

세 번째 벽화는 절벽 위에 서 있는 조선인 두 사람을 묘사하고 있다. 한 사람은 다가오는 배를 보고 감사한 마음이 충만한 나머지 자신의 손을 머리 위로 들어 올리고 있고, 그 동료는 연꽃 봉오리 모양으로 손가락을 맞대 합장[14] 자세를 취하고 있다. 이 모습은 영국 십자군 기사 무덤의 기사상(像)에서 볼 수 있는 '새로운 탄생'을 떠올리게 한다.

이 '새로운 탄생'은—이것은 사물을 변화시키는 관음의 능력에 의한 것이고, 성령은 새로운 탄생과 함께 새로운 이름도 부여한다 ―『서유기』의 주요 주제 중의 하나인데, 『서유기』는 삼층탑이 상징하듯,[15] 삼계를 통한 영혼의 고양을 독특하게 그려내는 우화이다.

'죽으려고 태어난 이성이 없는 짐승인'(이 점은 성 베드로가 적절하게 말했고, 마찬가지로 200년 알렉산드리아의 성 클레멘스와 근대 과학이 인정한 것이다) 영혼들은 도덕적이고 영적인 인간의 삶을 통해 보살(일본어로는 보사츠)[16]이라는 새로운 승리의 삶으로 고양되는데,[17] 보살은 세상의 영적 재생을 위해 불멸의 존재나 신과 적극적으로 협력한다.[18]

여기서 핵심이 되는 것은 ―대승불교 용어로 표현하면, 그리고 현장의 역사 전반에 걸쳐 나타나는 바와 같이―"자아가 아니라 타인이다!" 즉 "삶은 구하는 것이 아니라 희생하는 것이다."라는 가르침이다.

이처럼 가능성이 가장 낮을 것 같은 존재―우쭐해하고 야심 많은 손오공,[19] 자기만족적인 저팔계, 그리고 게으른 무법자인 사오정―의 변신은 이 놀랄만한 우화가 묘사하는 여러 기적 가운데 가장 기이한 것이다.[20]

사람 속 동물의 마음을 떨쳐야 하나니.

참된 삶을 찾기 위해서는 한 가지 정법이 있으니

사람에게는 그의 사표(師表)가 짝패처럼 꼭 필요하다는 것.

현장은 629년에서 646년 사이에 박트리아를 거쳐 간다라, 우디아나(Udyana), 그리고 인도 그 밖의 지역까지 갔다가 다시 장안에 돌아오는 5만 리 길을 여행했다. 이는 '여래가 세상에 전한 뒤' 중국에서 희미해지거나 잊혀진 밀경(密經)의 진법, 즉 신과의 합일을 다시 추구하기 위한 것이었다.

4세기에 '간다라 사람' 아상가[무착無着]는 도솔천(兜率天, Tusita)에서 미륵으로부터 직접 진법을 배운 뒤 그 비법을 제자인 불도징(佛圖澄)에게 전수했다. 불도징은 우디아나에서 계(戒)를 받은 뒤 중국 만리장성 근처 피에 굶주린 훈족 병사들 사이에서 —초기 서양의 성인들처럼— 매우 놀라운 치유와 교화 활동을 벌였다. 이 때문에 그의 기적을 주술에 의한 것이라고 생각하는 사람들도 있었다.[21] 불도징의 활동 결과, 발해(Pechili)와 산시[陝西]의 말들 가운데 일부가 산스크리트어화되었다.

불도징은 승려 혜원(慧遠)[22]—그의 가르침은 수세기 이후 일본에서 천태종, 정토종, 진종, 법화종 등으로 발전되었다—이 남중국에서 정토회 혹은 백련결사를 개창하고, 또 372~384년 중국 황제 부견(符堅)이 보낸 순도, 아도, 마라난타 등 세 명의 승려가 고구려, 백제, 신라에 불교를 전파하는 데 간접적인 역할을 했다. 흉노족 통치자 석호왕(石虎王)의 존경과 신뢰를 받아 그의 고문이 된 불도징은 황제의 허락을 얻어 335년 승려들이 출가하여 사찰에서 수행하는 계기를 만들었다.

불도징은 북중국에 893개나 되는 사원을 세웠다.[23] 이는 대단히 중요한 사실로, 이집트 사막에서 파코미우스(Pachomius)와 안토니우스(Anthony)가 제창한 기독교 수도원 운동과 같은 시대에 일어난 일이다. 기독교 수도원 운동은 "메소포타미아, 아르메니아, 유프라테스강을 넘어 멀리 페르시아와 인도까지 동시에 퍼져나갔다." 그렇다면 논리적이고 상식적으로 생각해서 왜 중국과 조선에 이런 일이 없었겠는가?

나아가 '하느님과의 친교(Divine Friendship)'에 관한 안토니우스[24]의 가르침—"하고자 하면 하느님의 친구가 된다. 나는 그렇게 된다. 지금 당장."—은 전 세계적으로 유명한 기독교 교부인 히포의 아우구스티누스가 개종하는 계기가 되었고, 이것은 실제로 나가르주나[용수龍樹]가 호탄의 '철탑(Iron Tower)'에서 배운 밀교 진언종의 가르침과 동일하다.

'현장의 생애', 『대당서역기(大唐西域記)』[25] 그리고 아름다운 죽음을 통해 알 수 있는 바와 같이, 다른 어떤 나라의 영적인 전기에서도 현장의 이야기를 능가하는 내용을 찾을 수 없다.

따라서 극동의 민족들을 가르치겠다고 하는 외국인들이 부처의 마음과 그 기본적인 동기에 대해 진정한 통찰력을 제시하는 이런 기본 저작들을 공부하지 않는 일이 안타까울 정도로 계속되고 있다. 이들은 불교에는 현세에 대한 동기 부여가 결여되거나 존재하지 않는다[26]고 한다. 그럼에도 불구하고 에드킨스(Edkins) 박사, 아이텔(Eitel) 박사, 빌(S. Beal) 씨와 막스 뮐러(Max Muller) 교수 등이 강조한 바와 같이, "동양의 승려들은 독특한 의지를 바탕으로 세상을 바꾸기 위해 자아에 대해서는 한 순간도 생각하지 않은 채 지치지 않고 수많은 위험에 맞선다."고 한다.

어떤 빙산이라도 이들 진리를 찾아 나선 순례자들이 오르지 못할 만큼 높지는 않다. 또 아무리 물이 없는 사막이라도 건너지 못할 만큼 황량하지는 않다. 지치지 않는 항해자인 그들은 가장 외로운 섬에 발을 디딘 사람들이었다.

말이 나온 김에 신라의 승려 일곱 명[27]이 630년부터 650년 사이에 여래가 이 세상에 전한 뒤 과거 600년 동안 동쪽으로 퍼진 '참된 가르침(True Teaching)'을 찾아 현장처럼 인도로 구법 여행을 떠났다는 점을 지적할 수 있겠다.[28]

이들 모두는 낯선 땅에 자신들의 뼈를 묻었다.

아우렐 스타인(Aurel Stein)은 중국 순례단의 수장(首長)인 현장―일본인들에게는 '겐죠 산조', 줄여서 '산조'[29]로 불림―의 자취를 따라 중앙아시아를 자주 찾았다. 현장은 보통 당나라의 승려를 뜻하는 '당선(唐仙)'으로 불린다. 당나라는 중국 역사상 가장 찬란한 시대였으며 이 시기의 불교는 '당불(唐佛)'로 일컬어진다.

삼장이 불경 번역 등을 통해 불교 문헌에 기여한 바는 아무리 강조해도 지나치지 않다. 삼장은 당나라 황제 가운데 가장 위대한 인물인 태종의 명확한 지시를 받아 서역 여행기인 『대당서역기(大唐西域記)』를 썼다.

781년에 건립된 경교비(景敎碑), 혹은 좀 더 정확하게 말해 아시리아 기독교비에 새겨진 황제의 칙령은 가장 기념할 만한 사건 하나를 기록하고 있다.

그 당시 황제였던 당 태종은 636년 대진국(大秦國)에서 온 기독교 수도사 70명을 환영하고, 3년 동안 그들이 장안의 제국 도서관에서 성서―히브리 구약과 기독교 신약―를 한어(漢語)로 완역하는 작업을 몸소 관장했다. 1,000년 뒤에 영국왕 제임스 1세가 웨스트민스터 사원의 예루살렘실에서 성서 영역(英譯)―'흠정 번역'으로 알려진 것을 말함―을 주관한 것과 흡사하다.

그리고 나서 태종은 중국 전역에 신도(神道)—'참된 신의 법' 삼위일체—를 시행한다는 걸 내용으로 하는 칙령을 반포했고,[30] 사제 21명이 소속된 경교 교당(이곳에 태종의 초상화가 안치되어 있음)이 수도에 세워졌다.

필자가 조선에서 발견한 것의 의미를 좀 더 분명히 할 필요가 있겠다. 이를 위해서는 당 태종이 죽은 뒤 삼한(한반도의 왕국들)이 650년에 태종의 아들 —선왕과 마찬가지로 경교도와 불교 승려에 우호적이었던— 고종에게 공물을 보냈다는 역사적 사실을 지적하는 것이 중요하다. 경교비는 "교당이 각 성읍에 충만하다."라고 언급하고 있다.

고종은 경교 성직자 아라본(阿羅本)에게 '도의 대왕이자 제국의 재상'이라는 시호를 추서했고, 19년 동안 도의 스승인 현장과 가까운 친구 사이로 지냈다. 현장은 '숨이 남아 있는 동안'[31] 불경을 산스크리트어에서 중국어로 번역하는 중요한 작업을 계속했고,[32] 불경을 많이 필사했으며, 많은 그림을 그렸다.

따라서 일본 조정에서 아주 많은 일본인 청년학승들을 장안으로 보냈을 당시에는 비교종교에 대한 연구가 활발했다는 것을 알 수 있다. 이 연구는 실제로 오늘날 참조할 만한 연구이다.

수당 왕조에 이상하기 짝이 없는 상황이 연쇄적으로 일어난 후 중국 역사에서 사라지게 되면서, 당나라 승려가 쓴 서역기는 약 600년 후 같은 제목의 우화로 만들어져 간행되었다. 그러나 몽골 황제 쿠빌라이 칸의 후원하에 다소 변화가 생겼다. 중국 순례자 현장과 그 주군 태종이 극 중 주인공이 된 것이다.

그러나 이에 대해서는 다음 기회에 언급할 것이다.

1260년 북방불교는 몽골 원 왕조하에서 중국의 국교로 자리 잡았고, 곧이어 베네치아의 상인 두 명—중국 순례자들의 장벽인 중국의 만리장성을 처음 넘은 유럽인—이 쿠빌라이 칸의 궁정에 보석을 가지고 와서 모피와 교환했다.

그들의 교양 있는 태도와 서역 소식은 황제를 아주 매혹시켰으며, 1269년 유럽으로 돌아가는 길에 황제는 그들을 몽골의 귀족과 같이 공동 대사로 임명했고, 그들에게 로마교황에게 보내는 친서를 맡겼다.

신실한 가톨릭 신자인 이 상인들은 의심할 나위 없이 자신들의 영향력을 이용해 강력한 몽골 군주를 개종하고자 했다. 그들은 황제가 자신들에게 '이 지역의 기독교인들이 너무 무지해서 아무것도 이루지 못한다면 과연 짐(朕)을 어떻게 기독교인으로 개종시킬 것인지' 물었다고 기록하고 있다.

그러나 이것은 대답이 그다지 필요 없는 질문이다. 쿠빌라이 칸은 자신의 모후와 몇몇 친척들이 네스토리우스파(경교) 기독교 인이었으므로 그들을 항상 친절하게 대하기는 했지만, 당시 이 기독교 종파(이 종교가 수행하는 경이로운 전교 활동은 618~905년 당 송 왕조 동안 아시아 전역에 퍼졌으며, 의례 면에서 북방 불교인 대승불 교와 차이가 별로 없었기 때문에 이 두 종교는 동아시아에서 끊임없이 혼동을 일으켰다)는 영적인 면이나 실천적인 면에서 매우 쇠퇴하 고 있었기 때문이다.

845년 당 무종은 칙령을 내려 시리아 기독교와 불교 사원을 폐지했다. 이때 경교비(781년 덕종 황제의 궁 가까운 곳에 세워짐)가 땅에 묻히는 동시에 보호되었고, 1623년 우연히 발견될 때까지 거의 800년간 사람들의 시야에서 보이지 않게 되었다.

아랍(무슬림)의 남송 대학살이 그 뒤를 이었고, 10세기 중국의 기독교는 사실상 절멸했다.

그러나 살아남은 선교사들은 매우 강력해서 다른 종파의 기독 교인들이 침투하지 못하도록 그들을 가차 없이 박해했다. 그러나 그것은 일종의 퇴행적 현상으로, 1292년(마르코 폴로 일행이 마침 내 중국을 떠난 바로 그해) 인도에서 카라반과 함께 도착하여 쿠빌 라이 칸의 환대를 받은 프란치스코회 소속 대주교 몬테 코르비 노의 요한은 그들을 "잘못된 기독교인이자 진짜 이단"이라고 비

난했다.[33]

명목상 기독교도인 이 네스토리우스파들은 실제로는 매우 달랐다. 이들은 실제로는 부패하지 않았으나 매우 무지했기 때문에 ─"경건했으나 무례하고 글을 몰랐다."─위대한 칸은 교황에게 서신으로 자신에게 동방 기독교인들의 무지를 공히 논박할 수 있는 100명의 지적이고 유능한 선교사들을 보내줄 것을 청원했다.

따라서 그 라틴 선교사들은 '그리스도의 법'─즉 메시아(여래) 또는 신인(神人)의 정법(正法)─에 정통하고, 교회가 오순절 시기 성령(혹은 '관음'[34])의 은사(恩賜)라고 가르쳤던 자유 7교과─즉 수사, 논리, 문법, 대수, 천문, 음악, 기하 등 '3학 4과'[35]─에 조예가 있었음에 틀림없다.

유럽의 군주들이나 우두머리들은 수세기 전에 한 일이기는 하지만, 칸은 선교사들이 자신의 종교의 우수성을 입증할 경우 자신들의 제후나 종자들과 함께 기독교를 받아들이고 세례를 받을 것이라고 약속했다.

게다가 서방의 선교사들은 황제가 자신이 거느리는 야만적인 무리들을 문명화하고 인간답게 만들도록 도와줄 것이다.

교황 특사(마르코 폴로 형제가 시리아에서 만난 인물로 이후 교황으로 선출되었다)가 "이것은 모든 기독교 세계를 위해 대단히 영예롭고도 좋은 일이다."라고 말할 만도 했다.

그러나 그렇게 되지는 않았다. 매우 안타깝게도, 한편으로는 수마트라에서 몽골과 북극권, 다른 한편으로는 볼가강에서 고려, 일본 등지까지를 속국으로 두고 있는 군주가 제공한 기회를 서방 교회는 활용하지 못했다. 폴로 형제와 어린 혈육 마르코 폴로는 1271년 머나먼 중국을 향해 출발했고, 이때 도미니크 교단 소속 탁발승 두 명만 이들과 동행했다. 그나마 이 탁발승들은 신임 교황 그레고리 10세로부터 대칸에게 교황을 대표할 수 있는 권한을 상당 부분 위임 받았음에도 불구하고 도중에 거쳐야 하는 나라에서 무함마드의 사라센인들이 야기하는 공포에 질겁한 나머지[36] 일찍 되돌아갔다.

따라서 폴로 가족 세 사람은 교황의 축복 속에 도미니크회 수도사들이 건네 준 서임장(credential)과 칸이 특별히 원했던 예루살렘 성묘의 성유를 갖고 자신들만 3년 반에 걸친 위험한 동방 여행을 했다. 그런데 몽골의 수도와 40일 떨어진 거리에 다다랐을 때, 칸이 자신들을 배려하는 마음에서 보낸 영접 사절들을 만나 그들은 고무되었다.

예의바르고 우아한 청년 마르코 폴로는 위트, 상식, 모든 종류의 정보를 수집하고자 하는 지적인 관심 때문에 칸의 특별한 총애를 받았다. 마르코 폴로의 아버지는 폴로를 "저의 아들이자 폐하의 사람입니다."라고 칸에게 소개했다. 이러한 사실은 오늘날까지 전해지는, 간략하지만 매력적인 그의 여행기가 풍부하게 입증하는 바다. 그 책은 크리스토퍼 콜럼버스의 시기심을 자극해 일본에 다다르겠다는 희망을 품고 신세계를 발견할 때까지 그를 한시도 쉴 수 없게 만들었던 책이다.

이 책에서 마르코 폴로는 우상숭배자들과 현자, 특히 불교 승려들이 칸을 매우 감동시켰고, 이 때문에 칸이 가난한 사람들에게 무언가를 베푸는 것은 좋은 일이라고 생각하게 되었으며, 황제가 수도(캄발룩)의 가난한 자들에게 제공하는 매일의 보시와 자선 규모가 매우 컸다는 점을 말하고 있다.

궁정에서는 갓 구운 따뜻한 빵을 매일 원하는 사람들에게 주었는데, 일 년 내내 하루도 거르지 않고 약 3만 명에게 주었다.

뿐만 아니라, 칸은 모피, 비단, 삼 등에 대해 십일세를 거두어 그것으로 가난한 사람들에게 옷감을 공급했고, 모든 장인들은 이러한 대의에 동참하기 위해 노동력을 일주일에 하루 제공했다.

마르코 폴로는 "타타르인들은 불교로 개종하기 전까지만 하더라도 자선을 행하지 않았다는 사실을 알아야 한다."고 말했다.

쿠빌라이는 또한 과거 악명이 높았던 도박을 완전히 금지했다. 율 대령(마르코 폴로의 『동방견문록』 내용에 대해서는 이분의 번역 본에 도움을 받고 있다)은 "이러한 사실은 불교가 거친 민족을 교 화하는 데 효과가 있다는 것을 보여주는 흥미로운 증거"라고 말 한다.

마르코 폴로는 심오한 지혜를 갖고 있고, 품행이 올바르고, 더없이 엄격한 도덕을 준수하는 대덕(大德) 고승들(혹은 비구 bhikshus, 탁발승)에 대해 묘사하고 있다. 실제로 1292년에 도착 한 코르비노는 이들 우상숭배자(즉 불교도)들을 일컬어 "라틴 수 도사들보다 더 금욕적이고 엄격한 생활을 한다."고 말했다.

이와 관련하여, 400년에 중국인 순례자 법현(法顯)이 인도에 가서 귀족들이 세운 국제적인 구호소를 발견했으며, 이 구호소는 인종과 나라에 관계없이 가난한 사람, 장애가 있는 사람, 병든 사 람, 불쌍한 사람 등을 진찰하고, 이들에게 약, 음식, 옷 등을 무료 로 제공했다는 점을 떠올릴 필요가 있다. 왜냐하면 기독교 밖의 세계에서는 구호소를 볼 수 없고,[37] '현세에 대한 동기부여가 부 족한' 불교에서는 결코 그와 같은 선행이 비롯될 수 없다고 단정 적으로 말하는 사람들을 자주 볼 수 있기 때문이다.[38]

마르코 폴로는 몽골 궁정의 일상적인 기록이 여섯 개 언어로 되어 있다는 점을 알고 그 언어들과 독특한 문자를 습득하기 위해 노력했다.

『흠정원사(欽定元史)』에 따르면 청년 마르코 폴로는 원나라에 도착한 지 2년 후인 1277년, 추밀원 부사(副使)로 임명되었고,[39] 솔직하고 강직한 행동을 보임으로써 신하 가운데 영향력이 가장 크고 칸이 가장 총애하는 아흐마드(Ahmad)가 저지른 중대한 범죄를 칸이 인식하게 했다. 그 결과 아흐마드는 죽음으로 자신의 죗값을 치렀는데, 시신은 개의 먹이가 되었고, 엄청난 재산은 몰수당했으며, 가족과 714명이나 되는 사람들이 처벌을 받았다.

아마도 1274년 몽골의 제1차 일본 원정이 실패하고, 또 쿠빌라이 칸이 로마에 요청한 일[40]도 안타깝게 실패로 돌아갔기 때문일 텐데(쿠빌라이 칸은 마르코 폴로가 돌아온 이듬해에 그 사실을 알게 되었다), 다른 속셈이 전혀 없는 인물로 신뢰를 받던 폴로 가족은 쿠빌라이 칸에게 아시아 각지의 유능한 인물을 초청해[41] 원 왕조를 원래 동의어였던 안정된 '정치'와 '종교'의 반석 위에 확고하게 세우는 데 그들의 도움을 받는 것이 좋겠다고 말했다. 그리고 이들 베네치아인들이 유럽에서 캄발룩(오늘날의 베이징)으로 돌아온 지 불과 4년 만인 1279년에 실제로 그렇게 되었다.

이 때 초빙된 현자 가운데 한 사람이 『서유기』의 저자 구처기(邱處機)였다. 그는 중국의 모든 학자들이 당대 가장 위대한 도교

성인이라고 일컫는 사람이다.[42]

쿠빌라이는 신하 두 명을 보내 그를 모셔오게 했다. 그러나 가는 도중에 있는 나라들의 상황이 어수선한 데다, 구처기 자신이 전장에서 부상을 입고 반란의 도시에서 몸을 숨겨야 했기 때문에 곤륜산맥의 라오샨[崂山]에서 쉐산[雪山]까지 여행하는 데 4년이나 걸렸다. 구처기는 쉐산에서 몽골 군주를 만났다. 이 군주는 1281년 일본 해안에서 참패를 당했음에도 불구하고 서역과 전쟁을 하느라 분주한 상태였다.

이 고승의 간단명료한 가르침이 주는 지혜에 크게 감동 받은 쿠빌라이는 구처기의 영적 지위를 인정하면서 그를 자신의 양심을 일깨우기 위해 하늘이 내린 스승으로 생각했다. 그리하여 구처기를 항상 신선으로 대우했고 승지들로 하여금 그의 말씀을 받아 적게 했다.

그 결과가 『서유기』였다. 여기서 구처기의 서사시 내용 가운데 연옥 부분의 '한숨과 계속되는 통곡의 다리'라는 언급은 베네치아 상인과 흥미로운 관련성이 있다. 이 점을 주목할 필요가 있다. 당 태종은 사람들에게 지상으로 돌아갈 때 이 점을 잊지 말고 전하라 했다.

마르코 폴로 가족은 1292년(구처기가 80세의 나이로 죽은 지 4년 후)까지 중국에 머물렀다. 이 기간 동안 명성이 알려진 마르코 폴로는 쿠빌라이 칸 아래서 계속 일했다. 국내 행정을 담당하는가 하면 먼 곳으로 가서 제국의 사절로 일하기도 했다. 따라서 이들이 중국인들과 정신적 교감을 나눈 친구들로서 수백만 중국인들을 위해 함께 일했다는 것은 분명한 사실이다.[43]

경이로운 산마르코 성당을 직접 본 사람들의 이야기를, 존경받는 중국 승려가 매우 흥미롭게 경청했으리라는 것을 상상하기란 어렵지 않다. 산마르코 성당은 베네치아 늪지 위에 세워졌다. 베네치아 인들은 처음으로 이 성당의 예술 작품들이 유대인이나 이방인들의 법과 영원한 조화를 이루는 그리스도의 법으로 생각했고, 멋진 모자이크를 통해 그 의미까지 쉽게 이해할 수 있었다. 예컨데, 옥좌에 앉은 그리스도가 있는 성당 중앙 출입구 위 모자이크에는 다음과 같은 말들이 새겨져 있는 것이다.

"나는 생명의 문이다.
내가 소유한 자들은 나를 통해서만 여길 들어갈 수 있다."

그리고 중앙 돔에는 천사처럼 보이는 네 명의 복음서 저자—십이지신상 사이의 사천왕—가 열두 명의 제자와 성모 사이에서 기둥 역할을 하며 무지개[44]를 떠받치고 있고 그 위에 그리스도가 앉아 있는 그림이 있는데, 그 둘레에 다음과 같은 설명이 있다.

"당신은 왜 놀라는가? 하느님의 아들인 이분은 떠나셨지만 반드시 필요한 율법을 전하기 위해 다시 오실 것이다." 잘 알려진 바와 같이, 이것은 여래의 의미다. 구처기가 지은 이야기의 주제이자, 진정한 모범이다.

이로써 '장춘진인(長春眞人)' 구처기가 놀라운 우화를 지을 때, 산마르코 성당 위의 커다란 모자이크에 대한 설명을 듣고 매우 감명 받았을 것이라는 점을 더 구체적으로 이해할 수 있다. 이 모자이크는 예루살렘 수확제가 열릴 때 성령이 교회 위에 강림하는 장면을 묘사하고 있다. 이때 문이 닫힌 위쪽 방에서는 다양한 국적의 한 집단이 그 사실을 놀라워하며 듣고 있고, 그 중 한 사람은 중국인이다.

구처기는 『서유기』에서 관음보살이 버드나무 가지와 생수로 야생 생물을 보살, 즉 '구세주'요 '세계의 치유자'로 만드는 기적에 대해 언급하고, 먼 옛날 흉노족을 보살로 교화한—베드로의 표현 "하느님의 덕성을 나누어 받은"과 유사한—신비로운 금강환(Diamond Ring)을 묘사하고 있다.

중국인들은 관음보살에게 "우리를 당신의 감로수[45]로 씻어 주소서.”라는 아름다운 기도를 바친다. 여기서 감로수(산스크리트어로 암리타)는 항상 영생의 상징으로 '법의 빗방울'[46]이며, 시리아어로 된「도마행전」에 나타나는 '향기로운 샘'같은 것이다.

그리고 이것은 '샘의 신비'로서 아르메니아 전례에 나오는 '생명의 샘이자 신앙의 어머니인 성령'을 말한다. “성령은 세례를 통해 우리의 자녀를 빛처럼 번쩍이는 존재로 새롭게 태어나게 한다.”

여기서 한 가지 또 다른 중요한 관련성을 간과해서는 안 된다.

일본어 고본『서유기』에는 손오공이 구름 사이에서 나타나 앞길을 가로막는 거대한 손을 보고 놀라 뒷걸음질 치는 장면을 묘사한 그림이 있다.

이것은 분명 홍해에서 이스라엘을 위해 나타난 '거대한 손'이다.[47]

그밖에도 거대한 손은 홍법대사의 진언종 가르침에 나타나고, 클론맥노이스(Clonmacnois) 수도원과 모내스터보이스(Monasterboice) 수도원[48]의 아일랜드식 십자가에도 나타난다. 이것은 서방 교회가 12세기까지 성부—고대 경교비의 아홀라(Ahola)이자 대승불교의 아미타불—를 표상하는 유일한 방법이었다. 금강산 깊숙한 곳의 미륵불이 높이 치켜 올린 큰 손은 5피트나 되고 이는 보호를 의미한다.

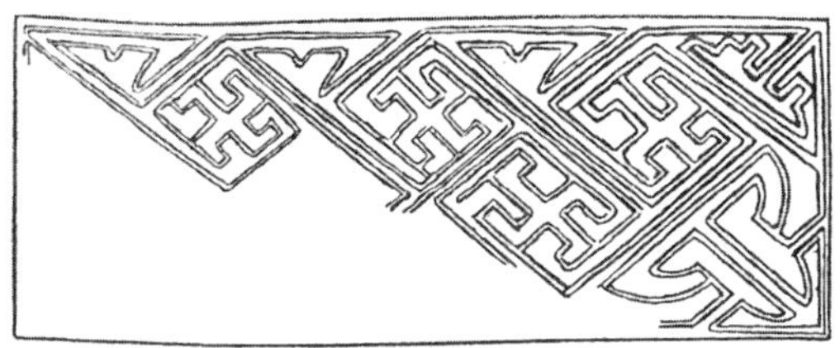

모내스터 수도원의 수도원장이 만든 켈트 십자가 위, 보호의 권능을 나타내는
신수(神手)와 해돋이와 해넘이를 상징하는 두 개의 만자문(卍字紋) 상징.

『서유기』를 번역한 리차드 박사는 『서유기』의 저자인 구처기가 도교에서 고등 불교—가장 위대한 도(道)인 대승불교—로 개종했고, "너희는 그들이 맺은 열매를 보고 그들이 누구인지 알 수 있다."는 말은 그리스도 스스로가 입증하는 바라고 믿는다.

우리들은 앞서 쿠빌라이 칸이 불교의 영향을 받아 자선을 베풀기 시작했다는 마르코 폴로의 설명을 인용한 바 있다. 이제 그 사실의 다른 측면을 살펴볼 차례다.

칭기즈 칸 재위시 몽골이 지나간 자리의 참화는 매우 끔찍했다. 일찍이 들어보지 못한 공포와 믿기지 않는 살육의 나날이 계속되자 사람들은 심판의 시간이 찾아왔다고 생각했다. 한곳에서만 90만 명이 놀랄 만큼 잔인한 방법으로 학살되거나 노예로 끌려갔다. 몽골군들의 이러한 잔혹 행위는 과거 몇 달 동안 사람들이 소문을 통해 익숙해진 그러한 종류의 것이었다.

영국 교회의 기도문에는 "주님, 광분하고 있는 몽골사람들에게서 우리를 구하소서!"라는 구절이 덧붙여졌다. 그 까닭은 1238년 이 야만인들의 끔찍한 행동 때문에 고트란트와 프리슬란트 사람들이 야머스(Yarmouth)에서 청어잡이를 할 수 없게 되었기 때문이다. 이곳은 최근 교양 있는 합리론자들인 독일 민족의 폭격을 받은 곳이다.

1245년, 40여 개 이상의 민족과 나라가 몽골군의 군화에 짓밟혔다. 몽골군은 오늘날의 독일군처럼 밀집 대형으로 진군하면서 말 그대로 전 세계를 완전히 정복하려고 했다. 적어도 이것은 유명한 네스토리우스파 '기독교도'인 칭기즈 칸과 그의 아들 구유쿠 칸[49]의 의지였다. 이들의 문장(紋章)은 '구유쿠, 신의 힘을 가진 자. 하늘에는 신, 땅에는 구유쿠 칸. 만인의 주군인 자의 문장'으로 되어 있다. 이는 신기하게도 '짐과 짐의 맹우(盟友)인 하느님'이라고 한 빌헬름 황제의 말과 같다.

'칸(Kaan)'이라는 낱말 자체는 '왕중의 왕', '온 세계의 지존(sovereign)'을 의미한다.

몽골이 마치 사이클론처럼 대지를 피로 물들이며 러시아, 중국, 심지어 고려를 휩쓸고 지난 자리에는 앞서 경험하지 못한 고통, 굶주림, 노예 생활 그리고 이루 말할 수 없이 끔찍한 굴욕이 생겨났다. 몽골인들은 '악의 무리'[50]로 불렸으며, 문명화된 전 세계는 이들에 맞서 자기들끼리의 분쟁을 멈추고 단결해야 했다.

인류를 위한 신의 섭리대로, 이 잔인무도한 사람들은 대승불교를 받아들여 세상에서 평화를 가장 사랑하는 민족으로 탈바꿈했으며,[51] 다시는 예전의 기질로 되돌아가지 않았다.[52] 그 결과 사람들은 조선에서 러시아까지 안전하게 이동할 수 있게 되었다.[53]

1283년, 쿠빌라이 칸의 무적함대가 이세(伊勢)에서 불어오는 신풍에 섬멸된 지 2년 후. 이 때 3,500척의 정크선에 타고 있던 한인(漢人), 몽골인, 고려인 18만 명 가운데 3명만이 중국으로 살아 돌아가 이 사실을 전했으며 장춘진인 구처기는 몽골 궁정에 도착해 칭기즈 칸의 손자인 쿠빌라이 칸[54]에게 노략질, 약탈, 살인 행위를 그만둘 것을 간청했다. 중국의 대칸은 이 노승의 말을 경청한 뒤 그의 말을 기록해 왕자들에게 전할 것을 명령했다.

어떤 불승은 백성을 인도하는 국사(國師)로 임명되어 백성들을 인도했고, 그의 명령은 황제의 교지(敎旨)로 받아들여졌다.[55]

조선과 일본의 불교도들은 중립국이나 서방에서 죽을 때까지 싸우는 국가들에 대해 선교 십자군을 조직해 봄 직하다. 이들 국가는 군국주의가 바다와 하늘에서 전쟁을 일으켜, 한때 행복했던 기독교 대륙을 지옥으로 바꾸어 놓는데도 불구하고 손가락 하나 까딱하지 않고 유럽의 끔찍한 분열을 방관하기만 한다.

최근에 러시아 귀족이 "현재 유럽의 바깥에는 야만성이 없다. 야만인들은 유럽에만 있다."고 필자에게 편지를 보냈다. 그는 심오한 사상가로서 일본을 아는 사람이다.

그는 "일본이 인류를 구원하려면 어떻게 해야 할까요?"라고 묻는다.

일본은 육상과 해상의 충돌 초창기부터 연대의 정신을 용기 있게 따르겠다고 했다. 그리하여 독일 해군을 동양에서 몰아내어 상업과 여행을 안전하게 함으로써 대영제국 전체의 감사를 받았다. 또 칭다오 봉쇄 역시 가능한 한 적군의 사상을 최소화하고 약탈을 자제함으로써 모든 문명화된 민족의 하염없는 찬사를 받았다.

가톨릭 국가 벨기에는 마르코 폴로의 조국 사람들의 정신에 일정한 영향을 미쳤다. 기사도적인 이들 베네치아 선원들은 1082년 노르만 장군 기스카르(당시 최고의 해군 장군)에 생포되어 눈이 뽑히는 형벌을 받았음에도 비잔틴 황제를 위해 평화를 도모하고, 싸움을 멈추면서 다음과 같이 말했다. "로베르 공 아서야 합니다. 우리들은 아내와 자녀들이 죽임을 당하는 것을 봐야 하지만, 알렉시우스 황제와 맺은 계약을 부정하지 않을 것입니다. 우리는 그를 돕는 것과 그를 위해 전력을 다해 싸우는 것을 그만두지 않을 겁니다!"

필자는 사람들에게 보여주려고 만다라 하나를 가지고 왔다. 이 만다라는 이츠쿠시마[嚴島] 건너편 내해 연안에 있는 한 작은 마을 진언종 계열 사찰의 황도 12궁[56]을 모사한 것으로, 여기에는 석가모니가 삼중의 무지개 후광을 배경으로 연꽃(죽음을 이긴 생명의 상징) 위에 착좌해 있다.

이것을 존 러스킨이 설명하는 베네치아 산마르코 성당 서편 큰 벽(그리고 무자비한 독일 군인의 총격에 의해 최근 파괴된 렝스 성당[57])의 조각과 비교할 수 있다. 이 조각의 황도 12궁에서 가장 중심이 되는 인물은 승천하는 그리스도이다. 그는 정의의 태양으로서 별들 사이 옥좌에 앉아 있다. 그는 '영원히 있을 진리를 전하기 위해 돌아올' 그리스도이다.

제2장
암부(暗府)와 배

인간의 모든 과학적 진보에도 불구하고, '타이타닉 호'를 비롯한 거대한 기선들이 대서양 밑 빙하 속으로, 그리고 '엠프리스 오브 아일랜드(Empress of Ireland) 호'가 세인트로렌스 강의 조용하고 안개 짙은 물속으로 침몰했다. 이어 곧 인류의 종말이 도래할 것처럼 세계를 놀라게 한 재앙적인 전쟁이 일어나 수많은 사람들이 죽고, 다치고, 굶주림에 지쳐 유럽이 비틀거렸다. 이 때문에, 살아남은 사람들은 만약 20세기 사람들이 그로 인한 교훈들을 금세 망각한다면 차라리 1,300년 전 중국의 당나라 시대나 같은 시기 지구 반대 편 앵글로색슨인들이 살았던 시대로 돌아가는 것이 낫지 않을까 생각하게 된다.[1]

중국의 위대한 정신적 고전인 『서유기』는 쿠빌라이 칸의 바람에 따라 도교 승려 구처기의 가르침을 구현하기 위해 만들어진 것으로, 이탈리아에서 만들어진 『신곡』보다 15년 정도 일찍 쓰였다. 단테가 남긴 불멸의 서사시나 역시 불멸의 우의담인 번연의 『천로역정』이 서구 기독교 국가에서 유명한 것 못지않게 『서유기』는 오늘날 중국, 조선, 일본에 잘 알려져 있다.

『서유기』는 역대 중국 군주 가운데 가장 위대한 당 태종[2]이 639년 지옥 세계(유대인들과 네스토리우스파는 게헨나Gehenna로, 그리스인들은 하데스라고 부르는 것[3])에 다녀온 장면을 생생하게 묘사하고 있다.

639년이라는 해를 잘 기억해야 하는데, 이해는 '대진국 사람'[4] 아라본(阿羅本)이 로마제국 동쪽 지역[5]의 페르시아, 시리아, 에티오피아 출신 승려[6] 70명과 함께 성상(聖像)과 신구약 성서를 갖고 장안(시안부)에 온 지 4년이 지난 해이기 때문이다. 이해는 또 선왕(先王) 때 세워져 20만 권의 장서를 보유한, 당시로는 경이(驚異) 그 자체였던 궁궐 부속 황실 서각[7]에서 황제의 후원 속에 '신의 도서관(Divine Library)'이라고 할 만한 성경 전권의 번역이 완료된 해이기도 하다.

따라서 이 위대한 황제는 '진리를 충만하게 하고' 신앙을 보호

명부에서 돌아오는 길에 멈춰서 관정(灌頂)의 강에서 노니는 쌍둥이 물고기를 바라보는 당 태종.

했으며, 조칙을 내려 '광명의 종교[경교景敎]'를 당나라 전역에 선포했다.[8]

태종의 아들 고종이 재위할 때 광명사가 세워졌다. '화합의 궁전으로서, 크고 높으며 영적 지식을 밝혀주는 사원인' 이 경교 사원은 수많은 도시를 기쁨과 행복으로 가득하게 했다.[9]

그런데 실제로 필자가 찾은 조선의 모든 사찰에 '대(大),명(明),사(寺)'라는 글자가 강원(講院) 위에 새겨져 있다는 것이 놀랍지 않은가?

또 다른 역사적 사실을 간과할 수 없는데, 삼한(고대 조선의 왕국들)이 622년 공물을 보냈을 때 태종은 당나라에 갇힌 모든 조선인을 풀어주었고, 젊은이들이 장안의 황실대학에서 공부하여 당대 최고의 문화를 습득할 수 있도록 했다. 이 점은 조선의 금강산 사찰 벽화가 묘사하는 가르침의 기원이 어디인지 말해준다.[10] 금강산의 사찰 가운데 으뜸은 오늘날에도 장안사, 즉 장안의 절이라는 이름으로 불리고 있다.[11]

어둠의 산 뒤쪽 지옥, 좀 더 정확하게는 아귀도와 지옥 그리고 나락의 끔찍한 공포에 대해서는 그다지 많은 얘기가 필요 없다. 지옥 가운데에는 성 유다(Jude)가 "어둠의 검은 것"[12]이라고 하고 그리스도가 악마와 그 천사들을 위한 것이라고 한 지하 감옥,[13] 모든 종류의 불충, 불순종, 사악, 위선을 '갈아버리는 지옥', 모든 종류의 불의, 배신, 거만한 언사 때문에 '찢어지는 고통을 겪는 지옥', 무게를 거짓으로 측량하고 무지한 사람을 속이며, 힘없는 자들에게 불행을 안겨준 사람에 대해 '가면을 벗기는 지옥', 그리고 가장 죄질이 나쁜 사람들이 가는 단계로 불효한 사람[14]들을 위한 아비(Abi)[15] 등 몇몇 명칭들이 우리들의 관심을 끈다. 이것들은 기원전 4000년 경 사제들이 피라미드에 새겨진 텍스트를 맞춰보고 알아낸 이집트 판 천로역정인 『사자의 서(Book of the Dead)』

에 나타난 아멘티(Amenti)의 지옥이나 1300년 단테가 이탈리아 인들에게 자국어로 남긴 대서사시에 모든 고대 전승[16]을 바탕으로 구체화한 지옥의 모습과 닮았다. 뿐만 아니라 4세기 초 로마의 디오클레티아누스 황제가 근동에서 행했던 것, 그리고 페르시아의 왕 사푸르(Sapor) 2세가 300년 뒤 장안을 찾게 될 사람들의 정신적 선조들에게 40년 동안 가할 시련을 생생하게 보여준다.

이 정도 말하는 것으로 충분할 듯한데, 아무튼 중국 황제는 크게 감동을 받은 나머지 자신이 '사자(死者)의 땅'에서 보고 들은 것을 모두 주의 깊게 기록했고, 떠날 때 풍도(風途) 지옥의 시왕(十王)[17]은 황제에게 다음과 같이 조언했다.

"폐하께서는 땅으로 귀환하실 때 땅과 바다에서 죽은 사람들과 혼자 남고 집 잃은 모든 영혼들[18]의 구원을 위해 '영혼을 위한 집(Guild of All Souls)'을 세우는 걸 잊어서는 안 됩니다. 왜냐하면 지옥에서 불평하는 소리가 들리지 않을 때 지상에 사는 사람들이 즐겁게 지낼 수 있기 때문입니다."[19]

3일 밤낮을 죽은 채로 누워 있던 태종이 관을 두드리고 크게 우는 소리가 들렸다. 혼자가 된 황후가 놀라고,[20] 궁녀들[21]과 대신들이 질겁했다. 관을 열고 나온 태종은 지상의 삶으로 돌아와 황제직을 다시 시작했다.

장안에서는 49일 동안 큰 종교 축제가 열렸다. 이 기간 동안 현장[22]은 당시 중국의 지도적인 불교 권위자로서 경전의 윤곽을 제시했고, 삶의 길을 잃고 잘못을 범한 뒤 진리의 길로 인도받기를 원하는 중생에 대해 이야기했다.[23]

그날 천상의 스승 관음보살[24]은 천상 통치자의 명을 받고 지상으로 내려와 군중 속에 함께 했다. 남루한 차림새 때문에 아무도 그를 알아보지 못했다. 관음보살은 외쳤다. "현장, 당신은 지금까지 우리에게 죽은 자를 구원할 수 없는 초기 소승불교만 설명했어요. 이제 대승불교, 즉 죽은 자를 천상으로 데려가고[25] 비탄에 잠긴 사람을 구함으로써 이들이 이승에 다시 태어나는 일이 없도록 불멸의 삶을 주는 대승불교에 대해서 말해야 해요."

이후 황제가 자원자를 모집하자 현장은 백마[26]를 하사 받고 구원의 큰 길을 기록한 대승불교의 저작을 찾아 서방 정토로의 순례를 시작했다. 그리고 늙은 여인의 모습을 한 관음[27]으로부터 보관[28]과 가사를 받았다.

노파 모습을 하고 현장에게 보관을 수여하는 관음보살.

여기까지가 중국의 『서유기』와 일본의 그림들이 담고 있는 내용이다.

몇 년 후(고서기가 기록하고 있는 바와 같이), 모든 영혼들의 축제인 오본절이 수미산[29] 모형을 만드는 일과 함께 647년, 657년, 659년 나라 곳곳에 퍼졌다.

그로부터 한 세기가 지나지 않아 황실의 젊은 화가 오도자(鳴道子)는 장안의 절에 놀랄 만한 사실주의로 연옥의 시련을 담은 그림을 그렸다. 이 그림들은 시리아 승려와 인도의 위대한 스승 아모가 바즈라가 서로 다른 언어로 열심히 설교했던 신앙의 합일(unity)[30]을 강렬하게 형상화하면서 수많은 중국인들이 회개하고 자신의 죄를 찾으며, 새로운 삶을 영위하도록 했다.

따라서 우란분(盂蘭盆, ullambana)[31] 또는 오본절은 아모가 바즈라[32]에 의해 중국에 널리 유행했다. 아모가 바즈라는 중국에 55년을 머무는 동안 잇따른 중국의 세 군주[33]와 친하게 지냈다. 그중 한 명의 황제는 그가 인도로 돌아가지 못하게까지 했다. 그는 황제의 친구, 고문, 세례자였던 것이다.

아모가(중국과 일본에서는 불공금강不空金剛으로 알려져 있다)는 그에 앞서 대승불교의 지도자였던 금강지(金剛智)와 함께 719년에 장안으로 왔다. 아시리아 선교사들과 같은 시대에 활동한 셈이다. 635년과 744년에 그들 지도자가 도착한 이후 중국 황실은 그들을 존경하여 자신의 심복과 똑같은 자색관복[34]과 높은 직위를 주었다.

누구도 '심복' 두 명을 가질 수 없고, 하늘에는 태양이 두 개 있을 수 없으며, 한 나라에는 통치자가 둘 있을 수 없다!

대부분의 외국인들은 라프카디오 헌(Lafcadio Hearn)이 일본에 대해 쓴 책을 통해서 이 아름다운 오본절을 잘 알고 있다. 해마다 7월이면 3일 동안 계속되는[35] 이 명절에 망자들이 죽은 말, 고양이, 새, 개 등과 함께 돌아온다. 필자는 그중 쥐새끼도 있다고 들은 적이 있다.

영혼이 찾아올 것에 대비해 봉헌된 음식을 경건하게 차리고, 옛 집이나 특별한 사찰에서 하듯, 승려는 동물과 사람, 즉 초기 기독교 복음과 성 바오로가 쓴 「로마서」에 등장하는 '모든 피조물'을 위해 특정 불경을 독송한다. 이것은 중국의 화가 오도자가 자신의 열반도(涅槃圖)에서 매우 독특하게 나타낸 것인데, 벌레, 애벌레, 달팽이 할 것 없이 모든 피조물들은 모두 석가모니의 죽음을 애도하고 있다.

오본절 3일째 밤, 묘 주위에 밝혀진 등(燈)이 작은 종이배에 실려 개울, 강, 바닷물을 따라가면서 사랑하는 죽은 자가 극락의 영적 세계로 빨리 갈 수 있도록 한다. 특히 중요한 것은 교토(793년에 세워진 헤이안성) 주위 구릉의 어마어마한 횃불이다. 중국 정크선처럼 지어진 하나는 대광선이라고 불리고,[36] 다른 하나는 큰 토리이[鳥居][37] 혹은 대문[38]으로 불린다. 그 앞에는 봉화가 있고 비장전[39]이라는 문자가 쓰여 있다.

806년 장안에서 돌아온 일본의 위대한 문명 개화자[40] 홍법대사의 가르침에 따라 이 횃불은 1,100년 동안 타오르고 있다.

티그리스강의 바그다드(파르티아 크테시폰의 북쪽 몇 마일 되는 곳에 위치)와 브르타뉴—앵글로색슨족 침입자들에게서 도망친 켈트족 수도승이 아더왕[41]과 원탁의 기사가 성배(聖杯) 산그랄(San Grael)을 찾기 전에 초기 기독교를 전래한 곳—에서처럼 페르시아 병자[42]와 영국의 모든 영혼을 위한 추모일[43]에도 오본절과 동일한 관습이 아직도 존재한다. 이것은 분명 극동과 당시 극서간의 공감대가 이루어지는 지점이어서 면밀한 조사가 필요하다.[44]

633년, 즉 역사적 사실을 바탕으로 서사시를 지은 『서유기』저자가 말하는 바와 같이 당 태종이 명부(冥府)에 가기 6년 전 가경자 비드(the Venerable Bede)는 언행에 덕이 있는 아일랜드 수도승 퍼시(Fursey)가 아파서 "인간의 외피인 자신의 육체를 떠났다."[45]고 말한다. 자신을 데리고 가는 천사들이 아래를 내려다보게 하자, 퍼시는 네 개의 불길이 자신이 떠나온 세계를 태우는 것을 보았다. 그것은 비천하고 약한 자를 기만하면서도 양심의 가책을 느끼지 않는, 악과 탐욕, 불화, 불경으로 가득 찬 세상이었다. 그는 또 악마들이 불 속으로 날아 들어가 정의로운 사람들에 맞서 큰 불을 지르며 전쟁을 일으키고, 사악한 영혼들이 그 자신에게 혐의를 씌우는 것을 보았다. 불이 번져서 가까이 오자 퍼시와 함께 있던 천사는 그에게 "비록 끔찍하고 굉장하지만 네가 피우지 않는 불은 너를 태우지 않을 것이다."라고 안심시켰다.

중국에는 다음과 같은 말이 있다. "죽음의 심판관이 다스리는 지옥은 당신 자신의 마음속에 있는 지옥이나 다름없다. 내면에 지옥이 없다면 죽음의 심판관도 이후에 너를 지옥에 보내지 못할 것이다."[46]

이와 같은 이유[47] 때문에 플랑드르의 수도승 토마스 아 켐피스는 1441년 자신이 쓴 세계적으로 유명한 책을 『내면적 삶의 조화(The Harmony of the Inner Life)』[48]로 명명했다. 이 또한 만자문(卍字紋)이 상징하는 진실이다.

지상으로 돌아와 모든 사람들에게 회개의 필요성을 역설할 때 퍼시는 낯선 시신인 자신의 몸을 찾지 못했으나 천사의 도움으로 그것을 알아보고 자신의 몸으로 들어갔다. 『서유기』에서 황제의 사절인 현장이 '구름배'를 타고 있을 때, 강가를 떠도는 시신을 보고 매우 놀랐다. 그러나 그의 배를 몰던 천사는 웃으면서 "주인님 놀라지 마세요. 저 시신은 예전 당신의 몸입니다. 축하합니다."라고 말했다.

퍼시의 영혼이 자신의 몸으로 돌아와 그 꿈에 대해 얘기하는 것만으로, 살을 에는 겨울 날씨인데도 뜨거운 여름의 열기 속에 있는 것처럼 땀을 흘렸다고 한다.

이 수도사는 영국에서 수도사와 수녀의 혼성 수도원을 창설

했다.

지옥의 시왕(十王)과 관련하여 필자는 내친김에 조선 금강산 등지의 사찰에서 그들이 영광의 지장보살 양쪽에 앉아 있는 것을 보았다. 중국 불교를 연구하는 학자들은 지장보살[49]이 있는 곳이면 항상 이 시왕(十王)들이 있다고 한다.[50] 장안사의 전승에 따르면, 지옥에서 지장보살의 머리는 항상 초록색이다.[51] 이것은 주목할 만한 우연의 일치인데, 기독교 예술에서 초록색은 봄, 부활, 불멸에의 희망을 뜻하는 색으로 연옥의 특별한 상징이다. 연옥의 처벌은 앞으로의 일을 바로잡기 위한 것으로 최종적인 것이 아니다. 화엄사의 약사불은 초록색 약사발을 쥐고 있다.

이제 이 주제에 대해 더 이상 자세하게 얘기하지는 않겠지만, 필자(그리고 필자에게 조언한 로마 사제)는 복음서상의 그리스도의 말씀에 따라, 지옥의 시왕(十王)은 다가올 시대에 이스라엘 종족[52]을 심판할 사도들을 연상케 한다.

초기 기독교 미술에서는 대부분 열 명의 사도들만 등장했다. 예수를 부인한 베드로와 예수를 배반한 유다는 빠져 있었다.[53]

다시 비드의 『교회사(Ecclesiastical History)』[54]로 돌아가면, 이 책에는 영혼의 죽음을 생명으로 바꾸기 위해 영국에서 일어난 지난 기적들과 유사한 '한 가지 기념할 만한 기적'이 기록되어 있다.

어느 노섬브리아인은 자신의 가족들과 함께 항상 종교적인 삶을 살다가 병이 들어 696년에 죽었다. 그의 이름은 드라이뎀(Drythelm)이다.

그 다음날 아침 그는 갑자기 부활했고 자리에 앉았다. 자신의 시신 주위에서 눈물을 흘리던 사람들은 달아났고 공포에 질린 아내 혼자서 눈물을 흘리며 두려움에 떨었다.

그는 그녀를 위로하면서 "두려워마세요. 나는 진정 죽음에서 부활했어요. 사람들 사이에서 다시 살게 된 것이지요. 그러나 예전에 하던 대로 앞으로 살 수는 없어요. 아주 다르게 살아야 합니다."라고 말했다.

그러고 나서 그는 멜로즈 수도원[55]으로 가서 수도자처럼 삭발을 했다. 이것은 『서유기』[56]에서 관음보살[57]이 하사한 모자와 같고 가톨릭 신앙[58]의 피로 만든 왕관과 같다. 그는 몸과 마음을 회개하면서 비범하게 살았고, 입은 침묵을 지켰다. 그의 삶은 그가 다른 사람들은 알지 못하는, 두렵고 간절한 것을 많이 봤다는 것을 드러냈다.

그중 하나가 그가 트위드(Tweed)강보다 차갑다고 한 얼음 지옥이었다. 그는 날마다 트위드강에서 목욕을 하며 자신의 열정을 식혔다.

단테의 등장인물이나 중국의 황제와 비슷하게 이 노섬브리아 수도승은 헤아릴 수 없이 많은 일그러진 영혼들이 겪는 혹독한 시련[59]과, 지하 궁전[60]의 연기와 어둠 속을 안내자와 함께 침묵 속에서 걸어간 기억을 말했다. 이 안내자는 밝은 옷을 입었다. 얼굴은 빛났고 불타는 심연에서 어두운 영혼들이 드라이뎀을 둘러쌌을 때 그는 어둠 속에 빛나는 밝은 별[61]처럼 가까이 가서 악과 싸웠다.

어둠에서 광명의 세계로 나온 사람들은 처음에는 매우 커서 넘을 수 없을 것 같은 벽에 다다른다. 그러다가 그 달콤함으로 어둠을 몰아내는 향기로운 꽃[62]이 가득한, 넓고 즐거운 곳에 있다는 것을 알게 된다. 그 안의 빛은 정오에 떠오른 태양의 영롱함을 능가하고, 꽃이 가득한 정원에는 흰 옷을 입은 영혼들이 있다.[63] 이들은 '선행을 하고 육신을 떠났으나' 당장 천국에 갈 만큼 완벽하지는 않은 사람들이다.

안내자는 그들이 처음 찾은 타오르는 불[64]과 살을 에는 차가움이 있는 '무시무시한 골짜기(Dreadful Vale)'는 죽음의 시간까지 자신의 죄를 고백하지 않거나 바로잡지 않았다가, 결국에는 고백하고 회개한 사람들을 벌주기 위한 것이라고 설명한다. "이들은 최후의 심판 날 천국에 받아들여질 것이다. 그러나 많은 사람들

은 그날 전에 기도, 선행, 금욕, 특히 미사를 통해 구원받을 것이
다.”라고 안내자는 말했다.[65]

필자는 당나라 황제가 같은 경험을 하고 난 57년 후 이 노섬
브리아 수도승이 꾼 꿈에 대해 매우 자세하게 설명했다. 이것은
서방의 기독교(신기독교 혹은 고등 기독교, 유대교 등)와 동양의 대
승불교(신불교 혹은 고등 불교) 사이에는 도덕적 응보라는 가르침
면에서 놀랄 만한 유사성이 있으며 이 점을 단순히 우연의 일치
로 간과해서는 안 되고 오히려 비교 연대기를 공부하는 것의 중
요성을 인식시키기 위한 바람으로 생각해야 한다.

베이징 근처에서 입수한 중국의 족자에는 지옥을 관할하는 지
장보살의 하강 장면이 있다. 그러나 그는 지옥의 통치자라기보다
는 정복자이다.[66] 그의 중국어 이름은 은혜의 무한한 보고, 즉 ‘대
자비의 보고’이다. 보좌에 앉아 있는 것은 지옥의 시왕(十王)이다.
그들은 지옥 입구에 있는 위대한 태종 황제의 현명한 고문이다.

이 주위에는 전적으로 자신이 저지른 잘못[67] 때문에 시련을
당하고 있는 포로들이 있다. 그 가운데 영광의 인물이자 가장 큰
짐을 지고 있는 지장보살이 있다. 힘없고 부모를 잃은 자들의 친
구이자 지쳐 있는 어린아이들의 수호자이다.[68] 불승처럼 가사[69]를
입고 왼손에는 영혼을 깨우는 석장(錫杖)[70]을 쥔 지장보살은 목에

고승 복장을 하고 명부(冥府)에서 어린이들의 환영을 받는 지장보살.

칼을 찬[71] 불쌍한 사람을 변호하고 그에게 연꽃잎을 쥔 자신의 오른손을 내민다. 인더스 강 북쪽 동방 국가들의 성전이자 계시된 교의의 정수인 『법화경』[72]의 경이로운 법에 따르면, 연꽃잎[73]은 죽음에 대한 승리, 부패에 대한 순수를 상징한다고 한다.

교토에서 발견된 놀랄 만한 일본의 마케모노에는 조선의 많은 그림처럼 염라대왕이 등장하고, 그 앞에는 성 요한의 기독교적 묵시록에서처럼, "책들이 펼쳐져 있고, 죽은 자들은 심판을 받는다." 여기에서 다시 '보이지 않는 세계의 스승'[74]인 지장보살은 경이롭게도 죽음을 거쳐 무한한 빛과 기쁨이 있는 죄 없는 땅으로 영혼을 인도한다.

이 전능하고 동정심이 많은 구세주는 승려처럼 머리를 깎고, 고승이나 중재자[75]처럼 황금 옷을 발까지 내려뜨려 입고 있다. 그는 석장과 죽음의 계곡, 지옥의 일곱 겹 벽을 무너뜨릴 밝은 빛을 내보내는 주옥[76]을 쥔 채 감옥[77] 깊은 곳에 모습을 드러낸다. 영혼들이 기꺼이 그의 안내를 받아 탑[78]을 지나고 그곳에서(현장 삼장이 우디아나[79]에서 들었던) 청동뱀(Brazen Serpent)처럼 신앙의 눈[80]으로 탑을 바라본다. 이는 치유의 첫 걸음이다.[81]

사제의 안내를 따라 큰 토리이[82]를 지난 어느 도망자는 입구에 매달려 있는 '시메나와'줄을 강하게 붙잡는다. 그는 좁은 다리(페르시아의 현자 조로아스터의 성스러운 다리 킨밧드Kinvad)를 건너 해와 달이 비치고 모든 자연이 기쁘게 노래하는 천상의 정원으로 들어간다. 이와 유사하게, 유럽에서는 꽃이 핀 나무가 부활의 전조가 되고, 그처럼 봄을 깨우는 흐름이 부활절로 간주된다.

이 만다라는 세부적인 것까지 아주 정확하게 묘사하고 있는 것으로 보아 재로우(Jarrow)의 존경받는 수도사인 비드가 그림처럼 생생하게 묘사한 기적을 잘 나타내기 위한 것일 수도 있다. 그리고 어떤 경우든 극락이나 낙원은 페르시아어 '천국'[83]에서 비롯된 말이다. 천국은 말 그대로 높은 담으로 둘러싸인 공원을 말한다.

이 낙원은 2세기 로마 카타콤 벽화에서 가장 즐겨 사용된 주제 중 하나였다.

금강산의 두 고찰 유점사와 표훈사의 종루에서 필자는 거대한 연옥 요새를 그린 프레스코화를 발견했다. 연옥의 담 위에서는 수사슴, 돼지, 코끼리 등 동물 머리를 한 사람들이 보고 있다. 게걸스럽게 먹는 사자 한 마리가 얹혀 있고 큰 자물쇠로 잠긴 거대한 문 옆에, 영광의 지장보살이 이스라엘 사제 복장을 하고 주옥과 홀장을 쥔 채 나락으로 떨어지려고 하는 두 희생자를 구하기 위해 서 있다.

지옥에 관한 조선의 여러 벽화 가운데 필자는 특히 건봉사 벽화에 깊은 인상을 받았다. 이 벽화에는 '지옥에서의 그리스도의 승리'를 그린 중세의 그림들처럼, 지장이 빛나는 얼굴을 하고 내려와 갇힌 자와 지옥의 판관 모두의 환영을 받는다. 요한의 묵시록과 히브리 사람 이사야의 예언에서도 죽음과 지옥의 열쇠를 가지고 있는 존재가 등장한다.

서양에서 '광명의 종교[84]'가 도래한 것을 기념하고, 빛과 진리의 법을 영원히 기억하기 위해 781년[85] 장안에 세운 영광의 경교비 비문을 살펴보면, 죽은 자의 보이지 않는 세계에 대한 그와 같은 가르침들은 공통의 뿌리[86]에서 생겨났다는 걸 알 수 있다. 그 기원은 세계사를 보면 창조나 홍수를 기록한 고대 수메르의 벽돌판 만큼이나 오래된 것이다.[87] 인류의 복수자이자 구속자인 아사리-마르둑(Asari-Marduk)[88]은 죽은 자를 삶으로 이끌고, 큰 배를 만들어 사람들이 죽음의 바다를 건너 신처럼 생명과 불멸을 얻도록 했다.[89] 따라서 마르둑(Marduk)은 '나룻배의 하느님'으로 불렸고, 이집트 피라미드 텍스트는 나룻배를 '태양의 배'라고 묘사한다.

경교비 비문 내용은 메샤, 메시아에 해당한다.

과거의 신성한 존재가 말한 것을 완수하고[90] 삼상(三常)[91]의 문을 열고, 사멸을 멸해 영생토록 하시고 …… 그분이 햇불이나 봉화처럼[92] 밝은 햇빛을 비추어 음부, 암부(나락)를 깨뜨리시니, 죽음을 인격화한 마귀(산스크리트어로는 마라, 한자로는 魔[93])의 미망은 결국 패배한다. …… 그는 '자비의 배[자항慈航]'를 움직여, 이를 통해 산자와 죽은 자가 광명궁,[94] 즉 하늘에 올라갈 수 있게 했다.

그리고 막스 뮐러 교수가 말한 바와 같이, 이것이 산스크리트어 단어 '마하야나'의 의미이다.[95] '자비의 배'는 관음보살이 천상에서 지니는 이름이다.[96] 지상에서의 상징은 선광환(船光環)인데, 이것은 관음상 뒤 배 모양의 후광을 말하는 것으로 난파한 영혼을 구하는 생명의 배를 나타낸다.

이러한 사실로 미루어볼 때, "복음은 인간의 본원적 종교성에 대한 재언급이자 최종적인 표현"이라는 하르나크의 견해를 받아들일 필요가 있다.[97]

금강산 유점사 종루의 벽화에는 '모든 것을 실어 나르는' 커다란 구원의 배가 그려져 있다. 구원의 배는 조선 최고(最古) 사찰들이 가장 애호하는 주제이자, 『대무량수경』과 새로운 탄생의 가르침과 관련이 있다. 스타인 박사는 중국 만리장성 너머 고비사막 가장자리에 있는 천불동[98] 동굴에서 아름답게 그려진 배 그림을 발견했다. 이 둔황 벽화들은 금강산이나 조선 남서부 지역의 벽화와 같은 시대, 즉 6세기와 7세기 대당 시대에 그려진 것들이다.[99]

필자가 생각하기에 위대한 경전 『대무량수경』은 인도가 아니라 페르시아에서 유래했다고 보는 것이 통설이다.

이 경전은 149년에 중앙아시아 호탄[100]에서 낙양(중국의 동쪽 수도)으로 전해진 것인데, 이것을 전한 두 수행자 중 한 사람은 안세(安世)를 통치했던 파르티아 아르사크(Arsac) 왕조의 왕자 안세고(安世高)일 가능성이 높다. 안세는 기원전 538년 유명한 키루스 대제비에 등장하는 페르시아를 고대 중국에서 한자식으로 부른 명칭이다. 이 불경은 두 불교 종파가 염원하는 메시아인 미륵[101]에 대한 이야기로 끝을 맺는다.

한편으로 조선의 배 그림의 주요 특징은 다음과 같다.

가. 흰옷[102] 차림의 스승 관음보살은 피리를 부는 천상의 음악가들과 구름 속에 머무는데, 나락에 빠진 사람들이 구원받을 것이라는 생각에 천사들과 함께 기뻐한다.

나. 관음보살 반대쪽에는 구름에서 지상으로 내려갈 채비를 하고 있는 지장보살이 있다.[103]

다. 저 깊은 죽음의 물에서 올라온 붉은 연꽃들은 새롭게 태어난 어린 영혼[104]들을 힘차게 새로운 삶으로 인도한다.[105] 이것은 관정(灌頂)을 훌륭하게 묘사한 것으로 성 바오로가 로마인들에게 보내는 편지 내용과 일치한다.

라. 중심 소재는 구원을 상징하는 '사찰 배(Temple Ship)'이다. 갑판 위에는 신여(神輿) 혹은 '신의 전차(Divine Chariot)'와 같은 전각이 있다. 그 안의 제대에는 무한히 영예로운 천상의 아버지 아미타불, 죽음을 무찌르는 강력한 존재 대세지, 더없이 자비로운 관음보살 등 영원히 축복받는 삼위일체[106]가 있다. 또, 오늘날에도 유대인들이 따르는 유월절 축제 세데르(seder)처럼 제단에는 촛불 두 개와 빵(떡[107])을 담은 성반 두 개, 배를 타고 죽음의 길에서 극락으로 가는 순례자들을 치유하고 건강을 주는 생명의 향로 병이 있다.

이것은 예수 그리스도가 제4복음의 제3장과 제6장에서 설명한 신비이다.[108]

그 뒤에는 성소를 가리는 막이 있다.

성소 위에서 사천왕[109]이 매우 놀란 표정으로 내려다보고 있다. 지장보살은 승려 복장을 한 채 입구에 서 있는데, 그 손은 연꽃 봉오리처럼 포개져 있다.

지장보살 가까운 곳에 위치한 배 이물의 연화대 위에는 기쁨의 대고(大鼓)가 있다.[110]

이러한 공통점을 확인하고 우리의 주장을 더 이상 논박할 수 없게 만드는 것은 신비의 물고기이다. 배 모양을 한 사찰의 처마에 달려 소리를 내는 물고기는 그리스도를 가리키는 비밀 이름이다. 이것은 모든 기독교 신학을 한 단어로 요약하는데, 그것은 '하느님의 아들이자 구세주인 예수 그리스도'이다.[111]

마그데부르크 제단은 하늘에 묶인 배를 그리고 있다. 이 배는 승려로 가득하지만 속인들은 타고 있지 않다. 이 제단은 젊은 법률학도인 마르틴 루터를 일깨웠고, 개종할 때까지 그에게 자주 나타났다.[112]

제3장
금강산

필자는 금강산과 장안사에서 놀랄 만한 그림 세 점을 발견했다. 이 그림에는 지옥에 갇힌 영혼에게 물로 씻기는 관정 의식을 베푸는 석가여래의 모습이 나타나 있다.[1]

삼존이 삼각형 모양의 광선으로 석가의 머리에 내려오고, 여기에 생명수의 샘이 때로는 무지개 빛깔로 삼족(三足) 물통 속에 있는 사람들에게 흩뿌려진다.

악마조차도 세례수 병을 찾아 서두른다.

초기 교회의 세례는 '생명과 건강을 회복할 목적으로' 약수(medicinal water)에 몸을 담그는 것이었다. 심지어 지옥에서도, 세례 받지 않고 죽은 자들이 증표[2]를 받는 일은 중요하게 되었다.[3]

헤르마스는 「목자서신」[4]에서 물의 힘으로 심연에서 올라와 탑으로 들어가는 돌을 묘사한다. 이 돌들은 실제로는 증표가 없이 죽은 영혼들을 가리키는데, 이들은 심연으로 내려가 성자의 이름을 부른 40명의 사도와 박사들의 설교를 듣고, 증표[5]를 받아 그것을 사용한 후 죽음에서 풀려나 죽음의 왕국에서 신의 왕국으로 옮겨간 사람들이다.

금강산에 있는 조선의 그림 중 하나는 쥐를 인간으로 변하게 하는 관정의 변신력을 보여준다.[6]

승려들은 내려오는 삼존불을 이렇게 설명했다. "그는 자신의 몸을 셋으로 나눈다. 이것은 분신(分身)이고, 경교비에서 말하는 삼위이자 『법화경』의 신비이기도 하다."[7]

처음 4세기 동안 로마 카타콤에는 완전한 초기 기독교의 창립에 관한 진리, 즉 전 세계에서 분열되지 않은 가톨릭 교회의 진리를 잘 보여주는 그림이 없었다.

갈리아 지방의 이레니우스의 제자이며 요한에게서 배운 순교자 폴리카르프의 제자인 히폴리투스는 세례를 받고자 하는 로마인들에게 "영적인 삶은 거기에서 비롯된다. 왜냐하면 그것은 생명과 치유의 샘이기 때문이다."라고 말했다.

불멸의 아버지[8]가 불멸의 아들과 말씀을 세상에 보냈다. 그는 물과 생명을 주는 성령으로 우리의 행동을 씻기 위해 왔고, 우리들의 영육이 타락하지 않도록 우리에게 생명의 숨을 불어넣고 영혼의 옷을 입힌다.

만약 인간이 불멸하게 되면(그리스도의 말씀에 따르면, 죽음에서 삶으로 간다면)[9] 그는 신처럼 될 것이다. 그리고 만약 그가 물과 성령으로 신처럼 된다면[10] 죽음에서 부활한 뒤에 그리스도의 공동 상속자가 되고 신과 대화를 나누면서 불멸할 것이다.

"와서 신의 아들로 다시 태어나라. 그러나 성스러운 삶으로 죄악과 악마를 배격할 때만 이러한 세례의 특권을 누릴 수 있다. 하느님은 너를 필요로 하고 너를 위하신다.[11] 자신의 영광을 드러내기 위해 너조차 신성하게 만드신다.[12]"

히폴리투스는 교회를 이 세상의 거친 바다를 항해하면서 폭풍우를 만나도 결코 난파하지 않는 배로, 그리스도는 그 배를 조종하는 사람으로, 십자가는 돛으로, 하느님의 말씀은 키[13]로, 그리스도의 말씀은 닻으로 묘사했다. 그리고 그는 또 이러한 은총의 특권을 내려주는 성령(관음)이 "항해하는 동안 숨을 내쉬면서 이 배를 영원한 평화의 항구로 가게 한다."고 말했다.

이것은 190~230년에 로마에서 성립된 초기 기독교(Primitive Christianity) 교리에 대한 가장 중요한 증언 중 하나로, 이때는 파르티아의 왕자인 안세고가 147~171년 중국에서 『대무량수경』을 가르친 지 얼마 지나지 않은 때였다. 히폴리투스의 설명은 중국 정토종의 그림, 조선의 벽화, 일본 내해의 성도(聖島)인 이츠쿠시마의 여름 축제 등에 나타나는 영혼의 배를 정확하게 묘사한다. 이때 배는 세 척의 작은 배가 모여 하나의 큰 배를 이룬다.

'대승불교의 비유'는 결코 황당하지 않다. 또 쿠빌라이 칸의 희망에 따라 구처기가 만든 위대한 중국의 서사시에 대한 부정확한 묘사도 아니다. 이 점은 한 가지 의심할 수 없는 사실로 입증된다. 그것은 필자가 1914년 10월에 금강산의 핵심인 내금강에서 발견한 것이다. 최고봉을 비로나자불에게 봉헌한 금강산 1만 2,000봉은 지장, 미륵[14], 약사, 관음 등 부처를 가리키는 셀 수 없이 많은 이름 중 한두 가지 다른 이름을 지니고 있다. 힌두 베다에서 말하는 바와 같이, 부처는 하나이지만 현자들은 그를 많은 이름으로 부른다.

그 주위의 이 모든 울퉁불퉁한 바위들이 경외감[15]이 담긴 마음으로 그 봉우리를 향해 절을 하고 있다. 이것에 대해 필자는 이전에 조선 남부에서 가장 크고 유명한 사찰인 통도사[16]에 머무를 때 학자적인 주지 스님께 가르침을 받은 적이 있다.

감히 생각하건대, 고대 히브리인들의 위대한 시편을 존중하고 이것들을 매일 예배 때 낭송하는 유대인과 기독교인들은 편재하는 하느님에 대한 이 가장 아름답고 영적인 생각을 좀처럼 나쁘게 생각하지 않을 것이다.

앞서 정양사의 아름다운 벽화 세 점에 대해 묘사한 바 있다. 이 벽화들은 황제의 사절인 현장이 부처가 되는 진법의 경전을 가져온 것을 기념하고 그것들이 조선의 동해안에 도착한 것을 기리기 위한 것이다. 오늘날 조선의 금강산 아래 동해안에서는 경전과 불상 53점을 싣고 온 정크선의 화석화된 모습을 볼 수 있다.[17] 이곳에는 '인간의 손으로 만든 것이 아닌' 자연암으로 만들어진 거대한 불상이 있다. 나라나 카마쿠라[18]의 대불상보다 훨씬 장엄하다.

그 배는 '하늘의 뱃사공(Celestial Pilot)'이자[19] 큰 스승인 관음보살의 인도를 받고 왔다. 기독교 복음과 『동시리아 성무일도서』는 '성령'이 이와 비슷한 역할을 한다고 강조한다.

히브리인들의 복음[20]에서 그리스도는 성령을 '나의 어머니'라고 말한다. 이것은 즉 관음보살을 부처의 어머니로 묘사하는 젠코지[善光寺] 여래당의 가르침과 다르지 않다.

정양사의 육면 전각은 보이지 않는 지옥계의 눈먼 영혼들—단테는 이들을 '이전 생활을 곁눈으로 바라보는 사람'이라고 했고 성 베드로는 ‘근시안’이라고 했다—의 눈을 뜨게 하는 진정한 의사[21]인 약사여래를 봉안하고 있다.

연꽃 위에서 빛나는 구옥(球玉, tama)은 전각 위를 장식하고 있다.

로마 카타콤에서는 하느님에 대한 존경으로 불타는 마음, 중세에는 거룩한 마음 그 자체를 표현하기 위해 동일한 상징을 자주 사용했다.

일본의 정토종 승려가 내게 한 가지 흥미로운 차이점이라고 설명한 것이 있다.

마음을 상징적으로 나타낸다는 점에서는 같지만, 동양 구옥(球玉)의 향점(向點)이 위를 향한다면 서양에서는 아래로 향한다.

전자는 마음을 부처의 경지로 끌어올리는 것을 가리킨다.[22] 서방 전례는 이를 두고 두 단어로 표현하는데, ‘수르숨 코르다(Sursum Corda)’, 즉 ‘네 마음을 일깨워라!’이며 이것을 듣는 사람들은 “마음을 주님에게로 끌어올려야 합니까?”라고 대부분 반응한다.[23]

비범할 정도로 마음의 정수를 지닌 채, 무질서한 서방의 수도원 공동체들을 하나로 모은 이탈리아의 성 베네딕트는 덧붙여 말했다. “마음을 고양시켜라. 이것은 하느님에 이르는 길이다.”

그러나 로마의 상징에서 아래로 향한 향점은 '인간을 향해 아래로'라는 뜻을 지닌다.

따라서 하나의 진리가 양쪽 상징 모두에 포함되어 있다고 할 수 있다. 다시 말해, 만약 어떤 사람이 부처님, 즉 하느님을 사랑한다면 그 사람은 결과적으로 형제인 인간을 사랑할 것이라는 점이다.

정양사는 양부신도(兩部神道)의 좋은 본보기로, 시치고산[七伍三] 명절에 악령을 막기 위해 고헤이 종이를 금줄에 매달아 둔다.[24] 한편, 원산 근처 석왕사에는 금줄 옆에 큰 토리이[25]가 있다.

정양사 약사전[26]의 불화 네 점은 중국의 궁정 화가인 오도자의 그림으로 알려져 있다. 그는 실제로 장안의 여러 사찰에 300점의 벽화를 그렸다.

742년에 그렸다고 하는 최초의 열반도는 그의 능숙한 붓놀림에 의한 것이라고 생각되는데, 이 그림은 이후 일본의 화승(畵僧)들에게 모범이 되었다.[27] 홍법대사가 조각한 오카테라[岡寺]에 있는 석가의 열반상은 분명 그 모사본이다.

히브리인들의 구세주인 그리스도는 승천하면서 '모든 피조물들'[28]에게 자신의 복음을 선포하도록 했다. 여래(세상에서 존경을 받는 존재)[29]가 자신의 일[30]을 마치고 열반의 기쁨에 들어섰을 때 이 피조물들은 슬픔에 휩싸이게 된다. 이들은 외쳤다. "누가 지금 우리에게 탄생과 죽음의 바다를 건너는 배가 되어 줄 것인가?"[31]

오도자는 또한 10나한과 함께 있는 석가여래 그림[32]과 생명수 병[33]을 든 우아한 관음보살의 모습을 그렸고, 그 옆에 보는 이로 하여금 두려움 때문에 땀을 흘리고 머리가 쭈뼛해지게 하는 연옥이 주는 고통[34]의 교화적인 모습을 그렸다. 이 때문에 아모가 바즈라가 되살리려고 했던 모든 영혼의 축제인 오본절이 유행하게 되었다.[35]

마찬가지로, 앞선 세기에 이처럼 마음이 진실한 퍼시와 드라이뎀은 죽음과 같은 몽환상태에서 '하느님의 성령과 신학적 진리가 멋지게 스며든 환영'[36]을 보았다. 이로 말미암아 영국에서는 죽은 자에게 기도를 바치는 풍습이 부활했다. 이 관습은 유대 풍습[37]에서 비롯되었으며, 비록 오늘날의 프로테스탄트들은 부정하지만 처음 15세기 동안 기독교 교회에서는 부정할 수 없이 일반적인 현상이었다.[38]

소승불교에는 인격신이 없다는 사실을 기억할 것이다. 고타마 싯다르타의 가르침은 무신론적이었기 때문이다. 또 개인적인 영혼이 없으며, 각각 기쁨과 고통을 지닌 천국과 지옥의 존재도 강하게 부정된다.

그러나 대승불교는 이 모든 큰 진리와 실체들, 특히 동물과 사람의 영혼불멸성을 힘주어 말한다.

따라서 고대 히브리인들의 약속이 바탕이 되어 신약으로 발전한 초기 기독교 신앙과 대승불교 사이에는 공통의 기반이 있음을 알 수 있다.

이러한 기반은 종교개혁가들에 의해 훼손될 때까지 15세기 동안 동서양 교회에서 명맥이 끊어지지 않고 유지되었다. 이들 종교 개혁가들은 한때 사제였던 루터 이후 하느님의 육화한 아들의 먼 조상 때부터 전해진 고대의 전통을 합리화·독일화하고, 또 하느님의 아들을 인간으로 축소시킴으로써 과거의 영예를 파괴하였다.

세속적인 면과 영적인 면에서 오늘날의 국제적인 무정부상태가 바로 그 결과이다.[39]

따라서 학식 있는 프랑스의 수도원장은 다음과 같이 말한다. "프로테스탄티즘은 부정(negations)의 신앙이다!" 특히 소승불교나 원시 불교와 일치하는 점이 있다. 대승불교는 아시아적인 언어로 인류의 정신적 운명에 영향을 미치는 가장 장엄한 현실을 긍정한다는 점에서 가톨릭이나 사도의 신앙과 연결된다.

정양사[40] 약사전 앞에는 800년 된 석등과 1,000년도 넘은 오층탑이 있다.

일본의 승려 니치렌[日蓮]이 강조한 대승불교의 가르침에 따르면, 법신(法身) 혹은 영체(靈體)[41]는 흙, 물, 불, 바람, 기(에테르)[42] 등 다섯 가지 요소[43]로 구성되어 있다. 이것은 '다르마카야(Dharma-kaya, 법신法身)', 즉 부처의 영적 실재 혹은 광명의 영성,[44] 법회에서의 제향(祭香)등으로 표현된다.

아슈바고사와 같은 시대 사람인 로마의 성 클레멘스[45]의 것으로 보이는 가장 오래된 기독교 전례에는 다음과 같은 말이 나온다. "하느님은 불멸의 영혼과 사라지기 쉬운 육체에서 인간을, 영혼은 무(즉 에테르)에서, 육체는 네 가지 원소에서 만들었고, …… 사람에게 자연 상태의 법[46]을 주었다. 이것은 강력해서 다른 수단의 도움 없이도 스스로 신의 원리를 터득할 수 있다."

요세푸스는 1세기의 마지막 10년, 도미티아누스 황제의 비서 자격으로 이 주제를 잘 설명하고 있다. 따라서 그의 주장을 소개할까 한다. 그의 주장은 사람들이 오늘날의 '불교'가 주는 가르침의 원천을 스스로 판단할 수 있도록 한다.

이 유대인 역사가는 다음과 같이 적고 있다. "솔로몬이 일어나서 말했다. '오, 주님 당신은 영원한 집을 갖고 있습니다. 그것은 당신 스스로의 말씀으로 세운 것입니다. 우리들은 그것이 천국이요, 공기이며, 땅과 바다라는 것을 압니다.' 솔로몬이 세운 것은 이러한 상징들이었다."[47]

또, 요세푸스는 성전 장막—12궁도, 전체 천문계, 신비한 해석 등이 수놓인 바빌로니아의 휘장—이 '매우 경이로운 색깔의 혼합'으로 만들어졌다고 말하고 있다. "일종의 우주적 모습을 상징하듯이, 붉은색은 불, 엷은 황갈색은 땅, 푸른색은 공기, 자색은 바다를 나타낸다."

일본에 사는 우리들은 이 모든 것이 흰색과 결합했을 때 대승불교가 받아들인 신토의 신성한 색깔이 된다는 점을 안다. 이는 오늘날 정토종 사찰의 장례 예식에 '오색기'가 사용되는 데서 알 수 있다.

정양사에서 거대한 숲으로 뒤덮인 언덕을 내려와 표훈사에 다다랐다. 표훈사는 671년 상류계층 출신의 같은 이름의 표훈이라는 승려가 창건한 절이다. 이 고찰에 들어가려면 거대한 바위와 가까운 곳에 있는 '순례객을 맞이하는 다리'를 거쳐야 한다. 이 바위의 표면에는 간다라 양식으로 높이가 각각 20피트 되는 석가여래, 약사, 미륵 삼불이 새겨져 있다. 반대쪽에는 작지만 높이가 같은 대세지보살과 관음보살이 있다.

필자가 머문 방에는 극락전이라는 유쾌한 이름이 붙어 있다. "우리들은 극락을 우리나라로 생각한다."는 아프리카 출신의 순교자 주교 키프리안의 말을 떠올리게 한다.

조사해 볼 만한 것은 사천왕[48] 중 하나인 비사문이 들고 있는 거대한 오층탑이다. 석탑의 각 층에는 사람들 곁에 살기 위해 하늘에서 땅으로 행차한 석가여래[49]가 보인다.

석누조(gargoyle)[50] 역시 유럽 중세 성당과의 주목할 만한 연결고리이다. 석누조와 성당 모두에서 악마와 용은 악령을 가리킨다. 악령은 입을 벌린 채 성전 밖에서 날아다니다가 성전 안의 선한 영혼에 의해 쫓겨나며 밖의 종소리를 듣고 공포에 질린다.

조선에 있는 모든 고찰(古刹)이 지닌 공통적인 특징은 장방형 십자가에 매달린 물고기 모양의 풍경이 처마 아래에서 매우 아름다운 소리를 낸다는 점이다. 그 옆 종루 안의 청동 대종이 내는 평화의 메시지는 멀리, 넓게 퍼져 산울림이 되어 돌아온다.

조선인들은 그와 같은 종을 악을 막는 보호물로 간주한다. 마치 중세 유럽의 어느 작가가 "그리하여 적군과 적의 모든 올가미를 물리칠 수 있고, 폭풍의 기운과 대기의 힘이 전복될 수 있다."고 말한 것과 같다.

스위스 루체른에서는 지금도 천둥이 심하게 치는 날이면 성당의 종들이 울린다.

표훈사와 유점사의 종루는 붉은색, 흰색, 푸른색으로 된 성 조지 십자가가 그려진 작은 널빤지로 둘러싸여 있다. 이것은 논산 관촉사의 대미륵으로 통하는 큰 문 위의 것과 비슷하다.

이 흥미로운 상징은 살펴볼 만한 가치가 있다. 산치(Sanchi) 탑 입구에는 별 깃발이 있다.

인도 북부 고대 월지국의 아잔타 석굴사원[51]을 보면, 부처의 보좌 아래 사자와 일각수가 평화롭게 앉아 있다. 이는 스타인 박사가 둔황[敦煌] 천불동의 화려한 비단에 수놓인 그림에서 본 것과 같다. 연꽃이 피어오르는 대좌(臺座) 위에 진홍과 녹색 옷을 겹쳐 입은 석가가 머리 쪽에 무지개 광배와 생명의 배를 배경으로 서 있다.[52]

한 동물은 입을 벌리고 있고 다른 동물은 입을 다물고 있다(옴의 상징). 이것은 중국 카이펑 유대교 회당[53] 앞뜰에서처럼 모든 신사 앞 대좌(臺座) 위에 있다. 유대인의 중국 정착은 바빌론 박해가 있었던 34년 혹은 예루살렘이 함락된 70년까지 거슬러 올라간다. 기원후 90년 경, 리(Li)라는 이름의 한 유대인이 70명의 수도사와 함께 카이펑에 도착했다.[54]

마닐라의 가톨릭교회 앞에는 그와 같은 사자와 일각수가 서

있다. 그러나 어떤 연유로 거기에 있게 되었는지는 설명하기 어렵다.[55]

일본에서 이들은 '조선의 개(Korean dogs)'로 불리지만, 조선에서는 '중국의 사자(Chinese lions)', 중국에서는 '페르시아의 사자(persian lions)'로 통한다. 따라서 그 지리적 기원에 이르는 경로를 쉽게 파악할 수 있다. 바로 페르시아다!

그러나 그들에게 붙일 수 있는 가장 적절한 명칭은 '불(佛)의 개(Dogs of Fo)'일 것이다.

제 4 장
금강산의 비밀

이제 관심을 우리 순례의 목적지인 '마하연', 말 그대로 '대승의 언덕'에 이르는 길로 돌려볼까 한다.

조선어의 유음 H는 일본어 발음에서 격음 K가 된다. 그래서 '마하야나'는 생명을 준다는 뜻을 지닌 시리아어 '마카야나(Makayana)', 즉 생명을 주는 자(Life-Giver)[1]와 같고, 히브리어 명칭 '예수'에 해당하는 희랍어는 '소테르($\sigma\omega\tau\eta\rho$)', 즉 구세주란 뜻을 지닌다.[2]

시리아어에서는 '구원(salvation)'과 '생명(life)'이 같은 뜻으로 사용된다. 이것은 그리스도와 아람어를 쓰는 그의 제자들의 가르침이기도 한데, 금강산의 가르침과 매우 관련이 깊다.

마하연암(摩訶衍庵)은 금강계에 들어가기 전 정화의 장소다.[3] 그래서 조선인 순례자들 사이에는 다음과 같은 말이 유행한다.

"마하연을 넘어 부처님을 보러가세."

이 구절에서 홍법대사가 읊은 이로하우타[伊呂波歌][4]의 흥미로운 울림을 보지 않는가?

"오늘 변화의 산을 넘는 우리, 꿈도 없고 망상도 없네. 오직 해탈만 있을 뿐."

이것은 가톨릭 신앙의 지복직관(至福直觀)으로, 지옥의 진정한 아픔이란 마음이 순수한 사람만이 볼 수 있는 하느님을 볼 수 없게 되는 것이다.[5]

"그를 보는 자 마음에 평화를 얻게 되리니."[6]

중국의 『서유기』에서 스승은 "만약 6명의 도둑[7]을 정복할 수 없다면 어떻게 부처님 보기를 기대할 수 있을까."라는 질문을 받는다. 삼장은 잠시 생각한 뒤 "아, 언제 여래를 바로 앞에서 볼 수 있을까?"[8]하고 소리쳤다.

아름다운 고대 일본어 목판본은 스승이 저팔계, 손오공,[9] 말[10] 등 제자 세 명[11]과 함께 알현실(謁見室)에 들어가 여래에게서 소중한 진법—"어떻게 하면 부처가 될 것인가?"—의 경전을 받는 장면을 보여준다.

노파로 변신한 관음보살은 그들이 목적을 이루는 것을 보고 기쁜 표정을 짓고,[12] 페르페투아가 202년 카르타고에서 꾼 꿈처럼, 두 명의 참배자들은 평화의 입맞춤[13]을 나눈다.

여래를 '바로 앞에서' 본다는 것은 세 가지 불성체를 보는 것인데, 각각이 석가불의 모습을 하고 있다.[14]

표훈사와 안락한 극락전('천상의 집'이라는 뜻을 지닌 페르시아어의 중국어 번역)에서 융숭한 대접을 받은 뒤 이곳을 떠나려고 하자 재색 승복을 입은 명랑한 승려가 단단한 산행 지팡이를 잡고 절 뒤편 금강문으로 필자를 인도했다.

금강문은 '자연적으로 만들어진 초자연적 의미를 담고 있는 문'이다. 다시 말해 이 문은 가장 신비스러운 좁은 문으로, 두 개의 거대한 바위[15] 아래 길을 내어 대승 불자가 죽음의 순간에 자비의 계곡으로 들어갈 수 있게 했다.

화려한 금강산에 해당하는 일본어 명칭인 '호라이산'은 '낙원'을 의미한다.[16]

고타마 싯다르타는 열반을 꺼진 촛불처럼 절멸을 의미하는 것으로 가르쳤기 때문에 소승불교의 무신론적 교의와 염세주의는 아시아 전역을 절망으로 몰아넣었다.[17] 이와 반대로, 간다라 조각을 보면 불교의 메시아인 미륵은 이 종교의 개창자보다 더 많이 존경받는 것 같다.[18] 그리고 4세기 불교의 고승인 간다라의 무착(無着), 우디아나의 불도징, 7세기의 당나라의 순례자 현장,[19] 각각 9세기, 12세기, 13세기[20]의 인물인 일본의 사도 홍법대사, 호넨 쇼닌, 신란 쇼닌 등은 모두 미륵이 사는 기쁨의 하늘, 도솔천에서의 새로운 탄생을 열망하면서 종국에는 미륵을 만나기를 매일 희망하며 살았다. 이와 함께 그들은 지상[21]으로 돌아와 지치지 않는 열정으로 다른 사람들을 위해 부처의 과업을 수행함으로써 진정한 종교를 복원하고자 했다.[22]

이들 모두는 미륵의 이름을 부르면서 죽었다.

현장은 "밀교는 무엇입니까? 미륵의 현시입니까?"하고 물었다. 밀교는 두 가지 의지를 하나로 모아 마음에 안녕을 가져다준다.[23]

이런 축복 받은 상태의 본질은

하느님의 의지 안에 거한다는 거지요.

그리하여 우리의 바람들이 하나가 됩니다.

그 분은 자신의 의지를 우리의 의지로 만드셨어요.

우리의 평화는 그 분의 의지 안에 있어요. (「연옥」 3곡 79~85행)

조선의 어느 승려가 필자에게 이렇게 말했다. "아주 옛날부터 천국으로 들어가려면 이 금강문을 지나야 한다고 했지요." 이것은 고대 이집트의 피라미드 문헌들에서 수집한 묘례(墓禮)가 "너희들에게 죽음은 없다. 오직 지나침만 있을 뿐이다!"라고 표현한 진리이다.

그리하여 그리스도는 산에 올라가 다음과 같이 가르쳤다.

"생명에 이르는 문은 좁고 험하다."

번연은 3세기 전에 영어로 된 『천로역정』에서 그와 같은 진리를 강조했다. "이 계곡 끝에는 '죽음 그늘의 계곡'이라는 다른 계곡이 있다. 기독교인들은 이 계곡을 거쳐야 한다. 천상의 도시(Celestial City)에 이르는 길은 그 도중에 있기 때문이다."

단테는 연옥 문턱의 금강석 위에 앉아 있던 문지기 천사를 묘사하면서 "생명으로 가는 길은 여기에 있다."고 말했다.

그리고 나서 우리 일행은 금강문의 어두운 길을 웅크린 채 통과하여[24] 화창한 햇볕이 내리쬐는 계곡에 들어섰다. 이곳은 수많은 작은 폭포로 아름다운 모습을 띠고 있었다. 향로봉 가까운 곳에 석굴이 있고 이곳으로 삼신이 매일 경배를 받으러 내려온다.

길을 안내하는 승려는 걸어오는 필자의 친구들과는 멀리 떨어져 있었다. 향로봉과 사자바위 사이에 들어섰을 때 심연 같은 나락의 머리 부분에서 어렴풋이 나타나는, 수평선 멀리 처음으로 눈에 들어온 마하연의 장엄한 절벽을 열심히 손짓으로 가리키면서 그가 필자를 향해 밝은 미소를 보냈다. 잊을 수 없는 장면이다.

승려는 지팡이를 들어 위쪽을 가리키면서 거의 정상 가까운 곳의 벼랑 끝 표면에 깊이 새겨져 있는, 각각의 팔 길이가 같은 거대한 십자가[25]로 필자의 눈을 향하게 했다.

"이것은 손으로 깎은 것이 아닙니다." 많은 승려들이 필자에게 설명했다. "자연적인 것이지요! 그리고 금강산에는 이러한 것들이 많습니다."

바로 그곳에서 분명 놀랄 만한 증표를 봤다. 그것은 '마하연의 비밀'이었다.

이 증표의 발견은 또, 무성한 삼림 속을 올라가면서 겪게 되는 위험과 피로를 잊게 한다. 이 증표는 금강산 깊숙이 감추어진 생명과 조화의 상징이다.

필자가 도쿄를 떠날 때 조선인 학승이 "금강산은 팔레스타인 바깥 세계에서 가장 거룩한 곳"이라고 말했다는 사실이 놀랍지 않은가.

1597년 조선인들은 경이롭고 신성한 도시인 신라 경주와 그곳의 찬란한 예술과 문명을 간직한 오래된 사찰들, 그리고 그 밖의 성지를 무자비하게 파괴한 일본의 침략자들을 사자바위에서 무찌르고 히데요시의 군대를 쫓아냈다.

다음으로 흥미로운 곳은 그 협곡 하상의 굉장히 큰 암반이었다. 거기엔 커다란 한자(漢字)가 새겨져 있었다. 고대의 순례자들은 여기서 향[26]을 피웠다. 호라이(Horai) 신이 그 향기를 들이마시고 낙원에서 내려온 곳이기도 하다.[27]

알렉산드리아에서 「성 마르코의 전례」는 같은 생각을 나타내고 있다. "하느님, 우리는 당신의 영광 앞에 향을 바칩니다. 이걸 받으시고 자리에 성령의 영광을 내려주소서."

이 협곡에는 팔담(八潭)이 있다. 각각의 이름은 흑룡담, 비파

담, 진주담, 선담, 화룡담, 구담, 벽파담, 분설담이다. 팔담의 심연과 어두운 그늘은 '위로 올라가기 위해 하강하는'[28] 인간 영혼의 투쟁적인 열정을 나타낸다.[29]

현장은 우디아나의 경계에 다다랐을 때 인더스강에 사는 독을 지닌 용과 악의 정령—말 그대로 용오름(waterspout)—에 대한 얘기를 들었다.

뱀과 용은 영적인 적(敵)이기 때문에 발로 밟아야 한다. 서양의 기독교 수도승과 극동의 불승 모두가 이렇게 가르쳤다![30]

이집트로의 탈출에 관한 초기 전설에 따르면, 성스러운 아이가 부모와 함께 석굴로 도망쳤을 때 용과 다른 악취를 풍기는 생물들이 숨어 있던 곳에서 나와 아기의 발 앞에 경배했다고 한다.[31]

굉장한 풍경, 형언할 수 없이 아름다운 냄새를 풍기는 숲, 어마어마한 절벽에 관한 찬사에 정신을 잃은 필자는 앞서 가던 검은색 승복 차림의 작은 승려가 흑룡암 바윗돌에 여러 번 넘어졌지만 행복한 미소를 지으며 일어나 다시 길을 재촉하는 바람에 꿈 같은 생각에서 깨어날 수 있었다.

보지는 못했지만, 그 승려는 사현금 모양의 심연에서 불쑥 튀어나온 벼랑 가장 자리에 새둥지처럼 매달려 있는 아담한 암자에서 쇠줄을 잡고 내려왔다. 이 암자에는 불승 두세 명이 기거하며 관음보살을 경배하고 모든 불화(不和)를 조화롭게 만드는 관음에게서 보편적 덕을 배우고 있다.

사자바위 다음에 나타난 길은 필자가 탄 가마가 지나기에는 너무 힘들고 위험했다. 그래서 접해본 것 가운데—이탈리아에서 스위스로 이어지는 말로야(Maloja) 빙하길도 포함해서—가장 위험하고 무서운 암벽 위를 다섯 명이 번갈아 필자를 등에 업고 통과했다. 필자는 결코 살아날 수 있다거나 몸에 부상을 입지 않은 채 여기에서 벗어날 수 있을 거라고는 생각하지 않았다. 되돌아가는 것은 불가능했다![32]

경치가 훌륭한 '관음절벽'과 '배 바위'를 지난 후 우리 일행은 작은 암자에 다다랐다. 이곳은 부처님이 하늘에서 내려와 불경스럽게도 마하연에 자신을 경배하러 왔다고 한 히데요시에게 등을 돌리고 그를 천둥과 번개로 쫓아낸 곳이다.[33]

알려진 바와 같이, 한나라 명제는 61년 금인이 나오는 기이한 꿈을 꾸었다. 금인은 낙양에 있는 궁의 뜰에 나타나 "나의 법[34]이 동방에 퍼질 것이다."라고 말했다. 당시 이 꿈에 대한 해석은 '불(佛)이라는 이름의 신령이 하늘[35]에서 내려와 서방에 태어났다'는 것이다. 티베트에서 '불'은 "하늘에서 내려 온 권능의 석가"[36]로 불린다.

석가여래와 우주수―조선 금강산에 있는 유점사의 보물.

불(佛)이라는 말은 '인(亻)'과 '불(弗)' 두 개의 중국어 표의문자로 이루어져 있다. 사람이 아니라, 신, 이상적 인간, 초인, 진정한 모범, 혹은 『서유기』가 말하는 여래라는 뜻이다. 조선에서 불교는 불도(佛道), 즉 '불의 길'로 알려져 있다.

이어 우리들은 지옥의 가파른 계단 또는 맨 꼭대기에 신이 살고 있는 수미산[37]을 통과한 뒤 마침내 마하연 절벽 건너편 작은 암자에 다다랐다. 절벽에는 인도의 성 도마 무덤과 중국 경교비의 십자가나 홍법대사가 이츠쿠시마에 창건한 사찰의 '약사문'을 닮은 놀랄 만큼 큰 십자가가 새겨져 있다.[38]

이 사찰은 여러 종류의 향성(香城)이라는 의미를 지니고 있다.[39] 『서유기』에서 삼장법사가 '감로향의 성인' 품을 받은 것을 기억할 것이다.

요세푸스는 유대 성전의 분향단은 "13종의 감미로운 냄새가 나는 향신료로 가득한데 이는 신이 만물의 소유자임을 나타내는 것"이라고 말했다.[40]

이 작은 고립된 암자에는 울타리가 없다. 비록 최근까지 이 산에는 사자, 곰, 이리가 우글거리기는 했지만 모든 산이 보호를 위한 요새처럼 여기 주위를 둘러싸고 있기 때문이다.[41]

협곡 건너편 마하연의 거대한 십자가와 마주한 긴 깃대에는

검은 만(卍)자가 그려진 흰 옥양목 깃발이 펄럭이고 있다.[42]

"둘 다 정확하게 같은 의미, 즉 생명[43]이라는 의미를 담고 있다." 조선총독부에서 조선어 통역과 일본인 관리의 통역자로 필자를 수행하라고 보낸 이지마가 따로 질문을 했을 때, 그 어진 승려가 그와 같이 알려주었다.

1,251년 전인 651년에 창건된 이 절에서는 '마음을 닦고 영적인 힘을 얻기 위해'[44] 모두가 침묵계를 지키고 있다. 왜냐하면 지난주에 다비식을 치른 석왕사[45] 주지가 필자에게 말한 바와 같이, 그와 같은 곳에서는 부처에 대해 배우기가 안성맞춤이기 때문이다.

승려들의 말에 따르면 이 절에는 1,700여 년 전에 인도에서 바다를 통해 온 달마도가 있다고 한다.

진녹색 옷을 입은 달마는 일렁이는 물결 위 연꽃에 앉아 있다.

제단은 옻칠한 나무로 만든 소박한 탁자다. 그 위에는 촛불 두 개가 밝혀져 있다. 적색과 녹색 정면 아래 중앙 오른쪽의 주석에는 만(卍)자가 있다.

이 만(卍)자는 부처의 마음을 나타낸다고 표훈사 주지가 필자에게 말했다.

제단 위 큰 삼존도는 적색이 섞인 투명한 푸른색 막 뒤의 유리

함 안에 보관되어 있다.

무지개 관을 쓴 석가여래는 중앙에 있다.

이 무지개 후광[46]은 지장보살을 포함해 조선에 있는 고찰들의 주요 경배 대상이 지닌 뚜렷한 특징이다.

석가 양쪽에는 감로주병과 버드나무 가지를 들고 이마에 아미타불상이 그려진 백의 관음보살과 대세지보살이 손에는 같은 병을 들고 만(卍)자가 새겨진 옷을 입고 있다. 그 뒤에는 대승불교 경전을 지은 아난과 가섭이 서 있다.[47]

이 그림의 구석에는 금강계 사천왕이 하나씩 그려져 있다.

석왕사에 있는 두 사천왕상의 투구에는 불사조가 각각 한 마리[48] 있다. 아슈바고사가 죽은 해와 같은 해인 기원후 100년에 순교한 로마의 성 클레멘스는 이 새를 두고 "멋진 새, 놀랄 만한 형태의 부활!"이라고 말했다. 앞서 장안사에서처럼 사천왕문이 화재로 소실되기 전에 있었던 세 번째 비사문 왕의 이마에는 산스크리트어 표시가 있었는데, 이것은 그리스어의 알파(alpha), 히브리어의 알레프(aleph)에 해당한다.

마하연에는 비사문 머리 위에 거대한 구층탑이 있고, 그 옆에는 홀과 진주를 든 지장보살이 있다. 스리랑카의 소승불교에는 사천왕이라는 것이 없다. 사천왕은 『아미타경』에서 언급되고 그

만다라에는 이사야와 성 요한의 「요한묵시록」[49]처럼 여섯 개의 날개를 지닌 것으로 묘사되고 있다. 이들은 초기 묵시록에서 에덴—낙원—의 문을 지키는 체루빔이다.[50]

일역(日譯) 『아미타경』에서 체루빔을 번역하지 않은 채 아시리아어 카루빔(Karuibim)을 그대로 언급하고 있다는 것이 놀랍지 않은가?[51] 기원은 롭 노르(Lob Nor)에 이르는 동방길까지 거슬러 올라간다. 스타인 박사는 미란의 폐사지에서 날개 달린 천사의 벽화를 발견했다. 스타인 박사는 이 천사들을 매우 셈족 특성이 매우 강한 체루빔[52]이라고 불렀다.

옥수스강 유역의 월지국에서 중국으로 이어지는 주요 교통로에 위치한 미란은 3세기 말에 파괴되었고, 스타인 박사는 초기의 그림과 문헌을 통해 그곳에 이란과 페르시아의 영향력이 컸다는 것을 발견했다.

소승불교, 즉 남방불교가 대승불교의 만(卍)자 문(紋)을 사용하지 않는다는 점은 놀랍고 의심의 여지가 없는 사실이다. 만(卍)자 문은 초기 기독교와 월지 불교(즉 카니슈카 대왕, 파르스바, 아슈바고사, 용수[53] 등이 창설한 대승불교)만의 독특한 것으로, 법화종이나 정토종이 경배하는 부처의 모든 현현물(顯現物)의 가슴에 새겨져 있다.

조선에서 이것은 '마음의 증표'로 불린다.

이것은(만약 이집트의 생명의 증표로 사용된 타우tau를 예외로 한다면) 기독교가 성립한 후 첫 4세기 동안[54] 로마 카타콤에서 사용한 유일한 십자가 도안(emblem)이었다. 또 선한 목자의 옷깃에도 그려져 있었는데, 어떤 여인이 치유를 목적으로 거기에 손을 대려고도 했다.[55]

성 도미틸라의 묘지에는 유명한 무덤이 있다. 이 무덤에는 순교자의 무덤을 만든 디오게네스에 대한 그림이 있다. 그의 옷과 어깨에는 '정복되지 않고 정복할 수 없는' 죽음, 어둠, 파괴 가운데 생명과 치유의 증표가 되는 만(卍)자가 그려져 있다. 이것이야말로 금강이 상징하는 바의 진정한 의미다.

석가가 깨달음을 얻은 것은 이 금강좌였다.

『유마경』[56]은 말한다. "마음 속 깊이 이 같은 믿음을 가진 사람은 금강석과 같다. 허물어질 수 없다."[57]

그리고 이것은 이집트의 구속에서 풀려난 것을 기념하기 위해 과월절에 유대인들이 부르는 시편의 대찬양 할렐루야의 가르침과 같다. "나는 죽지 않고 살아서 생명의 땅에서 야훼를 모시고 살게 되었다."

제5장
대도(大道)

약 35년 전 막스 뮐러(많은 사람들이 존경하는 이 분의 노력 덕택에 『동방성서Sacred Books of the East』가 번역되어 영어권에 알려졌다)는 다음과 같이 말했다.[1]

『대무량수경』[2]은 대승불교[3] 정토종의 경전이다. 이 경전은 고타마 붓다의 가르침과는 매우 다르다. 그럼에도 불구하고 이 경전은 중국과 일본에서 가장 유명하고 널리 읽힌다. 일본 대부분의 종교는 전반적으로 이를 바탕으로 만들어졌다. 다음 한 구절은 붓다의 원래 가르침과 반대되는 것으로 보인다.

"확신하건대 붓다 자신은 아미타불, 관음, 무량수 등의 이름조차 몰랐다. 그렇다면 하늘의 아미타불과 그 아들[4], 관음을 주로 믿고 무량수 극락에서 영원히 살고자 하는 민족이라면 어떻게 자신들을 '붓다'를 믿는 민족이라고 부를 수 있을까?"[5]

그렇다면 불멸의 삶에 관한 위대한 경전인『대무량수경』혹은 좀 더 줄여『대경』이라 부르는 경전은 어떻게 일본에 전해졌는가?[6] 552년 이 경전이 그 밖의 경전이나 경이로운 대승불교 불상과 함께 도착했을 때 긴메이[欽明] 천황은 기뻐서 자리를 박차고 일어섰다.[7] 백제 성왕은 한반도 황해안에서 이 보물들을 '신의 수레'[8]에 실어 서한과 함께 긴메이 천황에게 보냈다. 이로써 기록에 남아 있는 부처의 말씀이 실현되었다. "내 법이 동방으로 퍼져 나갈 것이다."[9] 물론 이것은 61년 후한의 명제가 꾼 꿈과 관련이 있다.[10]

그런데 젠코지[善光寺]의 전승에 따르면, 위대한 성왕(聖王) 역시 부처가 나타나 "이 땅에 사는 사람들은 나를 모른다. 나는 그들이 나를 알았으면 한다."고 자신에게 말하는 꿈을 꾸었다고 한다.[11]

삼존불상이 나가노[長野]의 젠코지 여래당에 안치되기까지의 과정은 잘 알려져 있다. 그러나 모든 사람들이 그 사찰의 역사에 대해서 정통한 것은 아니다. 또, 부처가 분신(分身)을 한 뒤 일부는 지상으로 내려가고 나머지는 하늘에 남아 있다는 내용의 기이한 삼신불 그림 역시 잘 알려져 있지 않다. 이 『대무량수경』과 그 만다라가 설명하는 내용은 경교비 비문과 부합한다.[12] 이듬해 553년 긴메이 천황은 두 개의 거대한 미륵불과 관음보살[13] 입상을 만들어 야마토의 요시노에 안치했다. 오늘날에도 볼 수 있다.

『대무량수경』에서 가르치는 정토 교의는 위대한 율법의 왕 쇼토쿠 태자에 의해 더욱 다듬어졌다. 그는 관음보살을 대단히 존경했기 때문에 어려운 시기에 항상 관음전에서 관음의 조언을 구하고자 했다.[14] 일본의 역사는 그가 아미타불이 사는 서방 정토에서 자신이 부활[15]할 수 있기를 기도했다고 말한다. 621년 쇼토쿠 태자의 죽음을 접한 혜자(태자에게 20년 동안 대도大道의 내면적 원리[16]를 가르쳤다)는 다음해 정토[17]에서 그를 만나고자 했다. 혜자는 태자를 일컬어 "그는 삼상(三常)의 원리[18]를 철저하게 터득했고 비록 다른 나라 사람이기는 하지만 내 마음은 항상 그와 하나가 되었다."고 말했다.

산시의 혜원은 370년 남중국에서 이 지복(至福)의 땅[19]을 선포했다. 혜원은 도안의 제자였다. 도안은 저장성[浙江省, Chekiang] 출신 열정적이고 젊은 중국 승려로서 만리장성 근처 업(鄴)[20]에서 인도 우디아나[21]의 불도징을 만나 그를 사사했다. 업(鄴)은 흉노족 가운데 석호가 다스리는 왕국인 후조(後趙)의 도읍이었다. 후조는 중국 서부의 산시를 중심으로 세력을 넓혀 동쪽으로는 조선의 서쪽 왕국인 백제와 마주한 산둥까지 뻗어나갔다.

이곳에서 도안과 불도징[22]이 고구려[23] 왕비와 접촉했으리라는 것은 틀림없다. 고구려 왕비는 341년 국내성[24]이 함락되고 고구려왕이 몽진했을 때 전왕(前王)의 시신과 생존한 대비와 함께 흉노족에 인질로 붙잡혀 왔다. 왕비와 죽은 왕의 관이 2년 가량 지나서 고구려로 돌아왔다. 그러나 대비는 고구려 인질과 교환될 때까지 수년간 포로로 머물렀다. 그 인질 중 한 사람은 왕자였고, 그는 등을 돌려 357년 업(鄴)의 북문을 중국 군대에 열어주었다. 더없이 무시무시한 포위공격 이후에 도안과 400명에 이르는 제자들은 각지로 흩어졌다.

혜원은 도안을 따라 장안으로 갔고, 그런 다음 다시 남중국으로 가서 미륵[25]을 본존으로 모시는 백련교[26]를 창시했다. 백련교의 관음 전례는 외국의 것, 분명 기독교 전례에 바탕을 둔 것으로서, 경배대상이 없고 우월한 권위에 기도하지 않는 소승불교의 원래 교리와 배치되는 것이다.[27] 이것은 서양에서의 '성령의 미사'와 흡사하다.

혜원은 40년 동안 설교하면서 많은 중생들을 개종시켰다.

408년 그는 제자들로 하여금 산스크리트어 불경을 찾아 나서게 했다. 그는 416년에 죽었고, 닝포[寧波] 근처 천대산에 사찰을 창건했다. 400년 후 이곳에서 공부한 일본의 승려 사이초가 교토 근처 히에이산[比叡山]에 천태종을 창립했다. 혜원은 아슈바고사와 용수의 대승불교를 이해하기 위해서는 기원전 6세기 초기 도교를 부활시킨 중국의 철학자 노자의 저작을 연구하는 것이 필요하다고 가르쳤다.[28] 노자는 90세 때 젊은 현자 공자를 만났다. 이때 공자는 노자 앞에서 3일 동안 아무 말도 하지 않았다.[29]

이들 두 명의 중국인은 바빌론 유수 시절 히브리 민족의 위대한 예언자인 에제키엘,[30] 예레미야, 다니엘, 즈가리아 등과 같은 시기에 살았고, 그리스의 7현인, 이탈리아의 피타고라스, 인도 갠지스강의 고타마 붓다와 동시대 사람이었다.[31] 이것은 매우 중요한 사실이다. 14세기 도교 승려 구처기가 쓴 유명한 중국의 영혼 순례담인 『서유기』를 더욱 유명하게 할 뿐만 아니라 오래된 조선 불화에서 '서방 정토의 스승'[32]이라는 명칭이 붙은 아미타불[33] 옆에 노자가 서 있는 이유를 설명해주기 때문이다.

실제로 중국인과 조선인은 도(道)[34]와 덕에 대한 노자의 정신적인 가르침을 바탕으로 진정하고 살아있는 도의 가르침을 잘 받아들일 수 있었다. 제4복음의 한역(漢譯)본 서문은 이 가르침

일선군 석굴—테라우치 총독은 이를 국보로 지정했다.

을 다음과 같이 설명한다.

처음, 천지가 창조되기 이전부터 도(道)가 있었다. 도(道)는 하
느님과 함께 계셨고 하느님과 똑같은 분이었다. …… 도(道)[35]가 사
람이 되어서 우리와 함께 있었는데[36] 우리는 그분의 영광을 보았다.
그분에게는 은총과 진리가 충만했다.

이것은 가미노미치, 즉 고대 일본의 신도에서 말하는 신의 길
(The Way of Gods)이 아닌가?[37]

제6장
도(道)를 찾는 승려들

도안은 스승 불도징을 본받아 389년 죽을 때까지 전진(前秦) 황제 부견(苻堅)이 총애하는 영향력 있는 고문으로 중요한 역할을 했다. 부견은 서로 패권을 다투는 중국의 62국가를 통일한 뒤 350년 장안에 도읍을 정했다.

장안은 기원전 2202년[1]에 생겼으며, 수세기동안 대상로(隊商路)의 출발점이었다. 이 대상로는 만리장성의 옥문관[2]을 거쳐 두 갈래의 길로 나눠지는데, 한 길은 중앙아시아를 지나 인도 서북부 카슈미르와 간다라로 이어지고, 다른 한 길은 파미르 고원과 옥수스강을 지나 박트리아로 이어진다. 그런 다음 발흐를 거쳐 유프라테스 계곡을 통과하고 페르시아와 바빌로니아를 경유한 뒤 시리아 오론테스강의 안티오크로 연결된다. 이후 팔레스타인과 칸타라를 거쳐 이집트의 나일강 유역이나 유럽의 그리스나 로마까지 이어진다.

히브리 예언자 에제키엘처럼 아시리아에서 포로 생활을 한 사람들이 매우 생생하게 묘사하는 것을 보면, 아주 이른 시기부터 이 길에는 오고가는 사람이나 물자가 많았다. 초기 기독교 시대에는 대개 유대 상인들이 이 길을 장악했다. 이들은 세레스(Seres) 혹은 비단을 만드는 중국인들과는 비단 교역을, 인더스강 주위에서는 신두(Sindhu)와 모슬린 교역을 했다.

도안은 자신의 제자인 혜연과 같이, 『아미타경』을 진정 사랑했고, 자신의 매우 세속적인 성취를 뽐내는 한 승려에게 "내 이름은 도안이다. 나는 아미타의 극락을 잘 안다."고 매우 독특하게 말했다. 이 말은 "오히려 너의 이름이 하늘에 기록된 것을 기뻐하라."는 그리스도의 말씀을 상기시킨다.[3] 도안의 제안에 따라 승려들은 자신의 이름 앞에 석(釋)이라는 성(姓)을 붙이게 되었다.

그는 소중한 정토삼부경과 『유마경』『법화경』[4]을 정확하게 번역하는 데 전심을 기울였다. 그는 공을 들여 번역했고, 그 결과는 결코 나쁘지 않았다.

그러나 그는 자신의 번역에 만족할 수 없었다. 업(鄴)에서 구마라집과 서한을 주고받은 도안은 황제 부견을 설득해 서쪽의 타림 오아시스 지역까지 사람을 보내 깊은 영적 통찰력으로 잘 알려진 위대한 스승을 모시고 오게 했다.[5]

구마라집의 아버지는 월지국에 속한 우디아나 탁실라(Taxila)[6]의 세습 재상이었다. 구마라집은 왕자-사제에 의해 중앙아시아 카라샤르(Karashar)에서 대승불교로 개종했다.

황제 부견은 실제로 대규모 군사를 보내 '흑도시(카라샤르)'를 포위하여, 구마라집을 생포한 뒤 그를 인질로 데리고 와서 중국의 국사(國師)로 삼았다. 그러나 전쟁과 격변 때문에 구마라집이 옥문관 너머 자신이 살고 있던 둔황을 출발해 401년 장안에 닿기까지는 30년 이상의 시간이 걸렸다.

안타깝게도 도안과 부견은 죽었다. 그러나 새 황제는 구마라집을 비롯한 800여 명의 역경가들이 번역한 불경들을 조심스럽게 고쳤다.

그런데 이에 앞서 고구려 사절이 공물을 갖고 396년 장안에 오자 부견은 이 기회를 이용해 귀국하는 고구려 사절 편에 순도라는 티베트 승려를 불화, 불경과 함께 보냈다.

고구려왕은 순도를 진심으로 반갑게 맞이했고, 그가 모든 서양의 왕들이 아들을 승려가 되게 했던 것처럼 세자를 가르치도록 했다. 이듬해 373년 고구려는 율령을 반포했고, 문호를 열었으며, 문(文), 즉 책과 기록을 확립했다.[7]

이러한 환대는 분명 고구려 왕실의 여인들이 흉노족의 도읍인 업(鄴)에 포로로 있을 때 도안을 알았던 데서 기인한 것이었다. 왕은 특별사절 편에 중국 황제에게 순도를 보내준 것에 대해 사의를 표했다.

순도가 고구려에 온 지 3년이 못 되어 큰 사찰 두 개가 세워졌다. 그 가운데 하나는 이불란사(伊佛蘭寺)[8]였다. 매우 오래된 전승에 따르면, 초기 기독교의 모든 교회가 그랬던 것처럼, 다시 찾은 고구려의 도읍은 큰 배 모양으로 조성되었다.[9]

평양에서는 배가 가라앉는 것이 두려워 배를 묶어둔 두 개의 바위기둥[10]을 지금도 볼 수 있다. 의주 근처에 금강산이 있고, 압록강 너머 아름다운 봉황산이 있다.

374년 중국에서 온 아도는 이불란사에 있었고 순도는 정문사[11]에 머물렀다. 두 승려는 열심히 일했고, 기도와 은거에 적합한 장소를 찾아 지치지 않고 여행했다.

순도는 379년에 죽었다.

모든 조선 사찰[12]에서 보물처럼 귀하게 생각하는 그의 이름은 '도를 따르는 사람'을 뜻한다.[13]

그와 같은 사람이 기원전 2,200년 전의 히브리 추장 아브라함이었다. 아브라함은 오늘날까지 아랍인들 사이에서 하느님의 친구로 알려져 있다. 또 1세기 안티오크에는 '도(道)의 남녀', '신실한 아브라함의 아이들'이 있었다.

또 고대 중국에서는 초기의 도에 대한 가르침들이 있었다. 이것은 노자가 자신의『도덕경』에서 구현한 것이다.

따라서 '도'라는 말이 극도로 많은 선구자 승려들 이름의 일부가 되었다는 사실을 눈여겨 볼 필요가 있다.

그렇다면『대무량수경』은 황하 변에 위치한 중국의 동쪽 수도인 낙양[14]에 어떻게 전해졌는가?

『대무량수경』은 일찍이 147~149년 게테(Getae) 혹은 대월지의 중심지인 호탄에서 어느 불교 탁발승에 의해 전해졌다. 중국의 사서는 이 탁발승을 파르티아의 왕자인 '안세고'로 기록하고 있다. 그의 실제 이름은 알려져 있지 않다.

왕자 출신의 이 승려는 낙양에서 22년 머물렀다. 이때는 가장 열렬한 대승불교도 중의 하나였던 후한 환제 때였다.[15]

안세고는『대경』외에도 불교의 구세주인 미륵에 관한 경전과『법구경(法句經)』을 한역(漢譯)했다.『법구경』가운데 "증오는 오직 사랑에 의해서만 끝이 난다."는 구절은 카독(Kadoc) 성인의 말과 비슷하다.

안세고에 대한 기억은 '파르티아산 향'을 뜻하는 안식향(安息香)이라는 말 속에 남아 있는데, 이것은 지금도 사용되는 막대향의 이름이다.

『대무량수경』을 가장 먼저 언급한 것은 아슈바고사(Asvaghosa)[16]가 쓴 『대승기신론』이다. 아슈바고사는 간다라 사람으로 대승불교의 후원자이며 월지의 군주인 카니슈카의 정신적인 친구였다.[17]

영적인 영역에서 아슈바고사의 영향력은 당시 카니슈카에 필적했다.

그는 삼신불(Triple Personality of God) 신앙, 신앙에 의한 구원, 정토 교리 등을 가르쳤다.

아슈바고사는 다음과 같이 썼다. "따라서(그 경전이 말하는 바와 같이) 경건한 사람이 자신의 마음을 다잡고 오직 서방 극락에 사는 아미타불만을 생각하고, 그곳에 태어날 생각으로 선행을 한다면 그들은 분명 그렇게 할 수 있을 것이다."

『대무량수경』은 이어서 말한다. "마음을 부처에 둔다면 죽는 순간에 부처가 와서 당신을 극락으로 인도할 것이다."[18]

관에서 나오는 석가여래. 가섭이 매우 기뻐하고 있고 어느 신자의 머리칼은 놀라 쭈뼛 서 있다.

신라 화엄사에서 내가 발견한 석비에는 543년 인도에서 조선의 북쪽으로 거쳐 온 창건자 연기가 40년 간 그곳에 머무르면서 3천 명[19]의 승려들을 모아 그들에게 금강경과 '세상에서 가장 중요한 책 중의 하나인'[20] 『대승기신론』에 대한 자신의 주해를 가르쳤다고 한다. 이 사찰은 불교를 전하기 위해 유명한 승려들을 일

104

본에 많이 보냈다.

아슈바고사는 브라만의 대현자였으나 회개하여 초년 시절에 개종한 뒤 석가의 제자가 되었다고 한다.[21] 그는 기원후 100년, 즉 로마의 트라야누스 황제 재위 3년에 죽었다. 이해는 대승불교와 기독교 역사상 또 다른 커다란 전기가 되는 해였다. 그 해—트라야누스 시대—에는 또 네 번째 복음사가이자 묵시록의 저자(이 저자의 천국 묘사는 『대무량수경』의 묘사와 매우 흡사하다)가 소아시아의 에페소에서 아주 많은 나이로 죽었다. 그곳에서 그는 히포의 아우구스티누스에 의해(미륵이 와서 깨울 때까지 동면에 든 일본의 홍법대사처럼) "아직도 잠자고 있다."는 얘기를 들었다.[22]

성 요한의 특성은 "이와 같이 나는 들었다[如是我聞]."로 시작하는 『대승경전』의 저자로 알려진 아난다와 닮았다.[23]

이 사도는 아난다처럼[24] 주인의 사촌이자 가장 사랑하는 제자로서 끝까지 주인과 함께 있었고, 많은 것을 듣고 결과적으로 많은 것을 사랑했으며, 자신의 피로 경전을 썼다. 기독교와 불교에서 두 사람은 각각 젊고 매력적인 존재로 묘사된다. 아난다라는 이름은 '기쁨'이라는 뜻이다. 성 요한은 '기쁨이 충만하도록' 하기 위해 파르티아인들에게 편지를 썼다.

두 사람 모두 비범한 기억력으로 유명했는데, 성 요한[25]의 경우는 성(聖) 지식인[26] 관음보살과 비슷하다. 왜냐하면 4복음사가 가운데 그 혼자 그리스도의 약속을, 즉 "이제 아버지께서 내 이름으로 보내 주실 성령 곧 그 협조자는 모든 것을 너희에게 가르쳐 주실 뿐만 아니라 내가 너희에게 한 말을 모두 되새기게 하여 주실 것이다."라고 기록하고 있다. 알렉산드리아의 성 클레멘스는 "요한은 성령의 영감을 받아 영적인 복음을 지었다."고 말한다.

이것은 매우 귀담아 들을 만한 언급인데, 내가 이 복음을 소개할 때마다 불승들은 그것이 불교의 최고의 가르침을 담고 있다고 지적한다.[27] 성 요한이 삼위일체, 하느님의 말씀, 영혼의 새로운 탄생, 하느님과의 우애 등 완벽한 도의 내면적 비의를 전하고 있는 것과 마찬가지이다.

천둥의 아들[28]인 성 요한과 4금강왕 중 하나는 흥미로운 관련성이 있다. 소승불교에는 없는[29] 4금강왕 중 하나는 '그들의 존귀한 생명을 주는 시합'의 『동시리아 성무일도서』의 '선수(選手)들'을 닮았다. 그들은 기독교 미술에 등장하는 성 미카엘과 용처럼 악의 힘을 누른다.

둘 모두의 근본적인 진실은 인간은 자신의 동물적 성격을 누르고 영적인 것을 승리하게 한다는 것이다.

타몬(Tamon), 즉 비사문(毘沙門) 천왕은 보통 탑을 들고 있다.

이것은 신의 존재가 사람의 영혼에 깃든다는 그의 교리를 나타
낸다.[30]

금강산의 비사문 상이 들고 있는 이 탑은 크기가 어마어마하
다. 이로써 성 요한이 복음서와 묵시록에서 강조한 바 있는, 육신
에 싸인[31] 신이 내려온 장막과 탑 사이의 밀접한 관계를 알 수 있
다.[32] 그리고 세례 받은 자가 살고 있는 탑에 대한 당시 헤르마스
의 비유에서 관음[33]을 닮은 노파는 말한다. "이 탑은 내 자신이다.
하느님의 교회다."[34] 그리고 용수가 물로 영적 쇄신을 한 인도 남
부 혹은 호탄의 하늘에서 내려온 석가여래가 "내 육신이여, 복음
이 설파되는 곳 어디든지 내 육신은 존재할 것이다."라고 분명히
말했다.[35]

조선의 사찰에서 제단을 덮고 있는 장막은 콘스탄티노플 수도
원 교회에서처럼 뚜렷한 특징이다. 이곳은 조각상이나 회화상이
모든 곳에서 사용된다.[36]

조선에서 제단에 새겨진 불상들은 그 뒤에 거대한 그림으로
자세히 설명된다.

모든 성서학자들이 알고 있는 바와 같이, 그 베일은 장막과 이
스라엘 사원[37] 모두에서 신의 명령으로 만들어진 것으로 각각의
외부는 땅과 내천, 불교 용어로는 금강계를 나타낸다.

이와 관련하여 두 가지 사실을 주목할 만하다. 하나는 백제왕이 학자를 찾기 위해 부견에게 사절을 보내달라고 요청한 것이고, 다른 하나는 중국 황제가 티베트의 불승인 마르 아난다를 황제의 정크선에 태워 384년에 보낸 것이다.

왕과 고위 관료들은 그를 존경하는 마음으로 받아들였고 그를 위한 의식을 베풀고 탑선이라는 명칭을 수여했다.

이 '만족의 승려' 마라난타(마르 아난다)는 비구니와 비구를 양성하는 교육기관[38]을 세웠다. 이것들은 서구의 수도원처럼 단순히 교육과 예술의 중심일 뿐만 아니라, 병든 자와 가난한 자를 위한 실용적인 일을 하는 곳이었고 황무지와 말라리아가 창궐하는 지역을 개간한 땅에 세워졌다.

두 번째, 만주의 구 수도인 봉천의 주요 불교 사찰에는 거대한 벽화가 있다. 이 벽화는 신앙에 필요한 천상의 선물과 탑에 내려오는 모든 것을 정복하는 신앙의 표현을 보여주고 있다.

(16나한이 기뻐하면서 들고 있는)이 선물은 옷, 염주[39], 향, 경전, 홀장(笏杖), 종, 영혼을 씻는 개천 등이다. 개천에서는 나한 한 명을 놀라게 하면서 인간의 손이 연꽃을 부여잡은 채 나타난다.

인도식 적색 옷을 입은 (감히 성 도마와 동일시할 수 있는)'달마'

탑에서 내려온 선물을 반갑게 맞이하는 나한들.

는 만주에서는 일본에서처럼 16나한, 즉 왕자와 사도들[40] 사이에 있다. 그는 동굴에 앉아 어두운 표정을 지으며 나머지 사람들과 떨어져 있다.

일본 젠코지[41] 여래당에서는 비사문 탑과 생명수(生命樹)인 소나무에 대한 제단이 두드러지는데, 왜냐하면 에페소의 성 요한에게서 유래했고, 밀라노에서 스코틀랜드 해변의 성지 이오나 섬까지 지켜지는 갈리아식 전례에서 탑 행렬은 독특한 전례 양식이기 때문이다.[42]

또 비사문은 자신을 죽이려 보낸 잔에서 전갈 한 마리를 쫓아내기도 한다.

이것은 시기산[信貴山]에서 기념된다. 우마야도가 사천왕이 587년 일본의 불교 전파를 반대한 모리아(Moria)에 승리를 거둔 것에 대한 보답으로 지은 것이다. 한편 소가노 우마코는 영혼의 왕에 대한 축원도량으로 호코지[法興寺]를 세웠다.

그 절이 완성될 때 고구려의 승려 혜자[43]와 혜총(백제에서 조공으로 보냄)이 널리 포교하고 그곳에 자리를 잡았다.

기독교 예술에 간직하고 있는 한 가지 잘 알려진 전통에 따르면, 성 요한 역시 마찬가지로 독약이 든 한 모금을 받았으나 그것을 맛보기 전에 십자가 성호를 긋자 지네와 용이 잔 밖으로 달아나 버렸다고 한다.

1,400년 전에 창건된 금강산 건봉사에는 비사문이 무지개 불꽃 속에서 삼지창을 쥐고 탑을 들고 있는 것을 그린 벽화가 있다. 다른 벽화에서는 비사문이 큰 십자가를 원으로 둘러싼 '석장(Alarm-staff)'을 들고 있다.

불교 미술에서 삼지창은 과거, 현재, 미래의 부처를 상징적으로 나타낸다.

약사가 12지 신장에 둘러싸여 있는 나라[奈良]의 어느 사찰에서 비사문은 삼지창을 지니고 있다.

한편 테르툴리아누스, 히에로니무스 등은 성 요한이 도미티아누스 황제에 의해 로마의 라틴 문에서 끓는 기름 솥에 던져졌으나 전혀 다치지 않고[44] 기적적으로 파트모스의 납 광산으로 도망쳤다고 말했다. 이곳에서 자신을 옴[45], 즉 알파요 오메가라고 선포한 자가 보이지 않는 세계, 즉 금강계의 경이로운 꿈으로 그를 도와주었다.

도미티아누스가 암살된 후 성 요한은 망명에서 풀려나 마지막 생애를 자신이 소아시아에 세운 일곱 교회에서 보냈다.

잘 알려진 바와 같이, 일본에는 일 년에 한 번 비사문 천왕상을 끓는 기름 물에 던지는 풍습이 있다.

그러나 이와 같은 사실들을 계속 나열할 필요는 없다. 다만 필자는 이러한 사실들을 유럽과 아시아에서 아직 사멸하지 않은 고대 전통의 반향이라고 생각한다.

특별히 유념해야 할 것은 바로니우스(Baronius) 추기경이 자신이 쓴 책에서 성 요한이 파르티아인들에게 갔다는 사실은 앞서 언급한 자신의 첫 번째 서한의 제목, '파르티아인들에게'에서 쉽게 입증된다는 것이다.[46] 비교종교학 연구를 상상조차 하기 힘든 수세기 전이었던 만큼 이 실마리는 강조할 필요가 있다.

바로니우스는 "더욱이 요한은 소아시아에만 머물지 않고 동방의 가장 먼 곳까지 갔다."고 덧붙였다.

『아미타경』의 만다라와 후지와라 공주 추조[中將]가 극락정토에 받아들여진 것을 기념해, 야마토의 태마지[當麻寺]에서 해마다 열리는 행렬에서 아슈바고사가 항상 지장보살 옆을 걸어간다는 것은 매우 중요한 사실이다.[47]

둘 다 아난다, 가섭, 16나한 등처럼 백묵과 같이 흰 얼굴을 특징으로 하며, 그들 가운데 삼존은 조선의 사찰에서 한결같이 나타난다. 예를 들어 과거불 '카라'와 미래불 '미륵' 사이의 석가는 지금도 계시고, 전에도 계셨고 장차 오실 전능하신 분이다.[48] 그리고 논산 근처에 대미륵이 있다. 여기서는 하늘의 비가 미륵의 하얀 얼굴을 씻긴다.[49]

제1복음(「마르코 복음」)은 사랑의 성 요한과 그의 형제들을 '천둥의 아들'[50]로 묘사했고, 이것은 대승불교에서 승려들이 사용하는 금강홀이며 산스크리트어로는 바즈라(Vajra)이다.

승려가 법회가 열리는 동안 들고 있는 이 강력한 무기는 모든 적을 제압한다. 독일의 해박한 동양학자 그륀베델에 따르면 이것은 페르시아에서 유래했다.

그리고 아난다는 귀에 금강홀을 지닌 것으로 묘사된다.[51]

『서유기』 서사시에서 이러한 역할을 하는 무기는 영적 효능[52]

이 가득한, 마술적인 금강환이다. 이것으로 고대 사람들은 흉노족[53]을 문명화하고 그들을 불성[54]으로 변모시켰다. 불로 그것을 태울 수 없고 물로도 그것을 제압할 수 없는 것이다.[55]

1세기에 강력한 생명의 물결이 극동과 극서에 미쳤을 때, 어떤 힘이 신기원을 열어 고등 유대교(기독교)[56]와 고등 불교(대승불교)가 생겨났다. 그리고 그 초보적인 형태들은 참신한 영감을 받았다.[57] 이 힘은 '전갈을 짓밟는 능력, 원수의 모든 힘을 꺾는 권세, 그리고 마귀를 제어하는 힘'이다.[58]

이러한 활력이 넘치는 힘 가운데 살아있는 기운[59]과 관련하여 금강홀은 상징이었고, 『대무량수경』에서 아미타불(무한한 빛과 생명)이라는 이름은 모든 격정을 누르고 성격과 삶을 완전히 변화시키며[60], 개종한 영혼을 빛의 전파자[61]로 만드는 새롭고 강력한 힘이었다.

복음서나 사도행전에서와 마찬가지로 회개하는 삶의 원리[62](동시리아의 「마르 아다이 전례」에서는 '회개의 약the Medicine of Repentance'[63])가 대승불교의 가르침 속에 들어간 과정을 주목할 필요가 있다. 용수는 탑 주위를 일곱 번[64] 돌면서 자신의 사악한 삶을 회개하고 죄를 고백한 뒤 겨자씨[65] 세 알을 철탑[66] 문 쪽으로 던졌다. 이 때 대일여래를 마주하고, 금강(金剛)[67]이라는 이름의 존재로부터 혈연관정(부처와 관계를 맺고 부처의 문하로 들어가는 의식[68])과 밀교, 즉 신과 일체[69]가 되는 불멸의 진리를 받았다.

그리고 이 탑[70]은 대일($大日$)[71]을 나타내며, 용수는 이것을 금강계 만다라[72]의 중심에 있는 것으로 묘사한다.[73]

제7장
성 요한과 파르티아인들

성 요한은 자신이 쓴 「요한복음」과 「파르티아인들에게 보낸 편지」에서 생명, 빛, 사랑이라는 세 가지 핵심 낱말[1]을 자신과 같은 시대를 산 '간다라 사람' 아슈바고사가 『대승기신론』에서 했던 것과 같은 순서로 사용하고 있다.

이 점이 놀랍지 않은가?

이 세 가지 용어는 『대무량수경』[2]과 『법화경』에도 나온다. 『법화경』은 일본인의 성서요 석가의 모든 가르침의 정수이자 경이로운 법[3]으로서 대승불교의 제2조인 용수가 저자인 것으로 알려져 있으며, 구마라집이 정수를 뽑아 편찬한 것이다. 성 요한은 파르티아인들에게 말했다.

“이 영원한 생명은 아버지와 함께 있다가 우리에게 분명히 나타난 것입니다.”

“우리가 그분에게서 듣고 그대들에게 전하는 말씀은 이것입니다. 곧 하느님은 빛이시고 하느님께는 어둠이 전혀 없다는 것입니다.”

“그리스도께서는 우리를 위해 당신 목숨을 내놓으셨습니다. 이것으로 우리가 사랑[4]이 무엇인지를 알게 되었습니다.”

막스 뮐러는 이 편지를 자신이 출판하고자 했던 책『동방성서』에 포함시키려고 했다. 그러나 필자는 당시 옹졸한 영국 기독교인들의 적대감 때문에 막스 뮐러의 그와 같은 진지한 노력이 좌절되지 않았더라면 훨씬 전에 이러한 일반적인 진실들이 알려졌을지 모른다고 생각한다. 사람들이 이 엄연한 사실에 주목했으면 한다.

파르티아인들이 중요한 민족이었다는 점은 그들의 기병 군사들이 정복자 로마인들에게 불러일으킨 공포로 알 수 있다.

베스파시아누스 황제 재위 시 파르티아의 왕은 인더스에서 유프라테스까지 기병을 소집할 수 있었다.

요세푸스는 “유대 왕실 사제의 마지막 계승자인 히르카누스(Hyrcanus)가 파르티아인들에게 잡혀 파르티아로 이송되었으며,

이곳에서 파르티아의 왕은 히르카누스를 잘 대해주고, 그의 채무를 변제해 주었으며, 많은 유대인들이 살고 있는 바빌론에 살 곳을 마련해 주었다.”고 말한다.

이들 유대인들은 히르카누스를 자신들의 최고 사제이자 왕으로 존경했고, 유프라테스 지역에 이르기까지 그 지역에 살고 있던 모든 유대민족이 마찬가지였다. 이것은 아우구스투스 황제 때의 일이었다.[5]

기원후 30년 예루살렘에서 파르티아인들은[6] 성령강림일[7]에 성령이 “불혀처럼 그리고 세찬 바람 소리와 함께”[8] 내려올 때, 자신의 언어로 하느님의 경이로운 일을 들은 민족 목록에서 맨 앞자리를 차지했다. 알다시피 불과 바람은 히브리 구약 성서에서처럼 관음보살의 존재를 알려주는 커다란 증표이다.[9]

에우세비우스가 언급한 서한들에 주목할 필요가 있다. 영국의 시골 가정에서 지금도 소중한 보물로 간직하는 서한들이 있는데, 이것은 그리스도와 에데사의 흑인왕 아브가르(Abgar the Black) —파르티아의 아르사크(Arsac) 왕가의 일원—간에 주고받은 것들이다. 남부 갈리아 지방에서 온 여성 순례자인 실비아는 380년 그의 궁에서 ‘진주와 같은’ 그의 상(像)을 보았다. 실비아는 또 아브가르 왕이 아난이라는 사절을 통해 예루살렘에 보낸 편지도 보았다. 아브가르는 이 편지에서 위대한 의사[10]인 예수(아브가르는 그의 놀랄만한 치유능력에 대해 들은 바 있다)에게 자신의 병을 고쳐 줄 것을 간구했고, 아울러 "작은 도시이나 그곳에는 당신과 나를 위한 곳이 있네."라고 말하면서 그곳의 유대인을 피해 자신의 수도로 오라고 말했다.[11]

예수 승천 후에 성 도마는 '하느님의 힘 아래에서' 마르 아다이(Mar Adai, 타데오)를 전령이자 복음사가로 에데사에 보냈다. 이 때 "하느님의 왕국을 기다리고 있던" 아브가르(Abagar)왕을 위해 치유의 그림을 함께 보냈다.[12]

하르나크 교수는 기독교 역사에서 가장 놀랄만한 사실 중의 하나는 기독교가 에데사에 신속하고 확고하게 뿌리내렸다는 점이라고 말한다. 파르티아의 에데사—에우세비우스의 말에 따르면 동방에서 처음으로 '그리스도의 이름으로' 기독교화한 곳—에서 시리아어본 4복음서가 나왔고, 나아가 '에데사의 특징'[13]이자 대승불교 역사에서 매우 중요하고 일본과 조선의 사찰 어디에서나 볼 수 있는 구옥(球玉)의 가르침[14]은, 이곳에서부터 극동으로 쉽게 퍼져나갔다.

게다가 에데사에는 큰 유대 상인 식민지가 있었고, 지적 활동이 활발하게 이루어졌다. 사람들은 플라톤과 아리스토텔레스를

공부했고, 불교와 유대교 그리고 기독교 교의에 대해 토론했다.[15]

필자는 앞서 트라야누스 황제 재위 3년에 일어난 세 가지 사건, 즉 아슈바고사[16]와 성 요한 그리고 로마 주교 성 클레멘스의 죽음에 대해 말한 바 있다. 헤르마스는 자신이 경험한 환영을 기록한「목자서신」을 성 클레멘스에게 전달했다.

(로마제국의 제2수도인)알렉산드리아의 위대한 기독교 철학자 오리게네스는 이 유명한 우화가 '신의 영감'을 받아 지어진 것으로 생각했다.

「목자서신」은 물 위에 세워진 탑에 대한 환영[17]과, 모든 땅을 가득 채우며 모세 오경[Torah] 혹은 신의 율법을 나타내는 버드나무 가지의 환영을 강조한다.[18]

이 환영(vision)들을 해석하는 성령은「보문품(普門品)」[19]의 관음보살이나 일본의 고본『서유기』[20] 그림처럼, 몸은 매우 늙었지만 얼굴은 젊은 여성의 모습을 하고 있다.

그녀는 '마음을 다해 회개하는 사람들은 생명의 책에 이름을 올리고 탑에 거처가 마련될 것'이라고 말한다.

여기서 간다라의 카니슈카 왕에 대한 이야기를 빼놓을 수 없다. 카니슈카 왕은 희랍 건축가의 도움을 받아 큰 탑을 세웠다. 그런데 그 위에 있는 몇 개의 작은 탑이 네부카드네자르 왕의 꿈[21]

에 나오는 '작은 탑'이나 헤르마스가 묘사한 '크기가 대탑을 능가하며 하느님의 아들'이기도 한 '그 분'처럼 커져버렸다.[22] 법륜(rimbo)과 버드나무가 관음보살의 특별한 상징이라는 점은 굳이 강조할 필요가 없다. 관음보살은 천수(千手) 가운데 이 손과 저 손으로 법륜이나 버드나무를 쥐고 있다.

필자가 금강산에서 보고 매우 놀란 벽화는 유점사의 보물이다. '백의관음'이 버드나무 가지와 정병을 들고 마귀가 무너뜨리려고 하는 바위 위 뒤집혀 놓여 있는 바구니에 앉아 있다. 이 생명의 영(靈) 옆의 화병 안에 홍련(紅蓮)[23]이 있다. 또 다른 중요한 그림은 '영생의 부처' 아미타불도이다. 대세지와 관음보살[24]이 함께 있다. 반대편에 지장보살이 '도를 알려주는' 성인, '독에서 사람을 구한' 왕과 함께 있다.

그 사이에 가슴에 각각 만(卍)자 문양을 새긴 일곱 거인이 있다.[25] 이들은 조선의 '별들의 왕'으로 북극성 주위의 별 일곱 개로 된 큰곰자리[26]를 주재한다. 이것은 천정 혹은 최고천(最高天)으로, 고대인들에게는 상제(上帝)로 간주되었다.

히브리 성서 「에스더」 1장 14절은 왕의 얼굴을 본 페르시아 궁정의 일곱 왕자들을 언급하고 있다.[27]

이들은 실제로 '왕의 법을 해석하는' 일곱 대신들이었다 고 요세푸스는 말한다. 조선의 많은 벽화에서 필자는 이 일곱 대신들이 그림 위쪽 일곱 별들의 왕의 반영인 것을 보았다. 고대 동양에서는 '하늘에서 일어나는 일들'이 일정한 법칙을 따랐다.

또한, 진구 황후는 이렇게 말했다.

"비록 나는 여성, 그것도 연약한 여성이지만, 나는 잠시라도 남자의 모습을 빌려 많은 결정을 내리고 싶다. …… 무엇보다 나는 천신과 지신의 영으로부터 도움을 받을 것이다. 아래로는 남자 대신들의 도움을 받을 것이다."[28]

「다니엘」에 따르면, 대천사들은 백성을 지키려고 나선 자들이다.[29] 유수기간 동안 조로아스터의 가르침에서 유래한 히브리 대천사들은 가톨릭 신앙[30]에 전해져 하느님을 지키는 일곱 천사로 알려지게 되었다. 일곱 천사로는 하느님을 모시는 시종 가브리엘, 주님의 천사장으로 적의 무리와 싸우는 미카엘, 성인들을 위해 기도를 바치는 '하느님의 약' 라파엘 등이 있다.[31]

'그 분의 옥좌 앞 일곱 영신은' 젠코지 아미타불과 나라 약사불 등의 후광처럼 묵시록에 언급되어 있다. 묵시록에서는 '알파'와 '오메가'가 오른손으로 일곱 개의 별을 쥐고 있다.[32]

조선의 벽화에는 이들 '별들의 왕'의 이름과 직책이 나타나 있

잔을 하사하는 관음보살.

다. 예를 들어, '극락으로 인도하는' 아미타, 감로수(암리타)[33]를 주는 왕인 관음, 공포를 없애주는 왕, 탐욕을 없애고 아주 많은 보물로 풍요롭게 하는 왕 등이다.

이들 아래에는 옆으로 긴 모양의 봉헌대가 있고 그 위에 불 켜진 초와 떡, 향이 마련되어 있다. 이것은 조선의 사찰과 카이펑의 고대 유대인 회당[34]에서 사용되는 것과 같은 형태이다.

제대 뒤 병풍은 아주 화려한 보석 모자이크로, 사찰의 마루는 다이아몬드 문양으로 장식되어 있다.[35]

이것은 페르시아와의 연관성을 가장 분명하고 확실하게 보여주는 것이며, 「에스더」에 나오는 아하수에로 왕의 연회전을 묘사한 것과 같다. 아하수에로 왕은 '인도[36]에서 에티오피아까지' 다스렸지만 480년 살라미스에서 패퇴한 크세르크세스 대제를 말한다.

이것은 또 다양한 색깔로 장식된 대리석과 풍부한 모자이크가 특징인 콘스탄티노플과 매우 관련이 있다.[37]

시종이 가느다란 초를 들고 있고, 그중 한 사람은 미사 진행자 위로 큰 분홍색 우산을 들고 있다.

기쁨의 북이 강하게 울리고,[38] 바라가 부딪히며, 승려들은 염라대왕의 심판전에서 풀려나오는 회개자들을 교회로 데려 온다. 다이아몬드 무늬로 된 길 위 제단의 계단 양쪽(흰옷을 입은 여성이 이 곳으로 내려옴[39])에는 12색 '나팔꽃'이 꽂힌 큰 화병이 있다. 사람들은 이것을 '높은 곳의 태양'에 관한 유대인 사제 즈가리아의 노래와 곧잘 연결시킨다.

제단 위에는 긴 줄이 있다. 유대인 관습[40]과 초기 기독교 전례에서처럼, 황제와 황후, 땅과 바다에 충직한 자들, 병든 자와 죽은 자 등을 위한 기도문이 새겨진 것들 사이, 그 위에 '수천 가지 모습의 석가' 깃발이 매달려 있다. 195~211년 테르툴리아누스는 말했다. "끊임없이 황제를 위해 기도를 올리고, 황제가 원하는 것은 무엇이든지 구하겠나이다."[41] 생명을 주는 신비의 제단 앞에서 마르 아다이 전례 법규에 따르면 동시리아 교회[42]에서는 '산 사람과 죽은 사람의 책'에 적힌 위패에 써있는 영혼의 이름이 불린다.[43]

벽화 아래쪽엔 거대한 생명의 소나무가 있고 천당 반대쪽에는 어둠의 궁정인 지옥이 있다. 이 양 극단 사이에 큰 버드나무가 서 있다. 마치 회개의 천사가 헤르마스를 시켜 성 클레멘스—사도의 사람이자 성 베드로와 바오로의 성 제자—에게 보낸 '헤르마스의 우화'에 등장하는 버드나무 같다.[44] 이 버드나무는(확신하지만) 유대 신전 관습에서 유래한다. 연례 세 가지의 순례자 축제

가운데 가장 흥겨운 것으로, 이때 200만 신자 가운데 모든 남자, 여자, 아이들은 버드나무 가지들을 들고 케드론 천(川) 행렬에 참여하고 위대한 알렐루야 '찬양(Hallel)'에 참여한다. 이때 사제는 실로암못의 생명수[45]를 버드나무 가지로 장식된 번제물 제단에 뿌린다.[46]

이 사원의 장식용 등(燈)은 불의 바다를 닮았고, 축제의 독특한 특징이었다. 이 축제는 원래 비를 내려주는 '엘 샤다이(El Shaddai)'를 기념하기 위해 열리는 것으로 메시아 실로(Shiloh)의 날을 가리킨다. 이때 성령이 모든 사람[47]에게 내리고 야훼의 선택받은 민족들은 이스라엘에 모인다.

위의 관습에 따라 절기의 마지막 날, 관습적으로 '버드나무의 날'이라 부르는 가장 위대한 날에,[48] 예수 그리스도는 생명수라는 선물을 선포했다. 성 요한은 말한다. "그러나 이것은 예수께서 당신을 믿는 사람들이 받을 성령[49]을 가리켜 하신 말씀입니다."

제8장
파르티아, 로마, 중국

파르티아는 '트라야누스 3년'에, 전에 없는 수모를 겪었다. 로마 황제는 115년 2차 원정에서 티그리스강 가까운 곳에 파르티아 왕들의 겨울궁이 있는 크테시폰(Ctesiphon)을 포위 공격했다. 트라야누스 황제는 이 강을 따라 페르시아 만까지 승승장구 진격했다. 오스로에스(Osroes) 왕은 너무 용기가 없어서 자신의 딸을 혼자 남겨 두고 도망쳤다. 트라야누스 황제의 손에 맡겨진 오스로에스 왕의 딸은 로마에 인질로 보내졌다. 과거 기원후 55년에도 다른 파르티아 공주가 로마의 인질이 된 적이 있었다. 당시는 로마에서 티리다테스가 네로에게서 아르메니아'의 왕관을 받기

전이었고, 순교자 성 베드로와 성 바오로의 시대에 그들이 잡혀 있다는 사실이 로마 황제의 궁전 곳곳에 알려진 때였다.[2] 로마에서 영예로운 인질 생활을 한 파르티아 공주들의 이름은 현재 남아 있지 않다.

트라야누스 황제 재위 시 몇몇 대귀족들은 영웅적인 기독교인들이었다. 이들은 전임자인 도미티아누스 황제 때 '무신론자', '유대 관습의 신봉자'로 비난 받고 자신들의 신앙 때문에 유배, 투옥되거나 심지어 죽임을 당했다.[3] 그 중 한 사람이 성 도미틸라(Domitilla)로서 왕실의 친척인 순교자 플라비우스 클레멘스(Falvius Clemens)의 미망인이었다. 그녀는 또 베스파시아누스 황제의 손녀이자 도미티아누스 황제의 질녀이기도 했는데, 도미티아누스 황제에 의해 고도(孤島)에 유배되어 '기나긴 순교(long martyrdom)'의 고통을 받았다.

이 공주는 자신의 아름다운 정원을 기독교의 묘지로 만들었다. 이 묘지는 로마의 기독교 묘지 다섯 곳 중 하나이다. 오늘날 많은 방문자들은 묘지 성당의 벽화를 보고 기독교 신자들이 박해를 받았음에도 불구하고 경이로운 기쁨 속에 살았다는 점을 알게 된다. 기독교도들은 '천국의 삶'[4]이 실재한다는 것을 강하게 확신했다. 천국의 삶은 『대무량수경』이나 「요한묵시록」이 생생하게 보여주는 바이다.

묘지 성당의 벽화 가운데에는 큐피드가 포도나무 가지에 앉아 있는 그림과 성찬용 빵과 물고기가 차려진 삼족(三足) 제단 앞에 어떤 두 사람이 앉아 있는 그림이 있다.[5]

이처럼 가장 단순하고 가장 오래되고 가장 평범한 형태의 제단은 '축복 받은 삼위일체(Blessed Trinity)'를 나타낸다. 그리고 간다라 조각에서 아기 석가여래는 삼족 제단 앞에서 이마에 물을 묻히는 관정 의식을 치른다. 이것은 아기 예수[6]를 존경하는 외경(non-canonical) 복음이 가장 선호하는 사건 중의 하나이다. 그리고 간다라 사원과 아잔타 석굴에서 석가의 열반을 묘사한 부조에는 보통 승려 한 사람이 삼족 냉수반(冷水盤) 옆 관 앞에 앉아 있다.

티베트에서는 삼족 제단[7] 위 부처[8] 앞에 '성찬(Holy Food)'이 차려진다. 지옥에서 물로 씻는 의식을 베푸는 석가를 그린 조선의 그림에서 원형[9] 그릇[槽] 역시 발이 세 개이다.

이교도인 비티니아[10] 총독인 소(小)플리니우스는 112년 트라야누스 황제에게 어려운 위기에 어떻게 대처할지에 대해 조언하는 글을 쓰면서 기독교 신앙을 '마을 곳곳에까지 퍼지는 전염병과도 같은 미신'이라고 묘사했다. 향수와 외로움의 나날을 보낸 채 유배생활을 하던 파르티아 공주는 아마도 같은 역병에 '전염' 되었을 것이다. 그녀는 자신의 아버지가 죽기 직전 트라야누스의 계승자인 하드리아누스(오스로에스 왕의 오래된 절친한 친구)[11]에 의해 130년에 고향으로 돌아왔다. 그녀는 친족들에게 자신이 로마에서 보고 들은 '영적인 왕국(Spiritual Kingdom)'에 대한 아름다운 이야기를 꺼냈다. 트라야누스와 하드리아누스의 재위 시 로마에는 유대인들과 기독교인들이 많았고 이들은 최고 귀족들의 가문이었다.[12] 이외에도 지칠 줄 모르는 마리(에데사[13] 출신 마르 아다이의 동료)는 139~162년간 360개의 교회를 세웠다. 그 중 으뜸은 셀레우키아 교회였고, 5대 주교는 아카다부스였다.[14]

공주 친척 가운데 사촌인 엑세다레스(Exedares)는 중국 연대기에 등장하는 신비의 인물 '안세고'와 동일인으로 생각된다. 에데사의 흑인왕 아브가르(Abgar the Black)처럼, 그가 파르티아[15](키루스 대제가 세운 구 페르시아 왕국도 당시 이렇게 불렸다. 그런데 중국인들은 여기를 '안식'이라고 불렀다) 아르사크 왕조의 일원이었다는 것은 분명하다.[16]

110년 엑세다레스(Exedares)는 아버지에 이어 아르메니아[17] 왕위에 올랐으나 파르티아의 통치자인 숙부 오스로에스에 의해 폐위되었다. 대신 동생이 왕위에 올랐다. 『브리태니커 백과사전』[18]

에 따르면, "오스로에스는 너무 어리석게도 로마의 개입을 자극하고 말았다. 그는 로마가 반대하지 않은 파코루스(Pachorus)의 아들 엑세다레스에게서 아르메니아 왕위를 빼앗은 뒤 그것을 또 다른 아들인 파르타마시리스(Parthamasiris)에게 넘겨버렸다."

트라야누스 황제는 권한 없이 행동한 오스로에스에게 화가 났다. 그리하여 114년 아르메니아를 침입했다. 파르타마시리스가 그에게 충성을 맹세했지만 곧 그 젊은 왕자를 죽이고 그 속주를 병합했다.

그런 다음 파르티아를 향해 진군하여 메소포타미아(티그리스강과 유프라테스강 사이의 나라로 페르시아 만에서 북으로는 아르메니아까지의 지역)를 병합했다. 그 이후 파르티아의 왕도인 크테시폰을 공격하고 '파르티쿠스(Parthicus)'[19]라는 이름을 얻게 되었다.

아르사크 왕조 조상들의 신앙은 조로아스터교였다. 이 때문에 안세고처럼 혈통상으로 정통 왕자인 자가 자신보다 어린 사람에게 왕위를 양보한 뒤 자신의 집을 떠나 극지까지 여행하고, 이름 없는 걸인이 되어 소승불교를 해석하며 자신의 말년을 보냈다는 것은 그다지 가능성이 높지 않은 얘기다. 소승불교는 특히 조로아스터가 중요하게 생각한 신의 존재와 영혼의 불멸 그리고 천국의 삶을 부정한다. 조로아스터는 금욕적인 인도의 고타마 붓다, 중국의 현자들, 히브리 예언자들과 같은 세기에 살았다.

비록 대승불교의 긍정론(affirmations)은 소승불교의 부정론(negations)과 정면으로 배치되지만, 장안에서 발견된 경교비의 시리아-기독교 용어와는 엄격히 일치한다는 점을 주목하라.

어떤 사람들은 이 파르티아 왕자가 중국에 사절로 가서, 중국[20] 후한의 유명한 장군 반초(班超)가 카스피해에 다다른 후 서기 100년 직전에 시작했던 것과 같은 정치적 활동을 했다고 주장한다. 이것은 가능한 주장이다. 왜냐하면 동서양 모두에서 승려는 왕의 중요한 고문이자 그들이 신임하는 외교사절들이었기 때문이다.[21]

어떤 학자들은 또 안세고가 여행 중 월지국[22]의 호탄에서 인질로 잡혔다고 주장한다. 호탄은 쿠샨 왕조의 중심지이자 대승불교[23]의 주요 거점으로, 이곳의 불교는 쿠샨 또는 호탄 불교라고 불린다. 그 무렵 안세고는 영생[24]과 대미륵[25]에 대한 경전을 중국으로 가져왔다.

이러한 생각은 흥미롭다. 중국의 명제[26]가 보낸 18명이 미륵입상을 지닌 두 명의 간다라 승려 축법란(竺法蘭)과 가섭마등(迦葉摩騰)을 만난 곳이 호탄이었기 때문이다. 용수[27]의 이름도 호탄과 관련 있다. 이곳에서 용수는 바다[28] 및 철탑에서 대승불교 경전을 발견하고, 금강보살로부터 평화[29]의 입맞춤과 양부(兩部), 즉 실재[30]하는 금강계와 물질적인 환영[31]의 세계인 태장계의 만다라를 받았다. 이것은 선무외삼장(善無畏三藏)[32]과 아모가 바즈라가 717년과 720년에 육지와 바다를 통해 인도에서 장안으로 각각 가져온 것이다.

최초의 중국 국사(國師) 혜과(惠果)는 이 만다라를 필사해 806년 일본 최초의 대승불교 선사인 홍법대사에게 주었다.[33] '탑 안의 전법(Transmission within the Tower)'인 셈이다. 홍법대사는 스스로 만다라를 만들었다. 필자는 이것을 히에이산의 쿠로다니[黑谷] 사원에서 봤다. 만다라의 중심이 되는 상징은 대일(大日), 즉 큰 태양이다.[34] 내용은 다음과 같다.

改　　　胎臟界

　　印圖

正　　　不動十四根本

홍법대사는 또한 이츠쿠시마에 신의 증표인 부월(斧鉞)을 안치했다. 부월은 콘스탄티누스 대제가 자신의 깃발의 표시로 사용했던 것이다. 이때 홍법대사는 신성한 결합문자 '키-로(Chi-Rhō)'

대신 진주를 그려 넣었다. 부월은 오늘날에도 사찰의 휘장과 석등에서 볼 수 있다.[35]

다른 한편으로, 이방인들이 사는 갈릴래아의 카파르나움처럼 티그리스강 연안의 쌍둥이 도시 셀레우키아-크테시폰은 대규모 정보의 중심지로, 인도에서 공물을 가져온 사람들이 중국과 서역에서 온 사람들을 만나는 곳이었다. 인도-스키타이 제국이 확장하면서 파르티아의 세력범위는 동쪽으로 아무다리야강 유역까지 확장되었다. 이 때문에 안세고가 자신의 가문에 재앙이 들이닥친 114~115년과 자신이 중국에 도착한 149년 사이에 간다라,[36] 우디아나, 카슈미르 등을 거쳐 갔을 가능성이 없지 않다. 이 모든 나라들을 월지국의 군주가 다스렸으며, 그 가운데 카니슈카 왕이 가장 유명했다. 카니슈카 왕은 협존자 파르스바(Parsva)에 의해 대승불교로 개종했다. 카니슈카 왕은 비록 선제공격을 한 것은 파르티아였지만 자신의 군대가 90만 명의 파르티아 병력을 살육한 데 대해 후회하는 마음이 있었다. 이 때 파르스바를 만났다.

파르스바는 카니슈카 왕에게 정법을 가르쳤다.

카니슈카 왕의 궁정에는 장님 왕자를 포함해 중국인 인질들이 있었다.

'아르사크의 도시'인 셀레우키아-크테시폰 예술의 영향력은 간다라 불교조각[37]에서 두드러지게 나타난다. 대승불교 경전은[38] 카슈미르[39]에서 편찬된 것으로 알려져 있기 때문에 당연히 대도(大道)를 따라 자신을 완성하고 산스크리트어 번역[40]의 전문가가 되려는 사람(중국 사서는 안세고가 그런 인물이었다고 적고 있다)들은, 중국으로 가는 대상로를 거쳐 월지국이나 유주프자이아(Yuzufzaia)족 사이에서 몇 해를 보낸 뒤 힌두쿠시를 넘고 라다크를 지나 호탄으로 간다.

필자는 이것이 또 다른 중요한 계기였다고 생각한다. 대승불교는 카니슈카 왕의 개종 이후에 박트리아, 간다라,[41] 카슈미르, 카슈가르, 카불 등 대월지국 전역에 급속히 확산—북쪽으로는 호탄, 동쪽으로는 갠지스강—되었다. 뿐만 아니라 193년에 카르타고의 유명한 라틴 법률가인 테르툴리아누스는 게테국(중국어로는 월지국)[42]을 '장차 와서 다스릴 진정한 그리스도', 즉 앞으로 오실 부처에게 귀의한 민족 목록에 포함시켰다.[43]

테르툴리아누스와 동시대 사람인 에데사의 바르 다이산—성 도마의 진주에 대한 가르침을 멋진 송가로 만들었음—역시 "박트리아와 월지국에 기독교인들이 있고, 파르티아에서 기독교가 널리 퍼졌다.”고 말했다. 비슷한 시기 오리게네스는 “이제 교회 덕분에 모든 곳이 이스라엘의 주님에 대해 찬양한다.”고 말했다.

4세기에 시리아-페르시아 교회의 으뜸가는 신학자인 ‘복된 자 아프라테스(Afraates the Blessed)’와 동방 교회의 역사가인 에우세비우스는[44] 당시 기독교가 파르티아, 인도, 박트리아 그리고 페르시아 제국의 가장 먼 곳까지 전해졌다고 적었다.[45] 같은 시기 콘스탄티노플의 총주교인 크리소스토무스는 “페르시아인, 스키타이인,[46] 힌두인, 그리고 세상 끝에 있는 사람들이[47] 기독교 신앙을 갖게 되면서 자신들의 오래된 습관을 근절하고 이방인의 제단을 뒤엎었다.”고 말한다.

중국 사서(史書)는 122년이 중국에 매우 위험한 해였다고 기록하고 있다.

낙양과 여러 지역에 23차례의 지진이 일어나 여러 산이 갈라졌다. 이 모든 것들은 한(漢) 왕조에 대한 하늘의 분노를 나타내는 것이었다.

여러 해 동안 갈등이 만연했고, 가공할 만한 무정부상태로 인해 천자의 나라(Celestial Empire)가 황폐해졌다. 홍수, 기근에 이어 메뚜기가 창궐했고, 이와 같은 상황은 흉노족[48]의 침입 때문에 더욱 심각하게 악화되었다. 흉노족은 중국과 월지 모두에게 숙적이었다.

앞서 언급한 헤아릴 수 없이 많은 카라반들에 의해 이러한 재앙의 물결이 파르티아 왕에까지 미쳤다. 자신이 겪은 비운의 경험에 대한 기억 때문에 안세고가 '사람을 개종시키고자 하는 신적인 의지[49]에 따라' 자신의 행보를 시작했다는 것을 상상하기는 어렵지 않다. 안세고는 관음보살이 부여한 새로운 삶을 향한 거부할 수 없는 충만함을 마음속에 느끼면서 다음과 같이 외쳤다. "나는 낙양에서 이처럼 영광스러운 '영원한 삶[無量壽]'을 전해야 한다." 이것은 마치 성 바오로가 "나는 로마에서 설교해야 한다. 내가 복음을 전하지 않는다면 나에게 화가 미칠 것이다!"라고 한 것과 같다.[50]

따라서 주군인 후한 환제[51]의 환영을 받은 최고의 비책—성삼위(聖三位) 신앙에 의한 구원의 가르침, 슬픔과 죽음에 대한 승리의 가르침, 정토[52]에서의 삶에 대한 가르침—이 중국에 이르게 되었다. 당시 중국은 대월지국[53]이나 대진국(로마를 깔보고 부르는 별칭)과 세계의 패권을 나누고 있다고 자처하고 있었는데, 이들 제국 사이의 안식국(파르티아)은 완충 작용을 하는 동시에 로마와 극동[54]간의 교류를 방해하는 역할을 하기로 했다. 비록 후한의 역사서가 중국과 파르티아 간의 상당한 규모의 교역을 언급하고는 있지만 말이다.

가장 중요한 점은 안세고가 머물러 있던 때인 167년, 낙양의 환제에게 해로를 통해 사절을 보낸 마르쿠스 아우렐리우스 재위 시에 아르메니아와 에데사 문제와 관련해 전쟁이 일어났다는 점이다. 이 전쟁은 향후 동방의 역사 전개에 결정적으로 중요한 사건이었다.

로마인들은 164년 그리스의 대도시 셀레우키아를 불로 파괴했다. 유프라테스강과 티그리스강 동쪽에 있는 나라에서 헬레니즘의 운명을 봉인한 도시의 함락이었다.

그리스 문화는 사라졌고 아람 문화가 들어섰다. 이 아람 문화의 승리는 지속적인 기독교의 발전에 도움을 크게 주었고, 이내 곧 에데사 언어로 된 아람어 문학을 탄생시켰다.[55]

제 9 장
셋인 동시에 하나인 신

앞서 중국의 신비주의 사상가인 노자의 도교(道敎)와 히브리인들의 도(道) 관념 간에 밀접한 관계가 있음을 언급한 바 있다. 또, 370년 백련사를 창시한 혜원(慧遠)의 원숙한 견해를 인용하면서 '대도(大道)'에 대한 정토종의 교리를 이해하려면 노자의 가르침을 연구할 필요가 있다고 말했다.

이 가르침은 위대한 도교 성인 구처기에게 깊은 인상을 주었기 때문에 6세기 동안 중국, 조선, 일본에 있는 사람들—일본인들 대부분은 도의 가르침을 신앙의 바탕으로 삼는다—에게 강력한 영향을 미쳤던 『서유기』에도 스며들어 있다. 시리아 승려 아담 경정(景淨)이 781년 장안에 경교비[1] 비문을 쓸 때 기독교 교

의[2]를 설명하기 위해 불교와 도교 용어를 많이 사용하였다는 사실(이 점은 고야산 오쿠노인娛の院에서 확인할 수 있다), 그리고 거의 800여 년 묻혀 있던 그 비석이 1623년에 발굴되었을 때 이 시리아 승려가 '불교도이거나 도교도 중 하나' 또는 '기독교인은 절대로 아니다'라는 의심을 받은 사실을 언급할 필요가 있다.

볼테르, 르낭, 그 밖의 프랑스의 다른 무신론자들은 경교비가 예수회의 위작(僞作)이라고 말했다. 이것은 마치 청교도 신자인 『천로역정』의 저자를 예수회원이거나 도둑이라고 일컫는 것과 비슷하다. 막스 밀러가 지적한 바와 같이, "아브라함 이후 하느님의 친구들은 모두 무신론자, 이단, 광인 등의 혐의를 받았다."[3]는 것이다.

노자의 말에 귀 기울여 보자.

말할 수 있는 도(道)는 도가 아니다.[4]

대도(大道)는 평탄한데 사람들은 위험한 지름길을 좋아한다.[5]

천 리 길을 가는 것도 한 걸음부터 시작된다.

진심을 다해 차근차근 도를 따라라.

세상에 그것을 나타내지 말라.

참으로 아는 사람은 말하지 않고

말하는 사람은 참으로 알지 못한다.[6]

도는 언제 어디서나 틀림이 없다.

많이 아는 사람들은 도를 알지 못한다. 이것은 어린이처럼[7] 즉 마음이 단순하고 경건한 사람에게 나타난다.

어린이처럼[8] 온 마음을 다해 도를 찾아라. 이것은 여유 있고 영적으로 편안한 사람들에게만 드러난다.[9] 도를 얻게 되면 사라지지 않는다.

이것은 "하느님의 왕국이 네 안에 있다."[10]는 것을 간단하게 말한 것으로, 복음서에 나타난 주 예수의 가르침, 트라야누스 황제 시대 안티오크의 순교자-주교인 이그나티우스의 가르침,[11] 대승 불교 경전 『유마경』의 가르침,[12] 힌두교의 『바가바드 기타』[13]의 가르침과 같다. 이것은 또 도교 승려인 구처기가 『서유기』에서 아주 훌륭하게 표현한 것과 같다.

스승께서 말씀하셨다. "앞길에 험한 산이 있다. 조심해야 한다."

손오공이 말했다. "스승님 지나치게 걱정하지 마십시오. 우리 마음이 부처님[14]께 올바르다면 그다지 큰 어려움은 없을 것입니다."

또 자신의 종교에 대해 질문을 받았을 때 스승은 다음과 같이 답

변했다.

“우리의 종교는 조용하다. 우리의 법은 구하는 것이다. 그러나 구법(求法)은 이해 없이는 가능하지 않다. 이해하려면 먼저 마음이 근심 없이[15] 맑아야 하고 나쁜 습관을 떨쳐버려야 한다.”

순례자 삼장은 자주 ‘심경(心經)’을 망각하고 불필요한 근심에 빠진다.

멀리 있는 곳의 부처님을 찾지 말라.
네 영혼 가장 깊은 곳의 부처님을 찾아라.
그곳에 성소를 세워
경배하자!

다음은 그리스도와 같은 시대 사람으로 유대 성전이 아직 존재할 때 살았던 유대교의 대랍비 힐렐(R. Hillel)의 가르침이다.

“우리들은 우리 마음에 성전을 모시고 있습니다. 주님은 이곳에 항상 그리고 어느 곳에나 계십니다.”

중국 시안의 경교비. 가장 가치로운 역사 기념물.

경교비는 '광명의 종교'에 대해 설명하면서 처음에 '교리를 만들고' 서로 다른 365종파를 만들어 낸 인간이 어떤 이유로 전전긍긍하고 길을 잃은 채(어둠 속에서 오랫동안 신음한 뒤) 돌아갈 수 없게 되었는지 설명하고 있다.

이에 우리의 삼위(三位)가[16] 분신(分身)하시니 경대지존(景大至尊)하신 메시아께서(막 뒤에 숨어[17]) 참된 위엄[18]을 감추시고 인간[19]과 동일한 육신으로 강림하시자, 천사들이 이 기쁜 소식을 전했다.[20] 동정녀가 대진[21]에서 성주(聖主)를 낳았고 밝은 별이 이 경사를 전하니 페르시아인들이 서광의 인도를 받고 봉헌하러 왔다.[22]

24성인(聖人)[23]이 말한 구약 율법이 완성되자 그 분은 가정과 왕국의 통치에 필요한 대원칙을[24] 마련하셨다. 그는 삼위일체의[25] 순수한 영[26]에 바탕을 둔 형언할 수 없는 새로운 종교[27]를 만들었다.

이 '순수한 영'은 다름 아니라 관음보살이라는 것을 곧 알게 될 것이다. 안세고가 『대무량수경』에서 가르친 아미타불 교의는 유일하신 분의 이름과 그 분의 공덕에 대한 이신칭의(以信得義)를 말해준다. 영원히 존재하며 모든 천사[28]의 찬양을 받는 유일하신

분은 몸을 삼분하여 다르마카라[法藏, Dharmakara]로 지상에 나타나 중생을 구한다.[29]

다시, 장안의 경교비에 관해서 말할 것 같으면, 비문 가운데 '삼위(三位)'나 '분신'이라는 말은 '삼위일체'에 해당하는 불교 용어다. 일본 젠코지 여래당에는 아미타, 관음, 대세지 등 '서역의 삼존'이 있고 이를 하나로 말할 때는 여래라고 한다.[30] 이 삼존은 조선의 사찰에서 장막 앞 제단에 모셔져 있다. 심양의 라마 사원 제단에서 이 삼존을 직접 보았다. 승려는 필자에게 삼존은 '부처, 관음, 미륵'을 말한다고 설명했다. 여기에 성 도마의 인도-시리아 교회에서처럼 신적 존재를 나타내는 아시리아의 날개, 탑, 공작의 깃털, 감로병 등이 함께 있었다.[31]

삼신불 교리는 '호탄(월지) 불교'[32]의 특징이다. 자신을 무한한 지혜로 구현하는 삼신불 사상(말 그대로 하면 세 위격을 지닌 신)은 아슈바고사[33]가 맨 먼저 가르쳤다. 그런데 『동시리아 성무일도서』는 "그 하나됨을 고백하고 삼위일체를 경배하자."고 한 뒤 "하느님의 위격은 셋이나 본질은 하나"라고 말한다. 아르메니아 전례는 찾을 수 없고 '이해할 수 없는 세 개의 위격', '나누어지지 않은 삼중의 인격' '생명을 주는 삼위일체' 등에 대해 언급한다. 또 '이러한 신비와 샘의 신비를 우리에게 알려주신 하느님의 성령께’ 감사를 바친다.

새로 태어난 왕에게 ‘선물을 바치러 달려간 페르시아인들’이란 그로부터 몇 년 후 로마에서 인질로 머물게 될 두 명의 파르티아 공주와 147년 중국에 『대무량수경』을 가져간 안세고의 동포였다. 이 점은 페르시아의 영향을 확실히 보여준다.

시리아 교회의 전승은 이러한 언급들과 일치한다. 성 마태오에 따르면 구세주가 오셨음을 알리는 ‘동방의 별’을 본 ‘현자’들은 메디아에서 온 ‘마기(종교지도자)’로서 조로아스터의 예언에 따라 베들레헴에서 태어난 어린 하느님을 경배하러 왔다는 것이다.

안세고는 마기의 가르침을 받고 자라났다. 파르티아의 왕족들은 일곱 살이라는 어린 나이에서부터 스승인 마기의 가르침을 받았다.

기원전 6세기에 조로아스터는 유일신을 숭배했고 참되고 성스러운 삼위일체를 믿었다. 그 인격화된 속성[34]이 천상수(Heavenly waters)를 주는 아나히타(Anahita)와 빛의 영 사오시안트(Saoshyant)였다.

조로아스터는 속임수와 모방의 영이자, 어둠과 악 그리고 망언의 왕자인 아흐리만(Ahriman)은 ‘거짓 존재’(산스크리트 경전에 나오는 ‘마라’, 경교비에도 이들의 ‘기망欺罔’이 언급되어 있다)이고, 순수한 양심을 지닌 아름다운 존재는 자신의 선한 생각과 말 그리고 행동의 결과, 죽음의 영혼을 받아들인다고 가르쳤다. 고대 수메르 지리학자에 따르면, 유프라테스와 티그리스 '대 하천'[35]의 원류에 위치하고 중국의 곤륜산에 해당하는 연옥산 수메루(Sumeru)[36] 역시 조로아스터교 교의의 일부였다.

조로아스터는 사오시안트가 죽음의 지옥을 물리치고 선의 최종적인 승리로 갈등에 종지부를 찍을 것이라고 말했다.[37]

이 페르시아인의 예언은 4왕국을 계승한 석(石) 왕국에 대해 네부카드네자르(Nebuchadnezzar) 왕이 586년에 예언적 꿈을 꾼 것을 해석한 것과 일치한다. 3세기 로마의 히폴리투스는 석 왕국을 로마제국과 동일시했다. 이러한 가르침들은 바빌로니아에서 유배생활을 한 70년 동안 유대인의 신앙에 큰 영향을 미쳤고, 뿐만 아니라 카니슈카 왕과 그 후계자들이 다스린 월지국 사람들 또한 깊은 영향을 받았다.

마기의 경배에서 볼 수 있듯, 로마 카타콤에는 동방사람들이 예수를 찾은 것을 묘사한 벽화가 스무 개 남짓 있다. 예수를 찾은 사람들의 수는 두 명에서 일곱 명까지 다양하다. 그들은 하느님의 아들에게 (「마태오복음」에 따르면)황금, 유향, 몰약—왕권, 신, 치유력의 상징—등 선물 세 가지를 바쳤다. 그들은 현재 영국 박물관의 아시리아 기념비 속의 히브리 포로들처럼 프리기아의 모자[38]를 쓰고 부츠를 신은 채 천상의 아기 위에 떠 있는 별을 가리킨다.

일본의 신사에서처럼, 이 마기 사제들은 자신의 입을 봉한 채 공물을 바쳤다. 이것은 필자가 알기로는 정토종 계열 사찰의 관습이다.

어떤 기독교 전통에 따르면, 이 별의 인도를 받은 마기 중의 하나는 베나레스(Benares) 출신의 라자(Rajah)였다. 또 다른 전승은 라자가 성 도마를 맞이한 인도-스키타이 왕 곤도파레스[39]와 같은 인물이라고 한다.

그러나 아르메니아 전승 가운데 하나는 마기를 탕구트(Tangut)—둔황, 몽골인들에게는 티베트 즉 투판[40]으로 알려진 곳—와 연결시킨다. 이곳은 감숙성(甘肅省) 서쪽 끝에 있는 지방으로, 흉노족은 165년 대월지족[41]을 호탄까지 몰아냈고 그리스-박트리아 왕국을 침략해 파괴했다. 나머지('소월지'로 알려진 곳)는 티베트에 정착했다.

이 현자들은 그곳에서 돌아온 후 동방 나라들 가운데 복음을 전했다고 알려졌다.[42]

중국 사서(史書)는 명제가 '태양처럼 밝고 달의 영광을 지닌'

금빛 신인[43]의 꿈을 꾼 것과 함께 그 꿈을 신령이 땅에 내려온 것으로 보는 해석을 기록하고 있다. 뿐만 아니라 하늘에서 어떤 증표가 나타난 것을 계기로 수많은 만주 사람들이 수확 일을 중단한 채 '서쪽에서 태어난'[44] 대현자를 맞이하여 잃어버린 삼위일체[45]의 지식을 회복하기 위해 혼돈의 서쪽 지역으로 갔다는 사실 또한 기록하고 있다.

당시 마기는 유명한 점성술사였고 천문학과 예언에도 능했다.

바빌로니아의 네부카드네자르 대왕은 기원전 586년 이 현자들을 자신의 궁으로 불러들인 뒤, 자신의 꿈을 정확하게 풀이한 '히브리 선지자(Hebrew Seer)' 다니엘을 으뜸가는 재상, 즉 '마술사들의 수령'으로 임명했다.[46]

아르크마구스(Arch-magus)는 '도시의 어머니'이자 박트리아의 도읍인 발흐에 살았다. 이 도시는 투란인(Turanian)들이 쳐들어 왔을 때 조로아스터가 사라졌던 곳이다. 역사의 여명기부터 이 웅장한 성벽 도시는 상업 중심지와 순례의 종착지로서 니네베(Nineveh)나 바빌로니아와 필적할 만했다.[47]

제 10 장
실로, 별, 미륵

유명한 백족(어떤 사람들은 이들을 중국인의 기원으로 생각함)은 박트리아에서 옮겨와 기원전 3000~5000년 경 황하와 양쯔강 상류 지역을 정복하여 다스렸다.

이들은 기원전 139년 전장에 전사와 궁사 10만 명을 보낸 월지에 의해 점령되었다. 이로써 중국인들에게 대하(大夏)로 알려진 고대 그리스어 명칭 박트리아는 중국어인 '대월지'앞에서 사라지게 되었다.

당시 박트리아에는 1,000개가 넘는 훌륭한 도시들이 있었다고 한다.

그리고 호탄은 발흐 동쪽 700마일쯤 되는 곳에 있다.

호탄의 사원들은 절을 덮고 있는 많은 금박 때문에 유명했다.[1]

현장은 이곳 사람들이 "행동이 바르고 매우 진실하다."고 묘사한다. 아주 이른 시기부터 옥으로 유명한[2] 호탄은 '작은 옥의 나라' 우전국[Yutien]으로 알려졌다.

둔황 너머 감숙성 경계의 좁은 길에는 난공불락인 만리장성 방벽이 있다.[3] 이곳에서 서융의 땅이 시작되었다.[4] 이것은 옥문관으로 불렸다. 이곳을 거쳐 인도 상인들이 간다라와 카슈미르에서 장안으로 옥을 가져왔기 때문이다.[5]

조선의 금강산에는 장안사뿐만 아니라 유점사가 있다. 순도가 평양[6]에 온 뒤 약 70년 후에 세워진 이 절은 신라 법흥왕('불법佛法을 일으키는 왕')[7] 때인 515년 두 명의 승려가 중창(重創)했다. 이때 중국에서 온 조각가와 화가[8]가 도왔다.

그런데 이 중요한 지명을 염두에 두어야 한다.

왕의 도시 발흐[9]에서 교역로가 사방으로 갈라졌다. 멀리 중국에서 온 세레스(Seres)의 낙타 행렬이 이곳에서 바미안과 카이베르 고개를 지나온 이집트, 시리아-페니키아,[10] 그리스, 로마, 니네베, 바빌론, 페르시아(훗날의 파르티아), 사카에(Sacae, 중앙아시아와 인도 편잡 지방의 대월지족) 대상들과 만났다.

서양 고고학자들의 발굴 결과에 따르면, 투란인들이 점성술을

유점사의 고승.

사용한 흔적은 사르곤(Sargon) 대제에 의해 기원전 3800년 아가데(Agade) 도서관에 보관되었는데, 구운 진흙 비석에 화살 머리 모양의 글자로 새겨져 있다. 조로아스터교의 사제인 마기는 이 투란인들의 점성술을 잘 알고 있었을 것이다.

이 설형문자의 기록은 한 가지 예언을 담고 있다.

"그러한 별이 하늘에 나타날 때 강력한 왕이 서역의 마르투(Martu)[11]에 일어날 것이다. 그러고 나서 정의, 평화, 기쁨이 넘치고 모든 사람들이 기뻐할 것이다."

따라서 수세기 동안 아시리아의 왕들과 아시아 여러 민족들은 고대 예언이 달성되기를 기대했고,[12] 점성가들은 경이로운 표시[13]를 열심히 찾고 있었다. 왜냐하면 하느님의 메시아와 경이로운 하느님 왕국의 도래는 결코 유대인에게 국한된 것이 아니었기 때문이다.

발람(Balaam)이라고 하는 모아브 족의 예언자는 이스라엘의 출애굽 시기에 "야곱에게서 나온 별, 이스라엘에서 나온 홀, 야곱에게서 주의 자리에 오를 그 분이 오실 것이다."라고 예언한 바 있다.[14]

이삭의 아들로 히브리 대사제인 야곱은 죽어가면서 이 홀은 실로가 올 때까지 "유다에게서 없어져서는 안 된다."라고 예언했다. 그는 요셉을 낳았고 그로부터 '이스라엘의 돌인 목자'[15]가 올 것이다.

따라서 메시아는 실제로 '실로(shiloh)',[16] '모든 민족이 기다리는 자'[17]였다. 불교용어로는[18] '이렇게 온 이(Tathagate)' 즉 '여래'로, 우리가 기대한 완벽한 존재이고 (안세고와 동시대인인)순교자 유스티니아누스에 의해 그렇게 옮겨졌다.[19] 유스티니아누스는 스토아 철학과 플라톤 철학에 조예가 깊었으며 로마황제에게 보내는 글에서 "기대하는 모든 바―실로를 이루었다."고 했다.

중국의 명 황제는 61년에 신비로운 환영을 봤다. 이것은 서양에서 성 바오로가 다마스커스로 가는 길에서, 콘스탄티누스 대제가 밀비아 다리에서 자신의 전 로마 병력과 함께 있을 때 경험한 것과 비슷하다. 명제는 신하와 현자들을 불러 그 꿈이 어떤 의미인지 설명하게 했다.[20]

그 꿈은 너무 독특해 해석하기 어려웠다. 사람들은 난처해하고 당황했다. 그런데 그 꿈을 풀이할 수 있는 단 한 사람이 있었다. 그는 황실 연대기를 보관했는데, "그것은 법"[21]임에 틀림없다고 소리쳤다.

기록들[22]을 살펴보면, 기원전 2년 황제 왕망이 대월지[23]의 군주인 카드피세스(Kadphises)로부터 신탁을 받은 것에 대해 말하는 구절을 찾을 수 있다. 카드피세스는 당시 인더스강의 아주 서쪽 그리고 박트리아의 옥수스 평원에 있었다.

카드피세스는 생부가 아닌 두 명의 인도 스키타이 왕인 곤도파르네스와 카니슈카[24]의 전임자였다. 두 명 가운데 형은 위대한 건국 왕으로 건축과 실용 예술에 능숙한 성 도마와 연관이 있다. 때로는 파르티아의 사도로, 때로는 인도와 중국의 사도로 불리는 성 도마의 영향권은 파르티아, 박트리아, 게테국을 포함했다.[25]

강력한 인도 제국을 창건한 동생은 종교 면에서 소승불교와 대승불교의 영원한 분열을 낳은 불교회의를 소집한 것으로 유명하다. 이 회의는 카슈미르에서 열렸고, 파르스바[脇尊者, Parsva]와 과거 브라만 현자였던 아슈바고사[26]가 영적 고문으로 참여했다.

회의엔 성인과 현자 500명이 참석했고 북인도는 대승불교의 요람이 되었다.

카드피세스의 메시지는 불[27]이라는 이름의 한 사람이 태어났고 천축[28](우디아나 근처 인더스 지방)[29]에 실로라고 불리는 신인(神人)이 있었다는 것이다.[30]

이것은 「불대경」에서 가져온 문장, 즉 "다시 일어설 사람, 바로 그 사람이다."[31]로 끝난다. 이 기록은 의미심장한 문장으로 끝맺고 있다. "이걸 듣고도 중국인들은 믿지 않는다."[32]

매우 특이하게 유명한 의사인 엥겔베르 캠퍼(E. Kaempfer)는 자신의 『일본사』에서 다음과 같이 썼다.[33]

"이 천황(수인천황) 29년, 즉 중국 애제 6년이자 마지막 해 그리고 마지막 조공의 두 번째 해에 이 세상의 구세주 그리스도가 태어났으며, 수인천황 62년, 중국 광무제 9년인 33년, 그가 십자가에 못 박혀 죽고 묻히셨으며, 죽었다가 다시 살아난 것을 잊을 수 없다. 죽었을 때 그의 나이는 33세였던 것으로 생각된다."

오늘날 영어의 '크리스트(christ)'는 히브리어와 시리아어의 메시아, 즉 '기름부음을 받은 자'[34]에 해당하는 그리스어 '크리스토스(christos)'에서 유래한 것으로, 로마제국의 세 번째 수도이자 상업 중심지—그리스인들의 훌륭한 도시—인 안티오크[35]에서 그리스어로 옮겨졌다.

그러나 안티오크 너머 로마제국 밖에서 대중적으로 쓰이는 말은 시리아어였고[36] 유프라테스 경계를 가로질러 동쪽으로 200마일 되는 곳에 파르티아인들이 사는 에데사가 있었다. 에데사는 동방에서 기독교를 처음 받아들인 도시로 자연스럽게 2세기에 시리아-기독교의 중심지이자 전교 중심지가 되었다.[37]

장안에서 에데사까지는 대상(隊商)들의 걸음으로 2년 걸리는 거리였고, 이곳에 큰 유대인 상업 중심지가 있었다. 그리스어가 로마제국의 언어였던 것처럼, 시리아어도 아시아에서 외교, 교역, 신앙의 보편적인 언어였다.

에데사에서 같은 '제4복음',[38] 즉 하느님 나라의 기쁨이 세상의 언어로(성 도마 기독교인들이 자신들을 불렀고 지금도 인도 코로만델 해안에서는 그렇게 하는 것처럼) 동방에 전해졌다. 그리고 시리아 신약은 '크리스토스'라는 용어를 매번 메시아로 번역했다.

셈족 명칭인 '메시카'의 산스크리트어 동의어인 미륵은 개념적으로 조로아스터가 예언한 보편적인 구세주,[39] 즉 '사오시안트'와 비슷하고 '무적의 아지타(Ajita the Invincible)'라는 이름으로도 불린다.

따라서 조선에서 필자는 석가여래를 본존으로 모시는 대웅전, 즉 '큰 영웅'[40] 혹은 '정복자의 궁전'이라는 글자가 새겨진 불전을 많이 보았다.

마이트레야 붓다는 한자로 미륵불, 부처왕, 왕중의 왕[41]으로 옮기고 일본에서는 미로쿠라고 한다. 마이트레야의 모습을 한 흰 석상은 조선 어느 곳에서나 미륵[42]으로 알려져 있고 보통 땅에서 솟아 올라온다고 일컬어진다. 실론에서도 볼 수 있는 이 흰 불상은 기독교 이전의 유일한 불상으로 기원전 350년 경 만들어진 것이다. 따라서 이것은 의심할 바 없이 당시 사람들이 마음에 간

직하고 있던 메시아에 대한 예언에 영향을 받았다.[43]

그와 같은 것이 584년 조선에서 일본으로 왔고 우마코는 천황의 장수를 기원하기 위해 그것을 자신의 집 동쪽에 안치했다. 우마코는 세습 재상으로 그의 아버지는 552년 백제왕이 보내온 삼존불상을 자신의 집에 흔쾌히 받아들였다.

고야산에는 거친 돌, 말 그대로 '손으로 다듬지 않은 돌'[44]이 있다. 이것은 홍법대사가 804~806년에 '중국에서 가져온 것'이다.[45]

필자는 다시 한번 조선과 일본에서 아미타불의 오른쪽에는 대세지, 지장보살, 약사여래, 관음보살, 미륵이 서로 바꾸어 가며 자리한다는 점을 환기시키고자 한다. 승려들은 그 이유가 "그들은 모두 하나이고 같은 것"이기 때문이라고 한다. 현장은 대세지를 미륵의 동의어로 사용했다.[46]

나는 또 "기독교의 독특한 사상 중 하나는 구세주가 심판자이기도 하다는 역설"이라는 하르나크의 언급을 매우 유의해야 한다고 생각한다. 이러한 사상은 기독교가 다른 종교들보다 돋보이는 점이다. 이러한 독특성은 소승불교나 『바가바드 기타』도 공통적으로 갖고 있는 부분이다.[47]

내가 사람의 형상을 취하면 어리석은 자는 나를 업신여긴다. 만

유의 대주재로서의 초월적인 성격을 알지 못한다.

위대한 혼을 가진 자는 나의 거룩함에 귀의하여 마음의 빗나감 없이 나를 섬기니, 내가 불멸의 근원임을 알기 때문이다.

다른 사람들은 지식의 희생을 바쳐서 나를, 혹은 홀로 하나인 것으로, 혹은 둘인 것으로, 혹은 여럿인 것으로, 간 곳마다 볼 수 있는 듯이 나를 예배한다. 나는 '옴'이다.

나는 죽지 않음이요 또 죽음이다. 아르주나야, 나는 있음이요 또 있지 않음이다.

『바가바드 기타』 9장

폰 훔볼트는 자신의 저서 『코스모스(Cosmos)』에서 중국의 천문도는 전반적으로 신뢰할 만하다고 주장했다. 이들 천문도들은 기원전 7년, 즉 로마 747년, 어떤 별이 출현했다고 언급하고 있다. 로마 748년 물병자리에서 더없이 이상한 형태로 행성들이 나란히 위치해 서로를 가리는 일이 발생했다. 이러한 천문 현상 때문에 유럽의 위대한 천문학자 케플러

(1571~1630)는 그리스도가 그 해에 탄생했다는 중요한 발견을 했다. 이해는 오늘날의 연구에서도 확인된 바인데, 기원전 4년[48]에 헤로데 왕이 죽었기 때문이다.[49] 게다가 태초부터 하늘 아래 모든 땅을 다스린 천조대신이 하늘에서 첫 번째 강림한 것을 기념해 이세 신궁을 지은 게 수인천황 재위 시인 기원전 5년 혹은 2년이었다는 점도 역시 중요하다.[50]

시리아의 이그나티우스는 '이 신성의 말할 수 없을 만큼의 밝음'[51]에 대해 이야기했고, 4세기 시리아 문헌은 "빛의 굉장함 때문에 페르시아인[52]들이 겁을 먹었다. 땅 깊은 곳까지 내려갔다가 다시 올라와, 주님이 바로 땅의 깊은 곳[53]까지 내려갔던 하느님이라는 것을 알려주었기 때문이다."라고 기록했다.

그리고 이것은 동양의 내면적 깊이에서만 볼 수 있다. 페르시아인과 다른 민족들은 이것이 발람(Balaam)이 앞서 예견한 것임을 알았다. 그 소식은 동양 전역에 퍼졌다.[54]

제 11 장

구옥(球玉)과 물고기

시간적 제약 때문에 더 자세하게 말할 수는 없지만, 유대인들의 『탈무드』에서 메시아는 다그(DAG), 즉 '물고기'로 불린다는 점을 유의해야 한다. 중세 시대 어느 유대인 학자는 목성과 토성이 물고기자리에서 화성과 일렬을 이루게 되면 그것이 유대 민족이(소승불교도와 대승불교도들처럼) 지금도 기다리고 있는 메시아의 강림을 나타내는 신호라고 말했다.[1]

아마도 이 견해는 고대 수메르인[2]에서 시작해 바빌로니아와 아시리아의 후기 셈족 전승을 거쳐 유대인들에게 전해진 것으로 생각된다.

아무튼 이 사실은 주목할 만하다. 왜냐하면 로마 카타콤에서 신비의 물고기는 가장 이른 시기에 그리고 가장 자주 나타나는 그리스도의 상징이고, 때때로 승자의 왕관을 의미하기 때문이다. 죽은 자들이 '불멸의 물고기(Immortal Fish)'[3]를 지니면 불사(不死)의 빛을 갖게 되어 주님이신 그리스도(Ichthys,[4] 철자 각각은 그리스어 글자 수수께끼의 한 단어 '예수 그리스도 하느님의 아들 구세주'라는 뜻을 내포함)의 '평화 안에서' 쉴 수 있게 된다.

심각한 박해의 시대에 지혜로운 자들의 암호로 사용된 이 신비의 이름[5]은 기독교 신앙 전반에 대한 것을 담고 있었다.

물고기 상징[6]은 순교자들의 비명(碑銘) 한쪽 끝에 새겨졌다. 신자의 가락지에는 바람 앞에서 천국을 향해 힘차게 나아가는 한 마리의 물고기 혹은 한 척의 배 모양이 새겨져 있었다.

'물고기-그리스도'는 2세기에 당시 사람들로부터 "매사에 영적인 삶을 살았다."는 얘기를 듣는 사르디스(Sardis)의 주교 멜리토가 이 상징에 부여한 '핵심적인 내용'이었다.

518년 중국의 태후가 서역에 경전과 유해를 수집하기 위해 보낸 둔황의 속인(俗人) 송운, 조선의 남동쪽 신라에서 여러 해를 보낸[7] 혜생[8], 그리고 630년 『대당서역기』와 『서유기』의 영웅인 현장은 모두 우디아나[9]에서 바위 위에 물고기 비늘이 새겨져 있는 것을 보았다. 이곳에서 여래는 큰 물고기 모습을 하고 12년 동안 자신의 살[10]로 굶주린 사람들을 먹여 살렸다.

이것은 3세기 갈리아 지방의 오탕(Autun)과 160년 프리기아 히에라폴리스에서 발견된 비명(碑銘)과 견줘볼 수 있다. 이때는 안세고가 살았던 시기였다.

그리스어로 쓰였지만 이 신비의 비명들은 로마 카타콤의 상징들을 참고할 때만 풀이할 수 있다.[11]

히에라폴리스의 비명은 '원죄 없는 동정녀가 어느 곳에서나 친구[12]들에게 주는 그 샘물[13]에서 나오는 힘세고 순수하며 신선한 물고기'를 묘사하고 있고, 갈리아 지방의 비명은 '하느님이신 물고기의 천상의 자손'에 대해 이야기하면서 "친구들이여, 보물과 같은 지혜(성 관음)에서 샘솟는 물로 네 영혼을 기쁘게 하라."고 말한다.[14]

티베트의 모든 라마 제단 위에는 생명을 주는 '감로수' 병이 있고, 그 안에 금붕어 두 마리와 공작 깃털이 들어있다. 이 감로수는 불멸하는 신들의 음식[15]으로 바뀐 뒤 죽어가는 사람에게 생명을 준다. 나는 만주 봉천의 라마 사원에서 제단[16] 위의 탑 그리고 석가, 관음, 미륵 삼존불 뒤에서 태양의 날개[17]를 봤다.[18]

삽화가 포함된 일본어 고본 『서유기』에는 당 태종이 지옥(하데스)[19]에서 돌아오는 길에 잠깐 멈춰 관정(灌頂)[20]의 강에서 놀고 있는 금빛 잉어를 바라보는 장면이 있다. 그런 다음 태종은 몸을 던져 거의 익사할 뻔하다가 다시 생명을 찾는다.[21]

화가는 스승인 삼장, 그의 제자들 그리고 다른 많은 사람들이 본 꿈을 형상화한 교훈적 목판을 통해 고본 『서유기』를 더욱 풍성하게 만들었는데, 이들의 옷에는 만(卍)자와 십자가가 번갈아 새겨져 있었다.[22]

기쁨, 찬미, 진심에서 우러난 감사로 가득한 이들 모두는, 버드나무 바구니에 금색 물고기를 담고서 구름[23] 속에서 나타난 우아한 백의관음을 보고 있다.[24]

큰 물고기가 든 버드나무 바구니를 들고 나타난 관음보살.

로마 성 루치나 지하 성당에는 2세기 초에 그려진 벽화가 있다. 이 벽화를 보면 큰 물고기 위에 버드나무 바구니가 놓여 있고, 이 바구니 안에는 만(卍)자 표시가 있는 유리그릇이 포도주를 담고 있다.[25]

처음 400년 동안 로마에서 매일 아침 사용된 빵에는 신성하게 사용할 수 있도록 불교의 시방(十方)[26]을 닮은 만(卍)자[27]나 결합 문자 'Ch. I.'가 찍혀 있었다. 이처럼 만(卍)자가 찍힌 빵은 진언종의 가르침에 따르면 '새롭게 세례 받은 사람에게 주었으나[化身灌頂[28]]' 이제 그 관습은 없어졌다.

경교비에는 "그들은 무너진 조화를 회복하기 위해 십자가를 증표로 사용했다."고 되어 있고, 아베르시우스의 비문(160년)에는 "밝은 증표를 가진 사람들"이라고 되어 있다.[29]

하느님의 영[30]은 인격성이 없기 때문에 이와 같이 카타콤 벽화에 버드나무 바구니로 표상되지 않는다. 그렇다고 결코 10세기의 후기 신학 예술처럼 인간의 모습으로 나타나는 것도 아니다.

성 바오로는 로마인과 골로사이인에게 세례는 과거의 자기 생활을 청산하는 것이라고 가르쳤고, 따라서 4세기 시리아-페르시아의 수도승인 아프라테스의 신조(Creed of Afraates)는 "나는 죽은 자의 부활과 세례성사를 믿는다."라고 하면서 같은 생각을 표현했다.

로마 카타콤에서 쌍둥이 물고기 상징은 항상 그리스도, 큰 물고기, 세례수로 새롭게 태어난 어린 영혼을 나타내는 한편, 잉어는 예수가 준 양식인데, 예수의 부활을 기리는 축제[31] 때 사용하기 위해 예수가 스스로 마련한 물고기를 뜻한다. 또 물고기 중의 왕인 돌고래는, 고대 그리스 신화에서처럼, 난파 중인 배를 구하고, 죽은 자를 서방에 있는 축복의 섬[32]으로 데리고 가는 구세주를 나타낸다.

필자는 갑사에서 예불용 밥을 짓는 오래된 건물 바깥의 대들보 끝에 물고기와 연꽃이 번갈아가며 새겨진 것을 보았다.[33]

조선의 절—필자는 22개의 절을 방문했고 그 중 상당수는 두 번 이상 가봤다—은 어느 곳이나 물고기를 만날 수 있다. 풍경, 큰 등, 그리고 경교비에 적혀 있는 것처럼 목어(木魚) 등이 존재한다.[34]

종광사(宗光寺)의 대고(大鼓)는 물고기 비늘무늬에 색을 입혀 놓았고, 가까이에 아주 큰 목어가 매달려 있다. 나는 또 절 입구에서 입에 흰 물고기를 물고 있는 사자의 머리도 보았다. 주지 스님은 "이것은 우리가 매일 두드리는 물고기와 관련된 것"이라는 점 외에는 이 상징의 의미를 알지 못했다.

주지가 말하길, 절터를 정한 뒤 가장 먼저 하는 일은 입에 구슬을 물고 있는 목어와 그 울림이 위로는 하늘에 아래로는 지옥까지 울려 퍼지는 청동 대종을 설치하는 일이라 한다.

조선의 어린아이라면 누구나 첫돌을 맞아 쌍둥이 물고기[35]를 받는데, 오색 무지개 빛깔이 입혀져 있고 귀한 법심옥(法心玉) 구슬을 물고 있다.

장안사에는 부처의 생애를 그린 팔상도가 있다. 나는 이 그림에서 산실(産室)에 있는 마야의 머리 위에 금붕어 두 마리가 매달려 있는 것을 봤다. 마야는 이곳에서 석가가 무지개 보관(寶冠)을 쓴 채 태양을 가리키는 붉은 광배 속에서 흰 코끼리를 타고 하늘의 무리[36]를 이끌고 내려오기를 기다린다.

마야와 그 시종들은 중국인의 얼굴을 하고 있다. 다음 장면에는 석가가 관정을 받는 동안 금빛 물고기 두 마리가 구름 속에 있는 것이 보인다.

건봉사 산실의 지붕에는 돌고래가 있다. 돌고래는 표훈사 주지가 내게 보여준, 정토에 있는 천상의 사찰을 새긴 매우 귀한 고대 중국 목판에서도 발견할 수 있다. 또 캄보디아 물고기 사찰의 봉헌 만다라, 오순절의 새로운 탄생, 야마토에서 가장 이른 시기에 세워진 사찰 등에서도 찾아볼 수 있다.

‘하늘에서 내리는 정법의 비로 깨끗하게 씻긴’[37] 90피트 높이의 관촉사 대미륵은[38] 연꽃 봉오리를 들고 있고 각각의 줄기에 물고기 풍경 하나씩이 매달려 있는 걸 볼 수 있다.[39] 다른 8개의 풍경은[40] 두 층으로 된 보관의 모서리에 달려 있다. 한편 각각의 모서리 위에는 반짝이는 구슬이 있다. 빛나는 아홉 번째 구슬은 경교비처럼 다른 모든 것 위에 달려있다.[41]

이층 보관 아래에는 연꽃이 새겨져 있고 세 번째와 가장 하단의 원뿔형 모자 혹은 반구형 관 아래에서 부처의 와발을 볼 수 있다.[42]

교황의 삼중관[43]은 이 세 가지 보관을 닮았고 하늘, 땅, 지옥(히브리어로는 스올sheol) 등 삼계를 나타낸다. 이 삼계는 미래의 정법을 베푸는 그리스도(미륵)가 다스리는 곳이다.[44]

꼭대기에 뾰족한 침[45]이 있는 다소 비슷한 보관은 15세기까지 대승불교에 영향을 받은 나라인 샴의 왕이 쓰고 있던 것이다.

대미륵은 라사의 조보 린포체(Jovo Rinpoche)와 우디아나의 미륵처럼 서쪽을 향해 있다.[46]

이것은 968년에 만들어졌다. 968년은 가장 중요한 해인데, 서양 세계 전체가 당시 세상의 종말과 메시아 왕 그리스도,[47] 미륵불[48]의 즉각적인 재림을 기대하고 있을 때였다.

아미타불, 세지보살, 관음보살, 그 주위의 하늘의 무리들이 극락의 호수에서 새롭게
태어난 물고기들을 반갑게 맞이하고 있다.

제 12 장
이스라엘의 샘

쓰시마 해협을 건너 극동에 이르게 되면 이츠쿠시마에서 신토[神道] 승려가 신비한 춤을 추는 것[1]을 볼 수 있다. 이 승려는 물고기 상징이 그려진 옷을 입고 있다. 이것은 603년 이 유명한 신사가 세워지기 50년 전, 조선을 거쳐 일본에 전해진 대승불교의 유산임이 분명하다.[2]

교토에 있는 코묘지[光明寺]의 만다라는 정토종을 창립한 법연이 금붕어가 가득한 극락지—에덴의 연못[3]—위 다리에 서 있는 장면을 그리고 있다. 이 만다라는 다른 그림과 마찬가지로, 이 극락의 물에 핀 붉은 연꽃[4]에서 새롭게 태어난 영혼들을 맞이하기 위해 삼존이 25명의 보살을 거느리고 내려오는 것을 묘사하고 있다.

폭포 옆에 좌정한 채 예쁜 잉어가 뛰어 오르는 것을 바라보는 관음을 그린 그림(필자 역시 가지고 있다)은 프리기아(Phrygia)와 갈리아 지방의 기독교 비문 두 가지를 잘 형상화하고 있다.

사람들은 일본의 사찰에 목어(木魚)가 있다는 사실을 잘 안다.

그 목어들은 입에 진주를 물고 있기 때문에 더욱 흥미롭다. 「진주의 찬미(Hymn of the Robe of Glory)」[5]에 따르면, 이 진주는 바다에 있다.[6] 용은 아버지의 이름, 형제의 이름, 어머니의 이름을 부르는 소리를 듣고 가지고 있던 진주를 내놓는다고 한다.[7]

이 송가는 자신이 기대한 물질의 궁전 대신 하늘에 영적인 궁전을 세웠다는 이유로 곤도파레스 왕이 인도 감옥[8]에 가둔 한 사도가 부른 것인데, 2세기 말 파르티아의 에데사에서 시리아어로 쓰인 「도마행전」에 포함되어 있었다.

이른바 '성 도마의 전설'[9]은 12사도[10]와 관련된 모든 전승[11] 가운데 가장 널리 그리고 지속적으로 알려진 것으로, 앞서 언급한 월지 왕 곤도파레스의 주화에 의해 역사적으로 확인된다. 이 왕은 당시 21~60년간 인더스강 지역을 실제로 통치했다.

이 주화들은 현재 유럽의 주요 박물관에 있다. 중국에서 돌아온 성 도마의 순교 전승과 관련된 곳인 마드라스 박물관에서는 아우구스투스에서 하드리아누스에 이르는 당시 로마 황제 시대에 만들어진 주화들도 볼 수 있다.

더욱이 로마의 성 클레멘스는 성 바오로가 "서쪽[12] 끝까지 가서 올바름을 설교했다."고 주장하는 반면, 말라바르에서 사용되는 시리아어 전례서는 오늘날까지 "성 도마[13] 덕분에 하늘의 왕국이 날개를 달고[14] 중국 먼 곳[15]까지 이르렀다는 사실"과 "그 분 덕분에 중국인들과 에티오피아인들(북인도의 간다라 지방 사람들)[16]이 진리로 귀의하여 성부, 성자, 성령—대승불교 용어로는 아미타불, 세지, 관음—을 믿게 되었다."는 사실에 대해 감사와 찬미를 보낸다.

7세기 말[17] 에데사에서 나온 아람어 「12사도 복음」은 다음과 같이 기록했다. "우리 주님은 그들에게 가서 세계 각지에서 복음을 전해야 한다고 말했다. 그리고 땅 이쪽 끝에서 저쪽 끝까지 복음을 전하는 일을 수행했다."

오늘날 가장 오래된 시리아 연대기는 "12사도 가운데 한 사람인 성 도마는 주의 승천 이듬해에 동방의 지역에 가서 기독교의 말씀을 선포했고 인도와 동방 가장 먼 곳으로 가는 길에 파르티아, 부하라, 박트리아에서 복음을 전했다."[18]고 썼다.

성 도마는 성직을 수여했고 최초의 동방 교황이 되었다. 캄보디아를 거쳐 인도로 돌아오는 길에 코로만델 해안 멜리아푸르의 언덕에서 순교했다. 그의 관은 나중에 에데사로 돌아왔다. 그 도시는 성 도마의 유적으로 가득했고 그 유해를 보관한 기념 교회를 372년에 세웠다.

순례자 실비아, 혹은 에테리아는 385년 그의 무덤에 기도하기 위해 예루살렘을 출발해 이 교회를 찾았다. 그녀는 대부분의 성지 순례가 예루살렘을 기점으로 한다고 말했다.[19]

아무튼 사도가 인도를 방문했다는 전승의 진실 여부를 가릴 수 있는 매우 결정적인 증거는[20] 멜리아푸르의 시리아 기독교인들이 그의 유해를 자신들의 신앙이 유래한 곳에서 에데사로 옮긴 것을 해마다 기념한다는 사실이다.

그들의 전례는 또한 그를 '힌두인들과 중국인들의 사도'로 기록하고 있다.

진주[21] 혹은 광명의 옥은 어디서나 두루 존재한다. 에데사에서 조선까지는 대미륵의 관을 장식하고, 일본에서는 이세 사원으로 이어지는 정화의 다리[22]를 장식하는 데 사용된다. 이는 옴이나[23] 연화의 보석 교리는 성 도마가 극동에 전하고자 했던 특별한 메시지였음을 보여준다. 마치 성 바오로가 서방에 '이신칭의'를 가르친 것과 같다.

문수보살, 달마대사, 쌍둥이 혹은 석가여래 자신이 사자 위에 올라타 매우 값
진 옥에 대해 설명하고 있다.

1913년 경성을 처음 방문했을 때 불교와 대승불교에 대해 거의 잘 알지 못하는 한 외국인이 필자를 보고 그림 한 점을 가리켰다. 놀랍게도 히브리 사람[24] 얼굴을 한 인물이 등장하는 그림이었다. 조선인들은 그림 속의 인물을 '산신'이라고 했지만, 다른 사람들은 필자에게 '달마대사'라고 했다.[25]

진한 황갈색 사자—털이 곱슬곱슬한 조선 토종개가 아님—위에 주인공이 앉아 있는데, 그는 몸집이 크고 히브리인처럼 생긴 승려로 마하연암 그림의 달마처럼 삭발한 부분이 두드러진다.

그 인물 위쪽에는 겨우살이가 매달려 있는 소나무[26]가 있고, 그 양쪽에는 자색 포도가 탐스럽게 많이 달린 포도나무[27]와 활짝 핀 장미 한 송이가 있다. 장미는 한 겨울의 세찬 폭풍을 견뎌 낸 매화와 함께 만다라 아랫부분에도 되풀이해서 나타난다. 사자, 포도나무, 장미는 모두 유다,[28] 그리스도, 메시아, 그리스도의 교회 등의 특별한 상징으로, 『동시리아 성무일도서』는 이를 '복음의 포도덩굴'로, 시리아 전례는 '당신이 심은 이 포도'라고 묘사했다.[29]

승려는 대승불교 특유의 차림새를 하고 있는데, 전문가들에 따르면 이 차림은 기독교 교회가 유대 신전 전례에서 전해 받은 것이다.

174

연꽃 무늬의 푸른색 띠[30]로 경계가 지워진 그의 진홍색 가사[31]에는 용을 수놓았고 푸른색 옷 아래는 하얀 왜가리가 그려져 있다.[32]

이 삭발한 승려[33]의 무릎위에 빛나는 진주[34] ─중국인들에 따르면, '하늘과 땅의 정수'─가 있고, 그는 성인(成人)임에도 매우 작게 그려진, 놀랍게도 유대인 얼굴을 한 통역자[35]를 통해 진주에 대해 설명을 하고 있다.[36] 그의 옷에는 두 마리 용과 다양한 십자가 모양이 수놓아져 있다. 그는 이마에 모세가 만든 부적[37]을 붙이고 있다. 이는 널리 알려진 히브리인들의 증표이다.

금강대일[Kongo Dainichi]의 수인(手印)처럼 왼 손가락을 오른손으로 감싸고 있는데, 이것은 홍법대사가 개창한 진언종의 신비한 증표 가운데 하나로 지권인으로 알려져 있다. 이것은 생명의 표시로 악의 힘을 몰아낸다.[38]

그렇다면, 기독교가 낳은 두 번째 위대한 우화로, 시리아와 초기 기독교 문헌의 보석 같은 존재인 「영혼의 송가(Hymn of the Soul)」를 살펴보면 달마가 성 도마와 동일 인물임을 주장할 수 있을 것으로 보인다.

「영혼의 송가」는 '철보다 더 강한 불굴의 마구'를 묘사하고 있고, 왕과 왕후는 이를 통해 왕자가 옥을 찾도록 해주었다.

그 영적 무기는 우리가 금강산에서 본 금강석과 마찬가지로
아주 튼튼한 것이다. 그가 승리의 개선을 하는 동안 그의 아버지
인 왕 중의 왕, 어머니인 하늘의 모후, 즉 성령, 그리고 '함께 다스
리실 우리의 2인자'인 그의 형제는 그에게 다이아몬드로 장식하
고 왕 자신의 이미지를 그려 넣은 빛나는 무지개색 옷을 입혔다.

조선의 만다라에서처럼, 가사는 분홍색의 화사한 장삼 위에 입
는다. 두 옷 모두에 "방패 모양의 문장이 그려져 있다고 한다."[39]

세례의 바다[40]에서 그 젊은 왕자는 성삼(聖三)의 이름으로 용
(예전의 뱀, 이에 미혹되어 사람들은 에덴에서 하느님의 이미지인 옥玉
을 잃어버렸다)의 손아귀에서 영혼을 회복했고, 그리하여 그의 아
들 자격을 갖추고 부처가 되었다.[41]

성 도마는 마르 아다이[42]와 마리[43] 외에도 '70명의 사도'[44] 가운
데 아가이를 에데사[45]로 보냈다. 메시아를 거부하고 죽인 팔레스
타인의 유대인들과 달리, 동방 유대교인들은 새로운 가르침에 우
호적이었고, 따라서 메시아(미륵)[46]의 교리가 유대인 정착지[47] 전
역에 널리 퍼졌다. 그 결과, 메시아의 교회가 대진국의 안티오크[48]
를 시작으로 '메시아의 백성들'에 의해 모든 곳에 퍼지게 됐다.

아가이는 15년 동안 마르 아다이와 함께 일하면서 동방의 바
다에 이르기까지 동방 지역 모든 사람들에게 세례를 주었다.[49] 마

르 아다이는 죽어가면서 아가이를 불렀고 전체 회중 앞에서 그를 지배자 겸 지휘자로 삼고 그를 자신이 에데사에 세운 교회의 지도자이자 자신을 이을 왕의 대신으로 임명했다. 이러한 사도직의 계승은 대승불교도에 의해 "탑 안에서의 전법"으로 불렸다.

아가이는 실크 옷감을 짰고 에데사 왕이 입는 실크 왕관을 만들었다. 그래서 그의 이름은 '실크 잣는 사람'이 되었다.[50] 아가이는 신앙으로 신디아[51] 해안의 파르티아와 인근 북아시아의 스키티아 지역을 개화시켰고, 이 먼 지역은 그로부터 사제직을 인정받았다.

유대인 자신들의 구전에 따르면, 그들은 한 명제 때인 58~75년 서역에서 중국으로 왔다.[52] 막스 뮐러는 유대 사상과 관습 그리고 표현 양식들이 페르시아 왕궁, 페르시아 도시의 시장, 큰 길과 촌락 등에 서서히 침투하여 영향을 미쳤다고 적고 있다.[53] 오늘날까지 유대인들은 대개 중국의 견직 산업과 밀접한 관련을 맺고 있다. 페르시아 사푸르 1세가 258년 로마 아시아를 침략하여 서시리아의 수도인 안티오크의 인구가 줄어들었을 때 그가 가장 소중하게 생각했던 전과(약탈)는 장인과 공예가들을 얻은 것이었다.

수많은 사람들이 서 아시아에서 온 '로마인 포로들'—주로 사

산조 페르시아 밑에서 발생한—때문에 교회는 동방으로 널리 퍼졌다.[54] 예를 들어 에치미아진의 성 그레고리(아르메니아의 복음학자)[55]의 형제인 수레스는 중국으로 간 도망자 중의 한 사람이었다.

이러한 사실은 4세기 마지막 4반세기에 극동[56]의 사원 장인들과 예술가들에 대해 우리가 들은 것을 중심으로 많은 것을 알려준다. 이때는 조선이 처음으로 복음화되고 경교 이단이 갓 등장했을 때였다.

그러나 303년 디오클레티아누스 황제의 칙령을 통해 로마제국에 공포가 들이닥쳤다. 기독교인들이 많았던 황궁은 공포에 떨었다. 순교는 보편적이었다. 제국 전역에 걸쳐 교회가 그 기초부터 붕괴되었고 경전이 시장에서 불탔고, 괏킨 교수에 따르면 이것은 성서와 경전에 큰 영향을 미치는 결과를 낳았다.

395년 훈족[57]의 침입이라는 새로운 재앙이 메소포타미아 지역을 덮치면서 모든 계층에 영향을 미쳤다.

약 70년 후인 471년, 하타 가(家)에 의해 비단 만드는 일이 야마토에서 자리를 잡았다. 유랴쿠[雄略] 천황은 양잠업을 장려하기 위해 하타 가문을 일본 전역에 보냈다. 황후와 공주는 비단 짜는 일이 매우 발달한 신라에서 뽕나무를 가져다 손수 심는 시범을 보였다.

오늘날 하타 가문은 자신들의 기원을 283년 일본에 온 궁월군(弓月君)으로 생각한다. 그는 조선의 왕자로 대왕의 후예였다. 그는 만리장성을 축조한 진시황제[58]의 압박을 피해 221년 도망쳤다.

고대 하타 가문이 정착한 내해의 사코시에 가면 멋진 신사를 방문할 수 있다. 그 신사는 사자와 일각수[59]가 지키고 있다. 신사 이름은 다름이 아니라 '대비사원(David's Shrine)'이다.[60]

471년 사케노 키미를 사랑하고 우대했던 유라쿠 천황은 이 유주키 왕자의 손자를 7,000가구나 되는 하타족의 우두머리로 삼고 그에게 '우즈마사' 작위를 수여했다.

우즈마사는 중요한 단어로서, 한자로 '대진(大秦)' 즉 로마시대 동방을 뜻한다.[61] 그러나 일본인들은 이 단어를 사케노 키미가 공물인 비단을 황궁 마당에 '쌓아놓았다'는 뜻으로 옮겼다.[62]

이러한 사실에다 호류지 벽화[63]에 등장하는 놀랄 만큼 시리아인의 얼굴을 한 사람과 맞물려, 몇몇 사려 깊은 사람들은 하타 가문이 원래 로마제국의 아시아 속주인 시리아 출신의 실크 상인이라는 결론을 내린다. 왜냐하면 승려이자 지리학자인 코스마스가 545년[64] "실크를 찾아 땅끝[65]까지 가는 사람들이 있다는 것을 안다."고 말했기 때문이다.

또 다른 결론적인 사실은 ‘우즈마사의 샘’은 일본 역사와 일본 시에서 매우 유명한데, 그 유명한 샘에는 한자가 깊게 새겨져 있다. 마술적인 단어 ‘이소라이(イスラユル)’, 히브리어로는 ‘Ysroel’, ‘이스라엘의 샘’이 그것이다.[66]

이 고대의 샘과 얼마 떨어져 있지 않는 곳에 돌로 만든 독특한 모양의 삼각 토리가 있다. 이에 대해서는 아무런 설명이 없다.

이것은 물 위에 서 있고, 공자의 예언과도 어느 정도 관련이 있을 수 있다.[67]

긴메이 천황은 539년 하타를 재정대신에 임명했다. 이것은 천황 자신이 젊은 날의 기념할 만한 꿈[68]을 꾸었기 때문이다.

이것은 다시 히브리의 기원을 가리키며 재산을 관리할 만한 신뢰도가 있음을 나타낸다.[69]

긴메이 천황은 552년 대승불교와 귀중한 삼존상을 백제왕에게서 받았고, 백제왕의 후계자는 603년 승려를 보내 미륵석불을 쇼도쿠 태자에 보냈다. 미아코 지사인 하타 노 카와가츠(Hata no Kawakatsu)가 이를 반갑게 맞이했고, 자신의 영지인 우즈마사에 그것을 봉안하기 위해 코류지[廣隆寺]를 세웠다.

백성들은 “우즈마사는 돌을 경배한다.”고 말했다.[70]

현 천황 요시히토는 자신의 대관식 예복의 정확한 모사본을 이 유명한 코류지에 보내 12세기 제국 관습에 따라 쇼토쿠 태자 상 위에 두게 하여 천황의 장수를 위해 기도를 바칠 수 있게 했다.[71] 일본인들은 모두 이 쇼토쿠 태자가 의욕적으로 연화경을 선포했고 궁에서 법화경을 설명하여, 외국인들조차도 그를 일본의 콘스탄티누스로 부르게 되었다.[72] 사서는 그가 옥을 쥔 채 이 세상에 나타났을 때 첫 번째 울음소리가 '일출'이었다고 적고 있다.

이 위대한 율법의 왕은 아리마로 가는 길에 사찰을 세웠다. 이것은 오늘날 순례자들이 찾는 33개 관음 성지[73] 중의 하나이다. 야마토에서 그와 관련된 모든 사찰 지붕에는 돌고래 수호상이 있는데, 콘스탄티누스 대제가 돌고래 모양의 등 130개를 로마 라테라노 대성당에 둔 것과 비슷하다. 빛은 하느님의 왕국, 천국의 영광을 상징한다.

쇼토쿠 태자 사후인 622년 신라에서 보낸 열두 개의 작은 깃발을 포함한 거대한 세례기와 황금탑[74], 그리고 불상이 공물로 도착했다. 그 깃발에는 물고기들이 그려져 있었다. 그 아래를 지나는 것은 세례를 받거나 영적 지위를 부여받는 것이나 마찬가지다. 영적 지위의 으뜸은 율법왕이다. 이것은 하늘의 권위를 부여받은 것으로 궁극적으로는 불성을 말한다.[75]

손에 법륜(rimbo) 표시가 있는 석가 여래.

만리장성 서쪽 끝 근처 천불동에는 월지 왕자가 봉헌한 원찰 (願刹)이 있다. 이곳에서 스타인 박사는 부처가 하늘의 전차를 타고 내려와 법륜을 돌리는 모습을 그린 벽화를 발견했다.[76]

한편 기원전 592년, 히브리 예언자는 매우 오래된 성소이자 순례의 종착지인 니푸르(Nippur) 케바루 운하의 에쿠르(E-Kur) 가까이에서 포로생활을 했다. 그때 그는 환영(幻影) 속에서 ‘놋쇠처럼 환히 빛나는 사람’, 즉 ‘이스라엘의 하느님’을 보았다. 하느님의 후광은 무지개였고 전차의 바퀴는 사중으로 되어 있었으며, 에제키엘은 ‘바퀴 도는 소리’[77]를 들었다.

교토 세이간지[誓願寺] 불화에는 선홍색 황금 얼굴의 석가여래(매우 곱슬한 머리는 자주색 포도송이를 닮았다)가 ‘타르타르 의자’[78]에 앉아 있다. 시무외인(施無畏印) 모양을 하고 있는 오른손 손바닥에는 법륜 표시가 있다.

히브리 예언자는 “네 손의 이 표시들은 무엇인가?”라고 물었다. 또, 성 도마는 “나는 못 자국을 보지 않고서는 믿지 못하겠소.”라고 말했다.[79]

‘우주적인 주관자(universal sovereignty) 바퀴’[80]는 천상의 의사[81]인 약사여래의 불족적(佛足跡) 위에 그려진 증표 가운데 하나이다. 야마토의 호코지[方広寺]의 증표는 약사여래가 인도 간다라에서 가져온 돌 위에 새겨진 것이다.

각각 발등의 8개 발가락에 만(卍)자가 새겨져 있고, 발꿈치에는 '트리스쿨라'가 있다.

티베트에서 '트리스쿨라'는 과거불, 현재불, 미래불을 가리킨다. 이것은 그리스어의 '오메가'에 해당한다.

비사문이 지니고 있는 '트리스쿨라'와 삼지창은 동일한 것이라고들 한다.

카타콤에서 삼지창은 갈래가 세 개인 어부의 창이다. 거기에 찔린 돌고래는 사람에 대한 사랑 때문에 고통스러워한다. 쌍둥이 물고기 또한 거기에 붙어 있는 게 보인다.

나라[82]의 쇼소인[正倉院]을 방문했을 때 청동 및 유리 물고기를 몇 마리 보았다. 이것들에 대해 확실히 아는 것은 없지만 "그것들은 지위를 나타내는 표시다."

이것들과 카타콤의 세례 호부(護符)와의 유사성은 매우 인상적이었다. 왜냐하면 로마에서 이러한 문양(tesserae)들은 이교도들과 세속 세계는 제대로 이해할 수 없는 증표이지만, 믿는 자들에게는 신앙의 완전한 형식으로서 매우 소중한 상징이기 때문이다.[83]

봄철 일본에서 소년들이 참여하는 마츠리가 열리는 곳에선 어디서나 잉어[84]를 볼 수 있는데, 이것이 조선 아이들에게 주는 잉어와 관련 있음은 분명하다. 또 프랑스의 '4월의 물고기', 영국의 '부활절 강꼬치 고기'와도 관련이 있다. 물고기는 봄철 유대인 과월절의 주요 구성요소이다.

13세기 전 쇼토쿠 태자가 법화경에 대한 관심을 크게 일깨웠을 때 잉어 깃발을 사용하는 마츠리가 일본에 도입되었다.

이 축제에서는 붓꽃(아이리스)을 독특하게 사용한다. 하지만 그 기원이 불명확하기 때문에 신중하게 조사해야 한다.

그러나 그리스 신화에서처럼, 붓꽃은 하느님의 전령인 무지개를 나타낸다. 따라서 커다란 신비의 물고기 교리가 하느님과의 계약의 완성을 나타내는 표시와 관련돼 있다는 것은 분명하다.

일본인 코묘 천황[85]은 호코지[86]에 보관된 자신의 글을 통해 약사여래가 200~300년 전에 일본을 방문했을 때 바위 위에 족적을 새겨놓았다는 것을 증명했다.[87]

나병환자로 변장한 그는 이 빛의 황후에게 나타나 자신을 감미롭고 향기로운 약사여래라고 밝혔다.[88]

보통 부처의 거대한 발 위[89]에 108개의 서로 다른 증표가 있는 것과 달리, 약사여래의 발에 증표가 있는 경우는 극소수다. 그러나 그 가운데에는 우리가 일본의 약사여래와 베네치아, 렝스, 샤르트르의 그리스도와 로마 카타콤 주위의 천궁[90]에서 본 쌍둥이 물고기들이 있다.

『마르 아다이의 교리(Doctrine of Mar Adai)』는 아브가르 왕이 훌륭한 의사인 예수와 주고받은 편지에 대한 이야기를 담고 있다. 이 『마르 아다이의 교리』가 에데사 사람들이 일반적으로 믿는 이러한 증표들의 영향력을 기록하고 있다는 것은 놀랍다.

코묘 천황후는 자선병원 일[91]을 하는데 있어 발흐[92] 출신 경교 의사인 리미에게서 많은 도움을 받았다. 또 특별히 약사여래[93]를 경배하고 자신의 덕을 선포하면서 12사도들 무리와 함께 일본을 주유한 교기 보살의 도움도 많이 받았다.[94]

카타이지에서 페놀로사는 분명 의도적으로 셈족 외모를 한 듯한 유대인 나한들을 발견했다. 이 그림들은 8세기 또는 9세기 것이다.[95]

그리고 교토 근처에서 사용하는 방언에는 히브리 단어들이 많이 있다.[96]

일본인 연구자들과 사상가들이여,[97] 일본은 이제 세계의 열강이 되었다. 따라서 지금까지 적어도 우리가 1,800년 동안에 걸쳐 살펴본 이러한 역사적 사실들, 특히 여러분의 나라 일본이 영적·물질적 문명의 발전을 이룩하는 과정에서 조선 불교와 조선 승려와 밀접한 관련을 맺었다는 사실을 인정해야 한다. 근대 외국 학자들의 태도를 보면 더욱 그렇다. 이들은 막스 뮐러,[98] 그륀베델 등 동양학자들은 말할 것도 없고, 에드킨스, 빌, 레그, 리차드 등 기독교 중국학자들, 그리고 하르나크, 스탠리, 뒤센느 등 권위 있는 학자들 그리고 그 밖에 이 책에서 언급한 사람들의 노고를 무시하면서 "이러한 입장을 따르는 학자들의 논제는 비교적 새롭고 최근의 것으로서, 놀랄 만한 인상을 주기에는 부족하며 단순한 가정에 불과하다!"고 말한다.

톨스토이 남작은 "사람 안에 악의 존재가 있다는 것을 확고하게 믿은 사탄의 소행 때문에 미신, 사형, 전쟁 등이 생겨났다. 만약 사람들이 인간의 선에 대한 가능성을 믿는다면 하느님께서 애쓰시는 일은 더 나은 결과를 가져올 수 있을 것."이라고 말했다.

사람을 위해 불교적인 것을 읽도록 하자. 이는 차이점을 찾아 흠을 발견하기보다는 유사점을 찾기 위한 것으로, 변장을 하고 같은 편을 실제로 찌르거나 실수로 황금 곡식을 쓰레기 너머에 던져버리거나 실제와 환상의 가라지를 뽑아버리려는 열망 때문에 무분별하게 보리의 뿌리를 뽑아버리지 않도록 하기 위해서이다.

하늘나라의 주인은 "추수 때까지 둘 다 함께 자라도록 내버려

카타콤 비문에 있는 가장 단순하고 이른 시기에 만들어진 기독교 상징—배와 탑.

두라"고 말했다. 우리도 그 가르침을 따르는 것이 마땅할 것이다.

결론적으로 나는 나의 친구들인 여러분들이 과학적 종교학(Scientific Religion)을 연구하는 진실한 연구자인 옥스퍼드 대학의 막스 뮐러가 제기한 다음의 문제를 숙고하기를 바란다. "그렇다면 주로 천상의 아미타불과 그 아들을 주로 믿는 나라를 어떻게 불교국가라고 할 수 있을까?"[99]

일본사가인 캠퍼가 거의 300년 전에 말한 바와 같이, "아미타교의는 우리 구세주의 영광스런 부활 이후에서야 브라만에 의해 소개되었다."

이 책에 등장하는 다양한 고유명사는 그것을 인용하는 학자들에 따라 다양하게 표기되고 있다. 필자는 이 고유명사들을 단일한 기준에 따라 통일하기보다는 흥미로운 여러 가지 표기들을 그대로 두는 것이 최선의 선택이라고 생각했다. 이렇게 하면 나중에 원전을 찾고자 하는 연구자들이 그다지 혼란을 많이 느끼지 않을 것이기 때문이다.

언어는 변한다. 단어의 의미는 다양하고, 여러 가지 철자법과 발음 방식이 있다는 것은 그 무엇보다 난처한 일이다.

필자는 극동의 학자들을 염두에 두고 가능하면 조선인과 일본인 독자 모두가 이해할 수 있도록 (가능한 한) 한자를 병기함으로써 이 어려움을 극복하고자 했다.

그런데 다행스럽게도 모든 시기를 통틀어 하느님의 예언자들이 사용한 상징들은 변하지 않았다.

따라서 그림이나 도상에서는 가장 사소한 세부사항이라도 주의 깊게 살펴야 한다. 왜냐하면 이 가운데 중요하지 않은 것은 하나도 없기 때문이며, 누구라도 몇몇 신학적 진리에 대해 논박할 수 없는 고고학적 증거를 제시할 수 있기 때문이다.

페샤와르(간다라)의 불교유적

이슬라미아 대학(Islamia College)의 연례 발표회 날, 티핑 (Llewolyn Tipping) 학장은 다음과 같이 보고했다. "대학 구내 평지 작업을 하던 중 매우 흥미로운 일이 발생했다. 어떤 건물의 잔해가 출토되었는데 확인 결과 불교 사찰의 벽이었다. 발굴을 진행한 결과 큰 사원과 그 밖의 부속 건물을 포함한 북 인도북부의 대가람(大伽藍)이었다. 최대 규모는 아닐지라도 가장 규모가 큰 가람(伽藍) 중 하나였다.

출토된 동전이나 다른 유물들은 쿠샨(호탄-월지) 왕조 때인 약 2세기 때 만들어진 것으로 보인다. 이번 발굴은 고유물(antiquarian)

발굴 역사에서 매우 중요한 사건이 될 것으로 기대된다.

아울러 일개 대학인 우리 학교 입장에서 이번 발굴은 매우 큰 의미가 있다. 인도의 신생 대학인 우리 학교는 갑자기 먼 과거와 연결되었고, 불과 3년 전에 개교했지만 이러한 발굴로 인해 우리 대학은 유럽에서 가장 오래된 대학들을 능가하는 교육기관의 상속자이자 계승자가 되었다.”

불도징

이 흉노족 출신 승려의 활동은 자신이 지닌 ‘주술적(magical)’ 능력 때문에 높은 평가를 받지 못했다. 그래서 그는 알렉산드리아 대주교인 ‘세상에 맞선 아타나시우스’와 같은 시대 사람이라는 정도로 기억된다. 스탠리는 주술로 명성이 높은 아타나시우스에 대해 다음과 같이 설명한다.

“아타나시우스는 주술가였다. 그가 당시 대단한 주술사였다는 사실은 의심할 바 없이 급속도록 확산되는 그의 신비주의 운동, 그의 평정심, 그의 예언 등에 바탕을 둔 것이었다. 여기에 덧붙여 그는 두려움을 가볍게 여기는 익살스러운 면도 있었다.”

콘스탄티노폴에 당당히 입성하던 콘스탄티누스 대제는 감히 자신의 행렬을 막은 작은 사람 때문에 놀랐다. 그는 티레 공의회에서 추방되었다고 생각한 아타나시우스였다. 그는 청원을 했고, 정의를 주장했다.

이러한 사건이 일어난 배경은 분명하다.

그의 활발한 활동, 날카로운 관찰력, 이루 헤아릴 수 없이 많은 지식 때문이다. 이러한 점들은 그의 친구들에게는 초자연적인 도움을 의미했고, 그의 적들에게는 가장 사악한 마술(witchcraft)을 의미했다.

그렇다면 중국 만리장성 근처 거친 야만인들 사이에서 불도징의 행적은 얼마나 이해할 수 없는 것이었을까?

일선군 석굴

1761년 학자이자 가톨릭 선교사인 드 기네(De Guignes)는 콜럼버스보다 오래 전에 불승이 아메리카 대륙을 발견했다는 오래된 극동의 전승을 유럽에 처음 소개했다.

그러나 그는 혜생(慧生)의 설명 속에 나오는 '부상'을 캘리포니아로 착각했다.

그러나 이들 선구적인 승려들처럼 모험심이 많은 사람들이 쿠로시오 난류를 이용해 해안을 따라 알류산 열도와 알라스카와 브리티시 콜롬비아의 피요르드를 거쳐 멕시코 만에 다다르는 것은 가능하다. 다만 서구의 항해가들은 120년 이래 몬순을 이용해 아프리카에서 인도로 갔다. 중국 배들은 2세기, 안세고 시대에 페르시아 만으로 항해했다.

5세기부터 이미 부상국 양식의 불상이 멕시코의 팔랑케(Palenque) 주에 나타났다.

스타(F. Starr) 교수는 멕시코에서 발견된 조각들은 일선군 석굴에 있는 불상과 특징이 같다고 내게 말했다. 일선군 석굴의 조각은 실제로 인도 서북 국경 간다라 양식의 조각이다.

멕시코의 많은 성찬 예식은 불교 의식을 닮았고 거기에서 만(卍)자가 그려진 항아리를 자주 볼 수 있다.

테리 교수는 "새로움이라는 면에서는 놀랍지 않지만 그럼에도 불구하고 한국 최고(最古) 사찰의 특정 건축 단계가 멕시코 팔랑케의 폐허가 된 궁전과 상당히 유사하다는 점은 단순한 우연의 일치 이상"이라고 말했다.

모나스터보이스 수도원의 십자가

이 수도원은 521년 아일랜드에 세워졌다.

913년 이 수도원의 원장은 경이로운 십자가를 만들었다. 아래 부분에는 황도 12궁이 새겨져 있고 어떤 패널에는 수호력을 지닌 하느님의 놀랄 만한 손이 경배자의 머리 위까지 뻗어 있다.

지는 해, 떠오르는 해 등 두 가지 형태의 만(卍)자가 다른 많은 것들과 나란히 묘사되어 있다.

『Muiredach』(1914)의 저자는 "우리는 십자가 주위 바퀴 모양에 대해 수도원장이 말하는 바가 무엇인지 상상할 수 없다. 아마도 그는 바퀴 모양의 원이 켈트 십자가를 둘러싸고 있는 이유에 대해 우리처럼 거의 알지 못했을 것이다."라고 했다.

다르마—법

니베디타 수녀는 이 용어를 모든 법, 행동, 신앙을 아우르는 '한 나라의 의(義)'라는 말로 번역했다. 그녀는 "달마는 다른 사람들의 선을 위한 자기 통제를 의미한다."고 말했다. 이어 "승리를 위해 자신을 잊는 사람만이 그리스도, 즉 불성 혹은 부처가 될 수 있다."『Religion and Dharma』, 7권, 83쪽, 121쪽을 보라.

에치미아진

에데사의 아브가르왕이 훌륭한 의사에게 보낸 편지(『마르 아다이의 교리』에 기록됨)의 아르메니아어 본에서 아브가르 왕은 "나는 당신이 하느님이자 하느님의 아들이다. 당신은 하늘에서 내려와 이 모든 것(예를 들자면 치료의 이적 등)들을 행했다는 것을 안다."고 말한다.

에티오피아인 혹은 흑인 수도사

이들은 계속 언급되고 있다.

에티오피아의 아비시니아 교회는 선교 활동으로 유명했고, 칸타케 여왕의 재정을 관리하는 에티오피아 환관(「사도행전」 8:27 참조)과 관련된 기독교 왕국 메로(Meroe) 가까이에 위치했다.

이 교회의 의식은 유대-기독교 형식이었고, 의식 가운데에는 거룩한 방주 앞에서 시스트롬을 가지고 춤을 추는 것도 있었다. 일본인들은 이를 '신을 위한 기쁨의 춤'이라는 의미의 카구라[神樂]로 불렀고, (스페인 교회의 무용처럼) 자신이 섬기는 신에 대한 영혼의 기쁨을 표현한다. 그들은 또한 '나무를 두드렸다.'

태마지의 행렬이나 조선의 벽화에서처럼, 사제는 화려한 선홍색과 황금빛 우산을 받쳐 들고 있다. 많은 모자이크 의식들이 과거에도 그랬고 요즘도 거행된다.

나는 현재 조선과 일본에서 볼 수 있는 신토의 실력자를 극동에 보낸 것은 이 에티오피아 수도사들이었다고 생각한다. 이들은 실제로 신유대주의 수도사들이다.

아베 푸아르는 이 환관들이 에티오피아의 유대인들로 재정을 감독했다고 말한다. 이 일은 중요한 일이며 메로는 아프리카 캐러번의 집결지였고, 로마 세계 전역에 금, 철, 구리 등 풍부한 산물을 나누어 주었다.

하타 가문의 재정대신에 대한 나의 언급과 비교해 볼 수 있다.(이 책의 178쪽 참조.)

물고기

『사자의 서(Book of the Dead)』에서 영혼들은 아름다운 아멘티(Amenti)의 물고기로 묘사된다. 이것은 이집트 피라미드가 가르쳐주는 고대의 본원적 진리가 부활한 것을 나타낸다.

위대한 영웅 정복자

그리스 정교회에서 사용하는 성찬식 빵에는 "예수 그리스도 정복하다."라는 뜻의 머릿글자 'I.C.X.C N.I.K.A.'가 찍혀 있다.

녹색과 장안사의 전통

디드론은 역사적으로 갈보리의 십자가는 나무이고, 결과적으로 녹색이라고 말한다. 렝스, 샤르트르 등지와 채색 사본의 세밀화(miniature)에서 가지는 잘렸으나 십자가는 여전히 녹색 껍질로 덮여 있는 나무이다.

이상적인 십자가를 빛의 중심에 두기 위해 이것은 금강석과 반짝이는 돌 모양을 띤다. 러시아의 무덤에는 생명의 나무를 상징하는 것으로 나무 십자가가 놓여 있다.

별들의 왕들

이 조선의 왕들은 초기 기독교 예술과 그리스도 그리고 사도들처럼 천사와 같은 옷을 입었다. 디드론은 말한다. 그리스 사상에서 미카엘, 가브리엘, 라파엘은 모두 하늘 왕국의 군사, 시민,

종교적 힘을 나타낸다고 말이다. 사제-치유자의 옷을 입은 라파엘은 전사 차림의 미카엘과 평화의 전령인 가브리엘 사이의 영광의 자리에 있다.(『Christian Icon』, 282쪽 참조. 이 책 121쪽 '라파엘'과 146쪽의 '세 가지 선물' 참조.)

홍법대사와 태마지

장안에서 돌아온 홍법대사는 이 야마토 사찰에서 이로하우타를 지었다. '그는 죄 없이 죽었다'고 하는 글자들이 적어도 2세기 초로 알려진 그리스어의 신비로 가득한 결합문자를 닮은 것은 우연이 아니다.

홍법대사는 어렸을 때 진리의 물고기란 뜻의 '진어(眞魚)'라는 이름을 지니고 있었다. 하지만 그의 어머니는 그를 그렇게 부르려 하지 않았다. 이것은 홍법대사가 장안의 시리아 교회에서 신비의 노래를 들었음을 보여주는 또 다른 증거다.

"그는 죽을 필요가 없지만 우리를 위해 자신을 바쳤다네. 그처럼 우리도 정의롭게 살도록." (Brightman, 『Liturgies, Eastern and Western』, 1권, 268~269쪽 참조. 뒤셴느는 이것이 '매우 중요한 책'이라고 말했다.)

데 로시는 로마에서 성 루치나의 무덤을 발견한 지 3년 후, '루치나'라는 이름은 폼포니아 그레치나(Pomponia Graecina)가 세례를 받고 영적으로 깨달음을 얻은 후에 지은 이름이라는 것을 알게 되었다. 그레치나는 브리튼 섬의 총독인 아울루스 플라우티우스(Aulus Plautius)의 아내이다. 그녀에 대해서 타키투스가 언급하고 있다.

'깨달음을 얻다'는 뜻의 루치나는 광명 혹은 경교와 경교 사찰의 '경(景)'에 해당한다. 따라서 '코묘 황후'는 신비의 명칭으로, 일본 나라의 아스카 공주도 이와 같은 명칭을 사용했다.

구로다니 빈 무덤의 신비, 그리고 승천

호넨 쇼닌이 창건한 이 사찰에는 제단 옆에 중요한 불화가 있다.

이 불화는 그려진 시기는 알 수는 없지만, 중국인 화가들이 그린 것으로, 석가모니 생애의 마지막 세 장면을 그리고 있다. 이 만다라의 아래쪽에는 일곱 나한이 짙고 어두운 나무 아래 흘러가는 개울을 바라보고 있다. 그 가운데 붉은색 가사를 입고 사색에 잠신 사람은 달마 대사로 보인다.

승려들은 그가 "67년 불상과 불경을 중국에 전한 두 명의 인도 사람 가운에 한 명, 즉 가섭마등"이라고 말한다.(이 책의 131쪽, 156쪽 주 41 참조.)

가운데 장면에서 (시신 위에 연꽃을 헌화하는)아난은 돌무덤으로 들어가려고 한다. 그런데 그곳이 비어 있는 것을 알고는 놀라서 뒷걸음친다. 그 뒤를 따르던 나한 네 명은 갑자기 걸음을 멈춘다.

위에는 은총의 옷을 입은 채 날고 있는 석가가 있다. 그의 발 아래에는 연꽃 한 쌍이 피어 있다. 황홀한 상태에서 손을 맞잡은 그의 얼굴 전체는 모든 의심이 해소되었다는 확신, 즉 잃어버린 삼위일체의 회복을 나타낸다. "나의 주님, 나의 하느님!"

모든 사람들은 '땅으로 내려오는 신'—부처—이 그 전에 있었던 곳으로 올라간다고 생각하게 된다.(졸저 『Messiah』 178쪽의 그림 참조.)

일선군 석굴의 관음보살

거대하고 박진감 넘치는 석가여래상은 해가 돋는 곳을 향하고 있고 원형 석굴의 가운데 자리를 차지하고 있다. 스타(F. Starr) 교수는 이 불상을 나라와 카마쿠라에 있는 대불의 원형으로 본다.

감로병, 성스러운 부채, 생명을 구하는 배의 후광을 지닌 관음.

본존 둘레에는 열 나한이 있고 본존 뒤에는 십일면관음보살상이 부각(浮刻)되어 있다. 가까이 살펴본 결과, 필자는 십일면관음보살상이 유럽 성 소피아 성당의 부조와 비슷하다고 생각하게 되었다. 성당 입구에 있는 왕실 여인들은 하느님의 지혜의 세 딸, 즉, 믿음, 희망, 자비를 의인화한 것으로 캔터베리 성당에 그 유적이 있다고 디드론은 말한다.

이 그림들을 몇몇 평범한 일본인들에게 보여주었을 때 그들이 주저하지 않고 '관음'이라고 말했다는 사실은 주목할 만하다.

촛불과 성체 감실을 지닌 관음

일본인 복음주의자 친구가 마산 근처에서 흥미로운 조선의 그림 한 점을 발견했다. 이 그림을 보면 관음이 녹색 옷차림에 달빛을 광배로 해서 연꽃 한 쌍을 발아래에 둔 채 구름 속에서 내려오고 있다. 이마의 작은 아미타불 위에는 연꽃이 피어 있고 거기에서 일곱 겹의 진홍색 태양빛이 흘러나온다. 오른쪽 팔엔 여덟 개의 보석이 달린 팔찌를 차고 있다. 위로 쳐든 왼손 엄지와 그다음 두 손가락은 연꽃 위에 놓인 불 밝힌 촛불을 들고 있다.(「잠언」 20:27 참조.) 목에는 성체 감실이 달려 있다. 이것은 법륜 형태의

해바라기로 세 갈래 보석이 늘어뜨려져 있다. 각각의 귀에는 국화가 있다.

성배를 든 관음

프리기아의 아베르치오의 묘비명은 힘센 물고기를 묘사하면서 "또한 순수한 동정녀는 물과 섞어 만든 맛있는 포도주를 준다."고 덧붙인다.

동방의 사도가 된 「마르 아다이와 마리의 전례」를 보면, 교회에서는 "형제들이여 내 몸을 받아먹으라."고 하며, 그런 다음 "잘못의 용서와 영원한 삶을 위한 영적 축제를 위해 귀중한 내 피의 잔을 받아마시라."고 한다.

『기독교 도상학(Christian Iconography)』을 지은 이 분야 전문가 디드론은 12세기, 13세기, 14세기 기념물을 보면 기독교가 왕후의 모습을 한 채 십자가에 못 박힌 예수의 상처에서 흘러나오는 피를 성배로 받는다고 말한다. 이 성배는 아리마태아의 요셉이 모아서 글래스턴베리로 가져갔다.

이 성배는 최후의 만찬에 사용되었다. 당시 예수는 바로 그 성배의 포도주를 자신의 피로 변모시켰다. 이것은 불교식으로 발우

(鉢盂)라고 할 수 있다. 대승불교 전승은 이 발우를 카니슈카 왕과 연결 짓는다. 이것은 메시아 왕국의 도래와 밀접한 관계가 있다.(「마르코복음」 14, 23, 25, 「고린토1」 11:25~26 참조.)

마르 아다이와 인도의 동쪽 해안

아베 푸아르는 타데오(시리아어로는 '마르 아다이')가 순교자 성 도마의 유해를 멜리아푸르에서 에데사로 가져왔다고 한다. 이로 인해 동방이나 소승불교 지역에 대한 초창기 사도들의 여행이 빈번해지고 영향력이 커졌을 가능성이 높다.

생명의 약

콥트 전례에서 생명의 약은 성찬식을 가리킨다.

아무도 흉내 낼 수 없는 『천로역정』에서 '세계의 환약(Universal Pill)'은 병을 예방하고 아픈 사람을 치유하는 데 효능이 컸다. 만약 어떤 사람이 그 약을 적절하게 사용한다면 그 사람은 영원한 생명을 얻게 될 것이다.(「요한복음」 6:51 참조.) 이 환약은 한 번에 세 알씩 먹어야 한다.

수미산

사르곤 2세는 아시리아 비문에서 "아라루 산은 세계의 산, 즉 영혼, 지옥, 죽은 자들의 세계요 신들의 탄생지."라고 설명했다.(「히브리서」 12:12~3, 「베드로 1」 1:3, 4 참조.)

예언자 에제키엘은 그 산의 정상과 그 주위는 가장 거룩하다고 말했다.('신들의 회의장이 있는 저 북극산', 「이사야」 14:13, 「히브리서」 12:22, 23 참조.)

『사자의 서(Book of the Dead)』에서 '영원의 산은 아름다운 아멘티'이고 이집트에서 묘지를 가리키는 일반적인 명칭은 '지하 세계의 산(Mountain of the Underworld)'이다. (『Temples of the Orient』, 105쪽, 190쪽 참조.)

552년 조선에서 온 아미타불, 대세지, 관음 삼존불은 현재 천태종 계열의 젠코지에 소장되어 있다. 석가 자신이 수미산에서 발견한 금으로 만들었다고 한다. 수미산은 단테의 산처럼 향기롭고 작은 나무들로 덮여 있다.

이 모든 사실을 고려할 때 '갈보리산(Mount Calvary)'과 '지옥으로의 하강(Descent into Hades)'이라는 기독교 전통과 수미산이 관련 있다는 결론을 내릴 수 있다. 이 점은 베드로의 서한과 니코데무스의 복음이 역설적으로 입증하는 바다.

역설들

모퉁이돌(「시편」117:22, 「에페소서」 2:20~22 참조), 성소와 걸리는 돌(「이사야」 8:14, 「로마서」 9:32, 32 참조), "귀한 것(The Precious)"(「베드로 1」 2:6, 7 참조), 또한 대사제직과 희생자를 비교하라.(「히브리서」 7:24~27 참조.)

캄보디아 만다라의 오순절과 물고기 사원

이 만다라는 난징에서 일본으로 왔고, 일본의 어느 사찰에서 200년 동안 보관되었다. 아래쪽에 캄보디아 문자로 쓰인 축원 비문은 소수의 프랑스 학자들만 읽을 수 있다. 이 사원의 네 지붕은 물고기 비늘처럼 기와를 얹혔고, 각각의 구석에는 돌고래 상이 있다. 독특한 샴 식의 장엄한 첨탑이 있는데, 이것은 대승불교에서 영혼이 무한계를 거쳐 신에게로 승천하는 것을 나타낸다.

『동시리아 성무일도서』에서는 "그분은 생명의 사다리를 교회에 놓았다."고 말한다. 천사들은 종종 '파수꾼'으로 일컬어진다.

푸른 하늘 위에 샴 양식 의복을 입고 모자를 쓴 많은 천사들이, 마치 베들레헴에서의 예수의 탄생처럼 백련 꽃봉오리를 쥔 채 매우 흥미롭게도 아래의 사원을 향해 날아간다.(「루가복음」

2:13~15, 「베드로 1」 1:12 참조.)

『힌두 마하바라타』의 신비로운 구절은 세 명의 인도 순례자들이 '백국(白國)'을 방문했을 때 본 신앙을 묘사하고 있다.

"그러고 나서 우리들은 달처럼 희고 갖가지 상서로운 증표를 지닌 사람을 보았다. 양손을 맞잡은 이 사람은 최고의 존재에게 기도를 바쳤다. 갑자기 수천의 태양처럼 영광이 퍼졌다. 사람들은 '당신에게 영광 있기를'이라고 외쳤다. 우리는 그 외침을 들었다."

이러한 묘사는 흰색 관음이 있는 '인도 저편의' 캄보디아 바실리카에 적용된다. 그리고 '연꽃 눈 모양'은 미란의 2세기 벽화 가운데 아우렐 스타인 박사가 찾은, 푸른 눈을 크게 뜬 셈족의 얼굴을 한 부처를 말한다.

나는 샤르트르 성당의 동정녀와 아기예수처럼 눈이 푸른 관음과 흑단처럼 검은 관음을 본 적이 있다. 이것은 손과 이마에 백련을 쥐고 있고 이마에도 백련이 있다. 이것들은 도쿄 아사쿠사의 관음사에서 온 것으로, 백마를 타고 있다.

불사조

이 상징물은 다시 살아난 활력의 은총을 나타내는데, 하늘에서 약한 인간의 삶에 새로운 생명을 가져다준다.

테르툴리아누스는 '육신의 부활'에 관한 자신의 글에서 70인역 성서의 "의로운 사람아, 종려나무처럼 우거지고"라는 구절(「시편」 92:12)을 인용했다.

공작은 불멸의 생명 속에서의 젊음의 회복을 상징하며, 로마 유대인 카타콤에서 볼 수 있다.

정토

구품정토(九品淨土)는 아홉 개 단계로 되어 있다. 단테의 「천국」에서처럼 성인들은 자신들의 공적에 따라 배치된다. 양쪽 모두 열 번째 하늘은 하느님의 옥좌이다.

성 소피아

콘스탄티노플의 성 소피아 대성당은 537년 완공되어 거룩한 소피아에 봉헌되었다. 카이펑의 유대교 회당이나 베이징의 천단처럼 이것은 방형 위에 놓인 원형 건물로 지붕은 돔 양식이다. 이 양식은 동양의 태장계나 금강계에 그 기원을 둔다. 디드론은 말한다. 이슬람인들이 이곳에 신월(新月)을 놓아둔 게 아니라 발견했다고. 이것은 관음보살의 상징이자 동정녀이신 모후의 상징이기도 하다.

낙원의 사찰

"하느님은 진실로 우리 안에 계십니다. 우리 안에서 예언하시고, 우리 안에 계시며 우리 마음은 주님에게 바친 성전입니다."
(바르나바의 서한 1세기 말 '성령이 충만한 훌륭한 사람'이자 '위로의 아들'인 성 바르나바의 가르침에 따라 알렉산드리아에서 열린 집회에서. 「사도행전」 11:22~24, 26 참조.)

통도사

644년에 창건되었다.

대문으로 말할 것 같으면, 가운데 넓은 문이 있고 좌우 양쪽에 좁은 문이 각각 하나씩 있어 문이 세 개인 것 같지만, 실제로는 하나—불이문(不二門)—다.

'영축산 통도사'라고 적힌 편액이 붙어 있다. 신토와 불교 모두 사찰에는 '산'의 이름이 따라다닌다. 구약의 히브리 예언서들에서 하느님의 집이 '서 있는 산'으로 되어 있는 것과 마찬가지이다.

기독교 성당의 성단 칸막이(Rood-Screen)처럼, 이것은—그 밖의 모든 대문들이 그러하듯이—죽음의 문을 상징적으로 나타낸다. 이 문을 통해 천상의 삶에 이른다. 죽음은 삶의 문이다!(Mors janua vitæ!)

이 불이문에 그려진 십자가 모양의 수는 놀라울 정도다.

불이문을 지나 처음 마주하는 것은 영혼의 배를 그린 거대한 벽화다. 이 벽화에서 모든 속인들은 항해를 하기 전 쌀과 술의 성사를 받는다.

높은 절벽에는 남자들이 서 있는데, 여인을 태우기 위해 간절하게 손을 뻗고 있다.

어느 한 남자는 동료를 끌어당기는데, 이 사람은 운명의 아내처럼 뒤를 돌아보고 있다.

법당에는 연꽃이 피어 있고 그 위에 대고(大鼓)와 사자가 있다.

여러 조각들 가운데 필자는 큰 물고기, 하얀 얼굴을 한 사람, 백마, 그리고 일각수를 보았다.

우즈마사-코류지[廣隆寺]

이 유명한 사찰(604년 쇼토쿠 태자가 창건함)에는 여의륜관음(如意輪觀音), 십이신장과 약사불, 광배가 있는 수천 개의 아주 작은 목조 지장보살상 등이 있다.

필자는 또 홍법대사의 제자 가운데 한 명이 조각한 삼존불에 흥미를 느꼈다. 아미타여래를 중심으로 왼쪽에는 지장보살, 오른쪽에는 (지혜의 화신인)허공장보살이 있다.

어느 정토종 승려가 나의 조선 배—사찰을 '자신의 가르침을 전하는 아미타불'이라고 설명한다. 아미타불의 엄지손가락과 셋째 손가락이 맞닿아 있는 것을 보고 하는 말이다.

포도나무

『12사도의 가르침』('디다케')에서는 '당신 종 다윗의 거룩한 포도나무'에 감사를 드린다.

교회에서의 여성

초기 교회에서 여성들은 성찬의 전례를 시작하기 전 물과 포도주 섞는 일을 했다.

“성 바오로는 어떤 ‘자매’들이 12사도와 동행했다고 말한다. 이들 거룩한 동반자들은 여성들의 환영을 받았고, 여성들이 신앙을 받아들여 마침내 세례를 받을 수 있도록 했다.”

“당시는 ‘전신 침례(total immersion)’가 세례성사의 일반적인 형태였다. 따라서 ‘자매들’이 자신과 동성(同性)인 입문자들을 물에 깊이 담그는 역할을 하는 것은 예절에 부합하는 행동이었다. 베드로의 아내는 그를 옆에서 도운 사람들 중 하나가 아니었을까 생각한다. 자신의 부인을 일컬어 성 베드로는 ‘게파(Kephas)의 일을 돕는 자매’라고 말했다.”(Abbé Constant Fouard, 『Saint Peter and the First Years of Christianity』와 「고린토 1」 9:5 참조.)

법륜

렌델 해리스 박사는 1세기 말 경에 만들어진 것으로 보이는 시리아 문서를 발견해 『초기 기독교 시편집(Early Christian Psalter)』이라는 이름으로 출판하였다(1910년).

그는 이 문서를 가리켜 “메시아 신앙의 역사에서 가장 중요한 것으로, 영혼에 대한 아름다운 음악이다. 이를 통해 사람들은 초기 기독교인들이 부른 노래를 들을 수 있다."고 설명한다.

이 시편집('솔로몬의 노래'로 불림)의 스물세 번째 시는 하느님의 생각을 어떤 편지에 비유한다. "위대한 글, 전적으로 하느님께서 직접 쓰신 글, 그 속에서 성부와 성자와 성령의 이름이 영원히 계속될지니, 할렐루야."

그런데 이 점에 대해서는 좀 더 검토할 필요가 있다. 왜냐하면 이 천상의 편지는 봉인되었고 아무도 풀 수 없었기 때문이다.

"그러나 어떤 바퀴가 그것을 받았다. 거기에는 왕국과 다스림 그리고 바퀴를 움직이고자 하는 모든 것의 증표가 있었다."

그리고 이것은 넓은 길을 내었다. 그렇다면 이 바퀴는 분명 우주적인 주관자의 법륜이 아닌가? 해리스 박사는 "만약 우리가 하데스의 성인들을 하느님의 발이라고 하는 시편의 언어를 사용한다면, 이 신비로운 작은 편지가 위에 계신 그분 아래의 사람들에게 말씀을 전했고, 또 아래 지역에 보이지 않는 세계를 포함하게 된 것이다."라고 말한다.

이것은 전적으로 대승의 가르침이나 조선의 벽화—지적인 어느 서양 친구는 이를 '성화(Bible picture)'로 표현했다—와 일치한다. 이 벽화들에서는 석가가 지옥의 영혼에게 관정의식을 베푸는 것이 주요 부분을 차지하고 있다.

메시아의 도래

유대교 전례 속에 포함된 유대교 신앙 12번째 원칙의 실제 내용은 다음과 같다.

"나는 메시아의 오심을 굳게 믿습니다. 그의 오심이 늦어지기는 하지만 나는 그의 오심을 매일 기다릴 것입니다."

"주님, 저는 당신의 구원을 바랍니다. 당신의 구원을 바랍니다."

소승불교와 대승불교 신자들은 이와 같은 일상의 기도를 통해 모든 유대인이나 기독교인들과 하나가 될 수 있다.

진주의 사도

2세기 말 에데사의 바르 다이산은 자신의 책에서 이 신비의 진주가 극동의 사도 성 도마와 관련 있다고 보았다. 뿐만 아니라 에브라임(Ephraem)—4세기 조선에서 대승불교의 전래를 통해 그의 영향력을 확인할 수 있다—은 에데사에서 시리아 교회가 사용할 수 있도록 송가를 지었다. 이 송가는 진주와 성 도마의 관계와 밀교의 가르침을 매우 분명하게 보여준다.

복되도다, 그대 쌍둥이 도마

행동과 영적 능력에서도 쌍둥이이니

사도들 가운데 네 이름 빛날지니!

 더없이 축복 받은 도시여, 에데사!

그대 진주를 얻었네―인도에서는 이보다 더 큰 것이 없다네.

마땅히 받을 만하오.

축하하오, 축복 받은 그대,

비할 데 없이 귀한 보석, 그분의 아들이 주셨네

그분을 충직하게 따르는 자들을 부요하게 함이리니!

뿌리가 하나인 기독교와 불교, 불교와 기독교의 상통

도(道)나 진리는 서로 통한다는 말이 있다. 종교적·민족적·문화적 경계를 넘어 도나 진리가 추구하는 바는 크게 다르지 않다는 뜻일 것이다. 이를 실감할 때가 있다. 이따금 불승의 글귀를 접하거나 목사나 신부의 강론을 들을 때다. 출발지에서 선택하는 루트는 달라도 산 정상에서 어김없이 만나게 되는 베테랑 산악인들처럼, 전수하고자 하는 권법은 서로 다르지만 그 권법의 핵심만큼은 서로 맞닿아 있는 무림의 고수들처럼, 불승과 목사 그리고 신부는 각자 구사하는 언어는 다르지만 같은 것을 말하는 것 같고 서 있는 곳은 다르지만 같은 곳을 향하고 있다는 느낌을 받는다. 이 책이 전하는 인상도 그와 비슷하다.

이 책은 엘리자베스 A. 고든 여사가 쓴 *Symbols of 'The Way'*
*—Far East and West*를 번역한 책이다. 고든 여사의 생애에 대해
서는 그다지 많이 아는 바가 없다. 그녀가 저술한 책 목록이나 그
녀의 장례식을 전하는 신문기사의 도움을 받아 수집한 정보가
고작인데, 그녀는 서양인이면서도 동양의 종교에 주목한 여러 권
의 책을 저술한 바 있다. 또 일본에서 많은 활동을 한 탓이겠지
만, 많은 일본인 기독교 지도자들을 친구로 두었고, 자신이 죽으
면 유해는 일본 고야산과 조선의 금강산에 나누어 묻어줄 것—이
것은 실현되지 못했다고 함—을 유지로 남겼다. 그녀가 추구한
삶을 반영하듯 장례식은 불교식과 기독교식으로 함께 거행됐다.

그녀는 자신의 강연과 저술 활동을 동서양의 종교적 유사성에
주목하고 그것을 강조하는 데 할애했다고 한다. 이 책 역시 배(사
찰 혹은 교회의 상징), 물고기, 삼위일체 혹은 삼신불, 진주 등 기독
교과 불교, 특히 대승불교의 종교적 상징들이 갖는 의미의 유사
성에 주목하면서 불교와 기독교가 서로 다르지 않음을, 또는 불
교와 기독교의 뿌리가 하나임(佛耶一元)을 주장한다. 그런데 여기
서 뿌리가 하나라는 것은 어떤 하나의 고정된 기원이 있어 기독
교와 불교가 거기에서 갈라져 나왔다는 의미는 아닌 것 같다. 활
발한 교류와 문화적 접변을 거쳐 대승불교와 기독교가 서로 영

향을 주고받았다는 풀이가 더 정확하지 않을까 싶다.

이 책이 기독교적 관점에서 동서 문화가 낳은 정신적 유산의 유사성을 강조하는 데 목적이 있는 것이 아니냐고 묻는 독자가 있을지 모르겠다. 달리 말하면 기독교가 아닌 종교와 기독교와의 비교를 통해 전자가 얼마나 후자에 가까운지를 확인하고 그것을 바탕으로 후자의 종교적 성숙도를 가늠하려는 것이기 때문에 이 책에는 기독교 중심적인 사고가 짙게 배어 있다는 지적이라고 하겠다. 하지만 이 책을 유심히 들여다보면 그렇게만 볼 수는 없다는 생각이다. 저자는 복음서에 나타난 예수의 가르침이나 대승 불교 『유마경』의 가르침이나 『바가바드 기타』의 가르침이 별 차이가 없다고 말한다. 또한, 페르시아의 문화가 대승불교와 기독교의 형성에 일정한 영향을 미쳤음을 언급하기도 한다. 어떤 종교가 중심이고 어떤 종교가 주변인지, 어떤 종교가 원류이고 어떤 종교가 지류인지에 대해서 저자는 그다지 관심이 없는 듯하다. 저자에게 중요한 것은 각 종교나 사상이 비록 서로 다른 색깔과 모양을 띠고 있다고 하더라도 궁극적으로는 같은 곳을 바라보고 같은 것을 다른 방식으로 드러낸다는 점이다.

한편, 고든 여사의 이 책은 군데군데 지금부터 100년 전, 20세기 초 조선의 풍경을 그리고 있다. 이 책이 출판된 것은 1916년인데, 이때는 조선이 일본의 식민지로 전락한지 얼마 되지 않은 시기이다. 당시 고든 여사에게 조선은 중국의 불교를 받아들인 곳, 일본에 대승불교를 전한 곳, 친절하고 해맑은 미소를 지닌 승려의 나라였다. 아쉬운 것은 유점사, 장안사, 정양사, 표훈사 등 이 글에 등장하는 금강산 고찰의 주요 전각들이 한국 전쟁으로 소실되는 바람에 지금은 거의 남아 있지 않다는 점이다. 사라진 사찰의 생전 모습을 글로나마 추측할 수 있었던 것은 행운이랄 수 있겠지만, 이 책의 금강산 사찰 묘사와 절터만 남은 오늘날의 금강산 사찰 풍경을 나란히 놓고 보면 지속되지 못한 아주 짧은 행운이라는 점을 실감하게 된다.

사실, 불교와 기독교를 막힘없이 넘나들고, 인도, 동아시아, 유럽, 중앙아시아의 종교적 역사, 상징, 심성을 종횡으로 누비는 필자의 발걸음을 따라가기란 벅찬 일이었다. 불교와 기독교 등 여러 종교의 정신과 언어에 대한 지식이 무척 얕은 상태에서 이 책을 한국어로 옮기는 일을 시작했기 때문이다. 그러다보니 저자의 표현을 한국어로 제대로 옮기는 것은 말할 것도 없고, 과연 저자가 말하고자 하는 바도 충분히 이해했는지 자신할 수가 없다. 따라서 배운다는 자세로 이 글을 옮기고자 했다. 필자의 자세한 설명을 통해 1,800년간에 걸쳐 유럽에서 극동에까지 이르는 대승불교와 기독교의 역동적인 상호작용을 배우려고 했고, 필자가 이 글을 통해 말하고자 하는 깊은 뜻을 헤아리려고 했다. 그리고 그 배움의 결과로 이렇게 부족한 번역이나마 세상에 나올 수 있게 된 것은 살림출판사의 편집부에서 어색하거나 잘못된 용어와 문장을 찾아 많이 다듬어 준 덕이다. 이 점 고맙게 생각한다.

사진 몇 장이 책상 위에 놓여 있다. 그 가운데에는 관음보살상을 찍은 사진도 있고 로마 카타콤 사진도 있다. 슬그머니 관음보살 가슴 위에 손가락 끝으로 십자가 문양을 그려본다. 카타콤 벽면에는 만자문(卍字紋)을 새기는 시늉을 한다. 고든 여사가 말하고자 했던, 종교적 다양성과 보편성을 동시에 형상화하고 싶은 욕구가 작동한 탓인데, 불경한 손놀림일까?

옮긴이 신종범

주

제1장

1 1915년 4월 17일 불자교류협회 창립
   30주년을 기념해 와세다 대학에서 행
   한 발표 주제다.
2 "기독교 영혼의 가장 장중한 구현."(T.
   Carlyle, 『Heroes and Hero Worship』
   참조.)
3 '해 돋는 나라'라는 뜻으로 일본을 비유
   적으로 일컫는 말이다. – 옮긴이 주
4 구 청 제국 정부는 중국에 대한 리차
   드 박사의 공로를 인정해 1903년 최고
   등급 관리에 해당하는 '비색(緋色) 단
   추'직을 수여했다. 리차드 박사는 또
   1907년 쌍룡(Double Dragon) 훈장을
   받았다.
5 원문의 표기 'Pong-len-ssa'만으로는
   어느 사찰을 가리키는지 알 수 없다. 봉
   은사 연혁에 20세기 초 조선 불교 본사
   가운데 하나로 80여 개의 주변 말사를
   관리했다는 기록이 있어 봉은사가 아
   닐까 추정한다. – 옮긴이 주
6 Transactions, 『Korea Branch of Royal
   Asiatic Society 』, 5권, 9쪽 참조.
7 중국에서 황제와 봉건 제후는 나라를

다스릴 때 남쪽을 향해 앉는다. 모든 법
령은 남문을 통해서 전해진다. (E. H.
Parker, 『Ancient China Simplified』
참조.)
8 "오, 우리 자연의 의사이시여! 오 우리
   의 진정한 의사이시여! 당신의 자비로
   운 의술을 펼치시어 우리의 상처를 낫
   게 해주시고 우리의 고통을 어루만져
   주소서."(네스토리우스파 기독교인들
   이 사용한 『동시리아 성무일도서East
   Syrian Daily Offices』 참조.) 안티오크의
   이그나티우스는 "영육(靈肉)의 의사는
   오직 한 명 있다. 태어나든 그렇지 않든
   하느님은 육신 속에 있고, 진정한 삶은
   죽어서야 가능하다."고 말했다.
9 오늘날의 발음으로는 '슈안쟝'이다.
10 이것을 인쇄한 목판은 953년 몽골 출신
   의 어느 승려가 들여온 뒤 개원사(開原
   寺, 원문에는 'Kaien-ji'로 되어 있다 –
   옮긴이 주)에 보관되어 있다. 이 목판들
   은 이른바 유럽에서의 '인쇄술의 발명'
   보다 500여 년 더 오래된 것으로, 풍도
   (馮道)가 881년에서 954년 사이에 만
   들었다.
11 이것은 힌두의 『바가바드 기타』에 나오

12 가장 초창기 교부 중의 한 사람은 "우리들은 기름 부음을 받았기 때문에 그리스도가 될 수 있다."고 말했다.

13 Hulme, 『Symbolism in Christian Art』, 2쪽, 211~212쪽 참조.

14 202년 성녀 페르페투아(Perpetua)도 카르타고 감옥에서 이와 같은 동작을 취했다.

15 프란치스코 하비에르가 야마구치—당시 인구 1만 명의 도시—에 와서 자신은 불법(佛法)을 설교하고 해석하고 발전시키기 위해 왔다고 말했는데, 이 점을 언급할 필요가 있다. 그리고 나가토의 다이묘—유서 깊은 이 가문 문서고에 보관된 문서를 통해 알 수 있는 바와 같이, 이 가문의 시조는 7세기 한반도에서 건너왔다—는 하비에르에게 큰 사찰을 기증했다. 이 사찰에는 대도사(大道寺)라는 멋진 이름이 붙여졌고, 탑은 삼층탑이었다.

16 베를린 민족학박물관 소장인 그륀베델(Grünwedel)은 소승불교에는 보살이 없다고 말한다.

17 단테는 영혼의 식물과 말미잘의 삶에서부터 높은 단계로의 상승 진화에 대해 쓰면서 다음과 같이 말한다. "어떻게 해서 이 동물이 사람으로 되는지 너는 아직도 모른다."(「연옥」편 25곡 52~59행 참조.)

18 '협력'은 『서유기』 우화의 중심 사상이다.

19 14세기(이 우화가 지어진 후 다음 세기)에 만들어진 요크 민스터 사원의 창문에는 천지창조 대합창의 일부로 악기를 연주하는 원숭이 그림이 있다. 현장 삼장은 카슈미르의 어느 대승불교 사찰을 언급한다. 이곳에서 야수들과 산악 유인원들은 '마치 전통적인 의례인 것처럼' 매일 헌화(獻花)한다.

20 아르사크(Arsac) 왕족 중의 한 사람인 아르메니아 왕 티리다테스 6세는 선지자 그레고리(Gregory the Illuminator)에게서 세례를 받고 멧돼지에서 사람으로 변신했다. 302년 경 그는 자신의 오랜 친구 콘스탄티누스 대제의 개종을 위해 그레고리를 따라 로마에 갔다.

21 초기 기독교인들이 발휘한 대단한 주술 능력에 대해서는 하르나크(Harnack)의 『Mission and Expansion of Christianity』

3장과 233쪽을 보라.

22 반야[prajna], 즉 '지혜'를 뜻하는 이름
   이다.

23 Edkins, 『Chinese Buddhism』, 89쪽,
   163쪽 참조.
   Max Muller, 『Chips from a German
   Workshop』, 5쪽, 197쪽 참조.

24 Count Montalembert, 『The Monks of
   the West』, 324쪽 이하 참조.

25 둘 다 중국어에서 영어로 잘 번역되었
   다. 빌(S. Beal) 씨가 45년 전에 편집을
   맡았다.

26 1914년 7월 가루이자와[軽井沢]에서
   행한 연설. 「Japan Daily Mail」에 실렸다.

27 629년, 신라 출신으로 장안에 온 혜
   륜(慧輪)은 서역 여행에 현장과 동행
   했다.(Chavanne, 『Itsing et Religieux
   éminents』, 11쪽, 80쪽 참조.) 638년에
   는 아리야벌마(阿梨耶伐摩), 혜업(慧
   業), 법률 박사인 현각(玄恪) 등이 장안
   을 떠나 인도로 향했다.
   650년, 법률 박사인 현태(玄泰)는 티
   베트를 거쳐 갔고, 이름이 알려지지 않
   은 한반도 출신 승려 두 명은 남쪽 해로
   를 따라 장안을 떠났다. 잘 알려지지 않
   은 나라의 순례자인 어떤 법률 박사는
   35세라는 이른 나이에 죽어가면서 "보
   살님이 팔을 뻗어 나를 그분 당신의 사
   랑스런 품으로 부른다."고 갑자기 외쳤
   다. 이어 손을 깍지 낀 채 숨을 거두었다.

28 필자의 이러한 지적은 와터스(Watters)
   영사가 쓴 책 『On Yuan Chang's Travels
   in India, A.D. 629~645』가운데 다음과
   같은 중요한 언급들을 유념한 결과다.
   "그러나 현장은 여행을 하는 동안 다른
   데는 거의 관심이 없고 오직 부처와 불
   교만 알고자 했다는 사실을 기억해야
   한다." "부처와 불교에 대한 그의 완벽
   한 믿음과 존경 그리고 열정은 동시대
   사람들은 물론 오늘날에도 두드러진
   다." "현장이 추구했던 불교 그리고 그
   가 공부하고 존중했으며 널리 알리고
   자 했던 체계는 고타마의 불교와 아주
   많이 달랐다." "그것은 장엄한 주문을
   사용하는 요가(즉 밀교)와 장엄한 진언
   독송(invocation)과 함께 사용되는 강력
   한 주술적 형식에 대해서는 거의 또는
   전혀 알지 못했다."
   '밀교'가 4복음서에 나타난 그리스도 가
   르침의 정수라는 점에 유의해야 한다.

29 삼장(三藏), 즉 '세 가지 보물'을 뜻한다.

30 이러한 조치에 따른 두 가지 결과를 언급할 필요가 있겠다.

645년 고구려와의 전쟁이 있었다. 당 태종은 어느 지역의 항복을 받아들였다. 그렇지만 어떤 장군은 그렇게 되면 병사들이 마지막 순간에 자신들이 예상했던 전리품을 가지지 못하게 된다고 하면서 황제에게 간언했다. 태종은 장군 입장에서 그렇게 말할 수 있다고 생각했지만, 병사들이 마음먹은 대로 하도록 할 수는 없었다. 다만, 상을 받을 만한 병사들에게는 황제의 재정에서 보상하도록 했다. 그리하여 이 지역은 위기를 모면할 수 있었다. 같은 해, 태종은 베이징에 집결시킨 고구려인 1만 4,000명을 풀어주었다. 동시에 군인들에게 고구려인 대신 돈을 주었다. 또 고구려인들이 서로 떨어져 있는 친족을 만날 수 있게 했으며, 그들이 중국의 신민(臣民)으로 사는 것을 허용했다. 고마움을 느낀 한반도 사람들은 사흘 동안 태종을 찬미하며 소리치고, 춤을 추며, 노래를 불렀다.(Ross, 『Korea』, 158쪽, 166쪽 참조.)

31 664년 현장의 죽음—미륵천에서 다시 태어나기를 바라면서 미륵에게 숭모의 뜻을 바치면서 죽었다—은 공교롭게도 735년 '영광의 왕 예수를 부르면서' 죽어간 비드(Bede)의 죽음을 닮았다.

32 따라서 영국의 가경자(可敬者, Venerable) 비드(Bede)는 마지막 순간까지 「요한복음」의 영역 작업에 참여했다. 그는 "내 자녀들이 거짓말을 읽도록 할 수 없고, 내가 죽은 뒤 그들이 무익한 일을 하도록 내버려 둘 수 없었기 때문이다."라고 말했다.(Count Montalembert, 『The Monks of the West』, 4권, 265쪽 이하 참조.)

33 Abbé Hue, 『Christianity in China, Tartary and Tibet』, 1권, 227쪽, 292쪽 참조. Yule, 『Marco Polo』, 1권, 16쪽, 19쪽, 342쪽 참조.

34 불교의 밀교적 가르침, 신(信)과 지(智)를 구현한 존재로 일컬어지는 피스티스 소피아(Pistis Sophia)를 보라.(S. Beal, 『Buddhism in China』, 15쪽 참조.)

35 특히 『Mornings in Florence』에 나와 있는 러스킨의 설명을 보라. 그에 따르면, 이러한 교과들은 스페인의 산타 마리

아 노벨라 성당에서 시작되었다. 이곳에서는 신학적인 덕목(Virtue)과 7교과가 성령으로부터 직접 영향을 받은 것일 뿐만 아니라, 모든 유익한 생각과 기본 개념들이 그 성령에서 직접 유래하거나 그 영감을 받은 것이다.

36 교황 대그레고리(Gregory the Great)가 앵글로색슨족을 개종하기 위해 파견한 이탈리아 수도사 역시 마찬가지였다. 수도사들은 앵글로색슨족이 길들일 수 없는 야만적인 인종이자 야수와 같은 민족이라는 소식을 들었고, 또 그들의 언어를 몰랐기 때문에 교황에게 앵글로색슨족을 대상으로 한 전교 임무를 중단해줄 것을 간청했다. 그러나 교황은 그들에게 "하던 일을 계속하라."고 명령했다.

37 바위에 새겨진 아소카왕(기원전 250년)의 칙령은 이러한 진술과 다르다. 그러나 인도 어느 병원의 여성 책임자는 다음과 같은 질문을 받았다. "만약 당신이 말하는 이러한 것들이 사실이라면 우리의 경우는 어떻습니까?" 중국과 일본에 기독교 국가 영국의 오늘날처럼 연로한 사람들을 위한 구호소가 없다는

것은 매우 분명한 사실이다!

38 몽탈랑베르(Montalembert) 백작은 자신의 고전적인 역사서 『The Monks of the West』에서 최초의 병원은 성 히에로니무스 시대, 즉 4세기 후반 기독교 로마에서 파비올라(Fabiola)라는 이름의 미망인이 세웠다고 기록하고 있다. 희랍성서를 라틴어로 번역한 것으로 유명한 성 히에로니무스에 따르면, 이 여인의 명성은 한편으론 로마에서 영국으로, 다른 한편으로는 로마에서 파트리아로 전해졌다.(『The Monks of the West』, 297쪽 참조.)

39 필자는 규슈 후쿠오카에서 거대한 니치렌[日蓮, 법화종의 창시자] 동상을 봤다. 손에 염주를 들고 있는 이 동상은 이 훌륭한 스님의 기도 덕분에 하늘로부터 승리를 선사받은 것을 기념해 바닷가 위에 세워졌다. 이 동상에는 "스스로를 바로 세우고 나라를 평안히 한다[立正安國].'는 말이 새겨져 있다. 가까운 곳에 있는 어느 그림(황궁에 있는 것을 모사한 것)은 전경(全景)을 매우 생생하게 보여준다. 첫 번째 장면에는 용상에 앉은 쿠빌라이 칸이 등장한

다. 여기서 쿠빌라이 칸은 어느 타타르 거한이 지도를 가리키면서 대(大)중국이 소인국을 얼마나 쉽게 삼켜버렸는지 설명하는 것을 듣고 있다.

쿠빌라이 옆에는 청년 마르코 폴로가 앉아 있고, 그의 가슴에는 '약사문' 같은 모양의 십자가가 보인다. 이것은 이츠쿠시마의 등(燈)과 진언종 제단 위에 두 개의 금강[vajra]으로 이루어져 있기 때문에 '홍법대사의 만(卍)자 모양(Kobo's cross)'이라고 불리기도 한다.

40 기독교 선교사의 파견 요청을 말한다. –옮긴이 주

41 이와 함께, 일본 신민(臣民)들에게 '세계 전역으로 가서 지식을 구할 것'을 권고하는 내용의 메이지 천황이 쓴 교서를 참조하라.

42 『흠정원사』에 따르면, 구처기는 1208년 산둥[山東]에서 태어났다.

43 이들 수백만 명의 중국인이 마르코 폴로의 상상력에 매우 큰 영향을 미친 까닭에 마르코 폴로는 베네치아로 돌아간 뒤에도 항상 이 사람들에 대해 이야기했고, 그 결과 고향 사람들로부터 '백만의 마르코(Marco Millione)'라는 별명

을 얻었다. 그의 집은 '백만의 집(Corte Millione)'으로 불렸고, 그의 책은 『Il Millione』(마르코 폴로 동방견문록의 원저명 –옮긴이 주)로 일컬어졌다.

44 이 돔의 모자이크 작품에는 절제, 신중, 겸손, 친절, 공감, 금욕, 자비, 인고, 순결, 검약, 항상심, 자선, 희망, 신념, 정의, 끈기 등 열여섯 개의 덕목이 의인화되어 있다. 따라서 이들 열여섯 개의 의인화된 덕목이 대승불교의 16나한과 뭔가 공통점을 지니고 있다고 할 수 있지 않을까? 그리고 조선의 모든 사찰에서 볼 수 있는 무지개 표시는 천상의 협력과 밀접한 연관성이 있다.

45 요세푸스는 이스라엘 회당(Tabernacle) 위의 안개를 묘사하고 있다. 이 회당에서는, "하느님의 존재를 원하고 믿는 사람들에게 마치 하느님이 나타나는 것처럼, 감로가 떨어졌다." 또한 요세푸스는 솔로몬 성전 축성식에서 다음과 같이 말한다. "짙은 구름이 내려와 그곳에 머무는가 하더니 조용하게 성전 안으로 퍼졌다. 그것은 엷고 넓게 깔렸으니 겨울철 비를 한껏 머금은 거친 구름은 아니었다." 이와 함께 일본 신토

[神道]에서 말하는, 거칠기도 하고 온화하기도 한 신의 기운(spirit)을 참조하라.

629년 현장은 고창국(투르판)의 왕에게 다음과 같이 말했다. "큰 사랑을 펴는 여래[tathāgata]는 이처럼 많이 오염된 세상에 어둠을 비추는 태양으로 왔다." "그분의 사랑인 구름이 천국의 정상에 머물렀고, 법의 빗방울이 삼천세계를 씻었다." 장안 경교비의 십자가가 이와 같은 구름에서 나타났고, 구슬과 용 두 마리가 위에 얹혀 있다는 점을 유의할 필요가 있다.

현장의 편지는 시리아 수도사들이 장안에 도착하기 5년 전에 쓰였지만 약 150년 후에 세워진 경교비의 비문 내용과 매우 유사한 표현들을 담고 있다.

46　「신명기」 32:2 참조. 로마 카타콤에는 세 어린이가 등장하는 벽화가 있다. 이들은 네부카드네자르 왕이 뜨거운 불기둥인 지옥에 보내라고 한 아이들인데, 이들은 이슬 같은 천사의 형태로 내려와 불을 식혀주는 그리스도를 맞이하고 있다. 『동시리아 성무일도서』에는 이 '또 다른 존재'가 순교자의 얼굴에 이슬을 뿌려 얼굴이 빛나게 한다고 되어 있다.

47　「출애굽기」 14:3 참조.

48　수도원이 세워진 것은 각각 521년과 548년이다.

49　율 대령은 타타르 추장이나 속지(subordinate realm)의 몽골인 제후에 대한 보통의 호칭인 칸(Khan)과 몽골인 대추장에 대한 고유한 호칭인 대칸(Kaan)을 구별한다. 그는 중국어 대칸(Kaan)은 제국을 통치하는 사람을 가리키는 일반적인 명칭이라고 말한다.

50　따라서 800년 전 훈족이 로마를 위협하고 모든 문명을 파괴했을 때 성 히에로니무스는 최악의 재앙—"그들 잔인한 야수들, 훈족!"—이라고 썼다. 그리하여 역사는 되풀이된다고 할 수 있다.

51　이 책의 13쪽, 15쪽의 주14, 18과 27쪽 참조.

52　클랩워드(Klapworth)는 "중앙아시아의 거친 유목민들은 불교를 받아들이면서 온화하고 덕망 있는 사람들로 변했고, 그에 따른 긍정적인 영향력을 북 시베리아에서도 감지할 수 있었다."고 말한다.(Edkins, 『Chinese Buddhism』, 102쪽

참조.)

53 Griffis, 『Corea, the Hermit Nation』, 73쪽 참조.

54 어떤 사람들은 칭기즈 칸과 일본인 모험가 요시츠네를 동일 인물로 본다.

55 Edkins, 『Chinese Buddhism』, 148쪽 참조.

56 세이스 박사는 "수메르인들은 기원전 4700년, 즉 사르곤이 아카드를 통치하기 1,000년 전에 황도(Zodiac)의 동심원을 알고 있었다."고 말한다. 12궁을 따라 빛과 치유의 신인 태양이 연중 운행한다.(「말라기」 4장 참조.) 네 신의 여러 이름 중 한 가지는 물고기(Pisces)이다. 다른 것은 나룻배(Ferry Boat)의 신을 지칭하기도 한다. 세 번째는 무루둑(Murudug) 또는 구속자 마르둑(Marduk)이다. 이것이 수천 년이 지나면서 일본어 '미로쿠(미륵)'로 발전되었다.
『Lotus Essence』는 큰 사찰 7개에 대해 말한다. 이 사찰들은 약속된 땅으로 향하는 영적 나룻배이다.(『New Testament of Higher Buddhism』, 190쪽 참조.)

창조 이야기를 담은 아카드인들의 12개 진흙판은 황도 12궁에 맞춰 숫자를 붙인 것이다. 이 숫자는 또 약사여래와 십이지신상, 그리고 예수가 어둠, 질병, 죽음 등 '원수의 모든 힘을 꺾는 권세'를 준 열두 제자와 관련이 있다.(「루가복음」 10:1 이하 참조.) 이와 같은 이른바 '점성 신학(Astro-theology)'을 공부하는 데 있어서는 편견이 없는 학생들이 「창세기」 3:5의 원초적인 계시와 복음의 약속을 더 잘 이해할 것이다.

57 황도 12궁은 913년 경 세워진 아일랜드 모나스터보이스 수도원의 켈트 십자가 기단에 나타나 있고, 영국 노르만 교회에서 자주 볼 수 있다.
해돋이 또는 해넘이 문양의 만(卍)자가 이 십자가에 나타나 있다.
13세기에 세워진 샤르트르 성당에는 황도 12궁이 예수승천 장면의 테두리를 장식하고 있다.

제2장

1   7세기 말에 67세의 그리스 수도사인 타르수스(Tarsus)의 테오도르(Theodore)

는 아프리카 출신 부제(副祭)를 대동
하고 영국으로 가서 캔터베리 대주교
가 되었다. 당시의 영적 교류는 국제
적이고 초자연적이어서 아시아와 아
프리카인이 앵글로색슨 교회를 다스
렸다.(Count Montalembert, 『The
Monks of the West』, 3권, 265쪽 이하
참조.)

2 태종의 권능은 힌두쿠시 남쪽과, 카스
피해 북쪽까지 잘 알려졌다.

3 성 바오로가 빌립보인들에게 보내는
편지 2장 10절의 '땅 아래' 구절 참조.

4 경교비 참조.

5 38년 전인 597년, 대 그레고리우스는
영국 남부의 만족(蠻族)인 앵글로색슨
인을 개종하기 위해 로마에서 수도사
70명과 아우구스티누스를 파견했다.

6 이들 수도사들 가운데 네 명은 에티오
피아 흑인이었다.

7 제임스 왕이 웨스트민스터에서 성서
편찬 작업을 하기 1,000년 전의 일이다.

8 "중국어, 아라비아어, 시리아어, 라틴
어 등의 증거로 볼 때, 7세기에서 13세
기 사이 중국 기독교의 존재는 부정할
수 없다."(Gibbon, 『Decline and Fall

of Roman Empire』 Dent, 『Everyman's
Library』 참조.) 당 태종은 자신보다 3세
기 앞선 시대의 인물인 유럽의 콘스탄티
누스 대제만큼이나 신실한 기독교인이
었다. (딘 스탠리는 "동방 교회는 콘스
탄티누스 대제를 사도에 필적하는 성인
으로 인정했다."고 말한다.

9 경교비 참조.

10 606년 토리부시[止利仏師, 525년 조선
에서 건너 온 최초의 중국인 전교사인
시바노 다치토司馬達等의 손자이자 최
초의 비구니 시마네의 조카. 시마네는
조선에 가서 승려 에벤Eben에게 수련
을 받음]가 스이코[推古] 황후를 위해
곤고지[金剛寺]를 세웠다.

 토리는 쇼토쿠 태자를 위해 목판에 삼
불상을 새겼다. 600년에 만들어진 이
것은 호린지[法輪寺]에 보관되어 있다.
625년 토리는 비슷한 약사여래 삼불을
조각했다.

11 빌 씨는 40여 년 전 자신의 소중한 소
책자 『Buddhism in China』에서 "기독
교 세계에 불교예식은 당나라 때인 약
6세기에 중국에 들어왔다. 이때는 말라
바르, 즉 시리아나 성 도마 교회인들의

존재가 있던 시기와 일치한다."라고 썼
다. 불교 예식 안에는 초기 기독교 전
례와 일치하거나 매우 유사한 점들이
있다.

12 「유다」 13, 「마태오복음」 25:41 참조.
경교비는 메시아에 의해 파괴된 '나락'
에 대해 언급하고 있다.

13 번연은 『천로역정』에서 기독교인들의
순례를 막은 죄로 불신자와 겁쟁이들
의 혀가 불태워지는 장면을 묘사했다.

14 반대로 자식의 사랑은 지옥에서 부모
의 영혼을 구할 만큼 강하다.

15 조선의 그림에는 각각 한 명의 왕이 다
스리는 열 개의 지옥이 있다. 이를 그리
스도의 말씀과 비교해 볼 수 있다.(「마
태오복음」 19:28 참조.) 중국에서는 이
숫자가 열여덟 개로 늘어난다. 염라대
왕이 주된 심판자이다.

16 (시리아어로 된) 외경 「도마행전」을 보
면 영혼들은 구렁에서 몸부림치고, 아
가리를 벌린 구멍에 혀로 매달려 있고,
도둑과 탐욕스러운 자들은 머리카락과
손 또는 발이 묶인 채 거꾸로 매달려 있
다. 이것은 불교의 지옥도(地獄圖) 내
용과 거의 같다.

17 그렌펠(B. P. Grenfell)과 헌트(A. S. Hunt)
가 이집트의 옥시링쿠스(Oxyrhynchus)
파피루스에서 귀중한 사본 조각을 발
견하였다. 필로(Philo)는 크로에수스
(Croesus)의 이야기를 인용하면서 다
음과 같이 말하고 있다. "진실로, 정의
롭지 못한 사람은 누구도 일을 끝마치
지 않을 수 없고 거기에 적절한 대가를
지불해야 한다."

18 604년에 죽은 대그레고리(이 책의 40쪽
주7 참조)는 복수와 시련의 영원성에 대
해 충격을 받았고 유럽에서 최초로 공개
적으로 연옥을 설파했다. 그리고 그것을
신앙조목 중 하나로 정했다.(『Sacred
and Legendary Art』, 316쪽 참조.)

19 이 기도는 경교비의 내용과 같다. "살
아있는 사람들은 번성하고, 죽은 자는
기쁘다."

20 이것은 『서유기』에 따른 것이다. 그러
나 황제에게 두 번째 부인이 있었는지
는 잘 모르겠다. 왜냐하면 장손(長孫)
황후(역대 가장 훌륭한 여성 통치자 중
한 사람으로 '그 조용한 영향력'은 대단
했다)가 시리아 수도승이 도착한 후에
죽었을 때, 상심한 남편은 멀리 떨어진

능을 바라볼 수 있도록 궁 근처에 높은
탑을 지었다. 만약 이것이 사실이라면,
서역의 새로운 가르침에 따라 부군 황
제의 죽음을 골똘히 생각한 나머지 이
와 같은 환상을 갖게 된 것은 어쩌면 당
연하다.

21 태종은 과거 한 때 3,000명의 궁녀를
내쫓은 바 있다.

22 『서유기』상의 이때는 당시 현장이 한
동안 인도에 없었다는 역사적 사실과
부합하지 않는다.

23 이것은 현장 전기의 기록과 일치한다.
성인 같은 외모와 무게 있는 존재감 때
문에 현장은 가는 곳마다 사람들로부
터 사랑을 받고 쓰촨의 지도자, 성직자,
그 밖의 관리들로부터 존경을 받았다.
그 자신은 "성스러운 불경이 불완전하
고 내용이 서로 일치하지 않은 데 상심
했기 때문에 편안함을 잊은 채 위험을
무릅쓰고 여래가 세상에 전한 법을 찾
기 위해 서역으로 갔다."고 말했다. 둔
황을 지난 후 그는 경험이 없어서 모래
가 흩날리는 사막 가장자리에 혼자 있
다는 것을 알고 어찌할 바를 몰라 미륵
을 향해 크게 울었고, 그에게 길을 인도

해 달라고 간청했다.

24 「요한복음」14:26, 15:26, 16:13 참조.

25 781년에 세워진 경교비는 메시아가 출
범시킨 이 자비의 배[자항慈航]가 안전
하게 명궁으로 항해를 마쳤다고 묘사
하고 있다.

26 「요한묵시록」6:2, 19:11~14 참조. 백
마사(白馬寺)는 명제가, 간다라 출신의
두 승려 가섭마등[Kasyapa Matanga]과
축법랑[Dharma Ananda]이 67년 불경
과 미륵목조입상을 가져온 것을 기려
낙양에 세운 것이다. 이것들은 우디아
나의 도읍 탁실라에 있는 유명한 것을
본뜬 것으로 '이 절이 세워진 것으로 계
기로, 즉 부처가 열반에 든 지 300여 년
후'에 진법의 물결이 동쪽으로 흘러가
기 시작했다.
우디아나에 있는 원래 불상은 서쪽, '예
루살렘을 향해' 서 있다.(「열왕기 상」
6:29, 30, 41~43, 「다니엘」6:10 참조.)
같은 자세를 취하고 있는 실물 크기의
젊은 왕자 조보 린포체의 불상이 신전
에 있다. 이 신전은 캄포 왕이 641년 새
로운 도읍 라사에 그 불상을 봉안하기
위해 세운 것이다. 이 불상은 자신과 혼

인을 맺게 될 태종의 딸 문성 공주가 티베트(토번)에 지참금으로 가져온 것이다.(이 책의 31쪽 주45 참조.)
카이펑의 유대교회당 역시 서쪽을 향해 있다.(M. Adler, 『Chinese Jews』, 10쪽 참조.) "유럽의 유대인들은 동쪽으로 기도하지만 중국의 유대인들은 서쪽, 자신의 나라를 향해 기도한다."(Consul Finn, 『The Jews in China』, 25쪽, 26쪽 참조.)
『후한서』에 따르면, 25~120년 명제가 자신이 꿈에서 본 금불을 찾아 서역으로 보낸 고위 관리가 이 간다라 승려들과 호탄에서 합류했고, 중국 수도 근처에 이르자 이 불상을 백마사에 봉안했다. 그리하여 절 이름이 백마사가 된 것이다. 이 사건에 대한 기억은 일본의 알프스에 남아 있다. 이곳에서 연화봉이 연꽃이 피는 것을 닮은 여러 봉우리 가운데 솟아 있다. 그중 가장 높은 것이 백마산이다.

27 초기 기독교 우화인 '헤르마스의 꿈(Vision of Hermas)'을 보라. 늙은 관음보살은 여러 가지 모습으로 다양한 장소에 나타난다.(Eitel, 『Handbook to

Chinese Buddhism』, 23쪽 참조.)

28 소승불교에는 삭발하는 풍습이 없다. 삭발과 수도원 관습 모두 '회개'를 나타내는 것으로 알려져 있다.(Count Montalembert, 『The Monks of the West, 2권, 106쪽 참조.) 그리스어로 tonsure는 '삭발'이다.『동시리아 성무일도서』에 "성령이 왕관을 만든다."는 말이 매우 자주 등장하기 때문에 그 의미를 간과해서는 안 된다.

29 『日本書紀』 2권, 230쪽, 3권, 251쪽 참조.

30 따라서 경교비는 태종의 통치 기간에 기독교 경전이 번역되는 동안 "궁정은 그 교리를 듣고 깊이 생각했고 진리의 위대한 일치를 이해했다."고 적고 있다.

31 월지국 토하라 출신의 승려 다르마락샤(Dharma-raksha)는 3세기인 265년 우란분(盂蘭盆, Ullambana)을 중국에 도입했다. "그는 울람바나 경을 번역해 모든 전례에 석가모니의 권위를 부여했다. 중보기도, 사제의 연도, 위령곡, 제사 등이 유교의 조상 숭배에 접목되었는데, 이는 고대 불교와 남방 불교에서는 전혀 낯선 것이었다."(Eitel,

『Handbook to Chinese Buddhism』, 183쪽, 185~186쪽 참조.)

32 아모가는 서양의 위대한 수도사인 골롬바노처럼 지칠 줄 모르는 경전의 번역자이자 필사자였다. 불도징처럼 인도에서 밀교를 가지고 왔으며, 『법화경』 번역에 헌신했다. 『법화경』은 중국에서 40년 동안 불교를 공부한 학자 선교사인 리차드 박사가 자신의 저서 『New Testament of Higher Buddhism』에서 말하는 바와 같이 기독교 복음의 정수이자 수많은 아시아인들에게 위대한 희망의 복음이었다.

33 즉, 태종 이후 가장 위대한 당나라 황제 현종을 말한다. 현종 재위 시 시리아 교회는 자신들을 박해하는 측천무후(과거 비구니로서, 전 황제의 후궁이었다. 황제가 죽은 후 권력을 잡았다) 아래에서 잃은 권위를 회복했고, 그 후 새로운 대덕 승려 키호(Kiho)가 744년 시리아에서 도착했다. 황제는 표어를 지어 교회 벽에 붙였고 당 군주 다섯 명의 영정을 봉안했다. 현종은 '완전한 도(perfect way)의 황제'로 불렸다. 756~762년 숙종은 다섯 고을에 '시리아 광명의 교회'를 다시 세웠고, 백성들과 함께 큰 축복을 받았다.

갠지스 강 라자그리하(Rajagriha) 출신의 불승 이체(I-sz)는 숙종 황제로부터 고위직을 하사받고—경교비에 이와 같이 적혀 있다—광명의 종교의 큰 후원자로서 규율을 만들고 매년 네 개 교회의 승려를 모아 50일 동안 정화 준비에 참여하도록 했다. 따라서 774년에 죽은 불공(不空, 아모가 바즈라) 역시 시리아인들과 친밀했다는 것은 아주 분명하다.

대종(代宗)은 763~780년 '정신의 조용한 움직임을 통한 도의 길'을 걸었다. 평화의 친구이자 자비심이 가득한 그는 불교도와 기독교도 모두와 친하게 지냈고, 메시아의 가르침을 좋아했다. 이 덕이 많은 황제에 이어 즉위한 덕종 2년인 781년, 시리아 승려에 의해 대경교비가 세워졌다. 이것은 그의 생생한 영향력을 언급한다. 그는 메시아의 가르침을 매우 좋아했다. 804년 홍법대사를 맞이한 것도 이 황제였고, 그의 계승자는 이 일본 승려와 헤어지기조차 싫어했다.

34 마찬가지로 시리아 사제 아라본과 중
국 율법의 스승 현장은 각각 인도의 수
도를 방문했을 때 라쟈실야디탸(Rajah
Silya-ditya)에 의해 같은 수준의 환대를
받았다. 아라본은 639년, 현장은 그 몇
해 전에 방문했다.

35 유럽의 3일 연속 행사로는 할로윈, 모
든 성인들을 위한 축일, 모든 영혼을 위
한 축제 등이다. 7월 15일 열리는 오본
절은 유대인의 속죄일에 해당한다. 이
날은 죽은 사람들을 위한 기도를 하는
게 특징이다.

36 848년 중국에서 돌아온 엔닌은 히에이
산[比叡山]에 큰 사찰을 세웠다. 지금
도 볼 수 있는 그 지붕은 중국의 정크선
모양을 닮았다. 그렇다면 천태종과 진
언종은 경교비의 메시지에 영향을 받
았던 게 분명하다.

37 이 책의 32쪽,「요한복음」10:1,9 참조.

38 글자 '대(大)' 하나만 가로, 세로, 높이
가 각각 510피트, 360피트, 228피트이
다. 이것을 얼마나 중요하게 생각했는
지 알 수 있다.

39 이것은 이집트 대 피라미드의 이름이
다. 그 꼭대기에는 봉헌대가 있다.

요세푸스는 유대 성전의 물건 가운데
'매우 아름답고 유명한' 물건 세 가지에
대해 말한다. 세 가지 물건이란 일곱 개
달린 등잔이 곧 일곱 행성을 나타내는
황금 촛대, 분향단, 황도 12궁과 해를
상징하는 열두 진설병 등을 말한다. 모
두 지성소(至聖所) 앞에 놓여 있다.

40 『The Monks of the West』의 면밀한 연
구에 따르면, 그들의 업적은 대부분 홍
법대사나 교기[行基] 보살이 한 것처럼
토착민들이 강을 건널 수 있게 다리를
놓고 큰 길을 내어 모든 나라가 문명으
로 가는 길을 열었다는 데 있다.

41 516년에 즉위했다.

42 L. N. Ranyard, 『Stones Crying Out』,
52쪽 참조.

43 몽탈랑베르는 17세기 브르타뉴의 어
느 수도승이 한 다음의 말을 인용한다.
"태양은 1,300년 동안 끊임없이 한결같
은 마음으로 참된 신앙을 유지한 나라
를 한 번도 비춘 적이 없다."

44 성 도마 시대 기독교인들은 죽은 친척
을 해마다 엄숙하게 기념한다. 낯선 사
람은 참석할 수 없었다. 이 관습은 이교
도 가운데에서도 아주 오랫동안 고대

기독교인들을 단결시켰다.

45 단테는 그 몸을 "죽음을 감싸는 천이 풀린다."고 했다. 라자로의 천에 대해 참조.(「요한복음」 11:44 참조.)

46 영국의 순교자 — 제후로서 (자신의 왕권과 광대한 영지를 포기하고 수도승인 된)카독(Kadoc)은 6세기 초 "사랑은 천국이고 미움은 지옥"이며 "양심은 사람의 마음속에 깃든 하느님의 눈"이라고 가르쳤다. "진정한 왕은 그 자신의 왕이다." 그는 모든 악한 것에 맞서 '카독의 증오 송가'를 지었는데, 이것은 오늘날 독일의 증오의 송가에 나타난 현대 '문화(Kultur)'의 반대말이다.

47 『천로역정』의 '담대(Great-heart)' 씨는 "우리들은 이 겸손의 계곡을 두려워 할 필요 없다. 왜냐하면 이곳에는 우리가 자초하는 것, 즉 보통 사람들이 몇몇 나쁜 악귀의 탓으로 돌리는 행동의 결과가 아니라면 우리를 해치는 것이 아무 것도 없기 때문이다."라고 말한다.

48 나중에 준주성범, 일본어로는 세이한[世範]으로 불렸다.

49 '디창'과 '지장'은 각각 지조보사츠[지장보살]에 해당하는 중국어와 한국어 발음이다. 한반도 남쪽 종광사와 선암사에 있는 지장보살의 가슴에는 독특하게도 십자가 문양이 있다.

50 아미타불 양쪽의 대세지와 관음의 위치에 대해 똑같은 주장을 할 수 있다. 즉 대세지불(조선에서는 때때로 미륵이, 때때로 지장과 약사불)은 '항상 아미타불의 오른쪽에' 있다. 이것은 아마도 대부분의 경우에 그렇지만, 일본과 조선에서 대세지는 종종 왼쪽에, 관음은 오른쪽에 나타나는 것이다.
자신의 저작에서 현장은 대세지와 미륵을 같은 것으로 보았다. 보드가야(Bodhagaya, 법현의 인도 방문과 자신의 방문 시기 사이에 세워졌다)에서 현장은 미륵이 오른쪽, 관음은 왼쪽에 있는 것을 보았다.

51 평소 부처의 머리색은 포도색, 즉 자색이다. 어떤 사람들은 포도가 부처의 와발이라고 한다. 『시리아 성무일도서』에서 그는 "은총이 가득한 포도"로 묘사된다. 의심할 바 없이 제4복음에서 말하는 "참된 포도나무"와 관련된 것이다. 나라에서 약사불의 보좌는 포도덩굴과 맞닿아 있다. 또 나는 경성의 어느

박물관에서 연잎 위에 있는 연꽃 술잔을 보았고, 그 주위에 포도넝쿨이 음각되어 있는 것을 보았다. 이것은 성찬의 상징이다. 또 선암사에서 포도와 열매가 달린 아름다운 박공을 보았다. 이것은 조선이 포도 재배권이 아니라는 점에서 놀랄 만하다.

52 「루가복음」 22:29, 30, 「마태오복음」 24:44~47 참조. 이스라엘 열 부족은 메시아를 거부하고 십자가에 못 박은 두 명의 유다와 다르다. 그리스도는 자신과 사도들의 사명은 이스라엘의 길 잃은 양을 위한 것이라고 선포했다.

53 Hulme, 『Symbolism in Christian Art』, 15쪽, 198쪽 참조.

54 만인의 도서관(Every Man's Library)을 말한다.

55 월터 스콧(Walter Scott)의 독자들은 잘 알 것이다.

56 일본판에서 모자는 관(冠) 혹은 보관(寶冠)으로 묘사된다.

57 종광사 관음전에서 관음상을 보았다. 물로 둘러싸인 바위 위에 앉은 관음은 정병을 쥐고 있고 근처에는 버드나무가 자란다. 그러나 매우 독특하게도 관음이 삭발한 상태여서 놀랐다.

극락전의 천장은 불멸의 상징인 백로로 덮여 있다. '백로'는 로마교황 다마수스가 명령해서 성 니니안(Ninian)이 영국 북부에 세운 최초의 수도원 이름이다. 다마수스는 카타콤의 열광적인 복원자로서 자신의 발견에 대해 성 니니안에게 열변을 토했음이 분명하다. 이들 백로들은 훗날 이집트의 기독교 묘지에 나타났다.

58 프라 안젤리코(Fra Angelico)는 피렌체에 있는 자신의 유명한 벽화에서, 자신을 맞이하는 천사가 준 장미관을 쓴 삭발승이 천국의 언덕을 올라가는 것을 보여준다.

59 "일그러진 영혼"의 동일한 표현이 『서유기』의 저자가 태종 황제가 지옥을 방문한 것을 묘사할 때 더 사용된다.

60 이 책의 40쪽 주3, 47~49쪽 참조.

61 에드킨스는 잠자는 지장을 그린 중국 그림을 설명하고 있다. 그의 머리에서 별이 빛나고 그 옆에서는 기쁨과 쉼을 의인화하는 두 청년이 있다.

62 '향기'는 단테의 「연옥」과 페르시아 경전 『아베스타』의 특징이다.

63 도솔천, 즉 불교의 메시아인 미륵의 하늘은 환희와 기쁨을 특징으로 한다.

64 독일어 feg-feuer은 타오르는 불이라는 뜻이다. 옛날 영어에서 '복음'은 즐겁고 기쁜 소리를 뜻한다.

65 신자의 영혼을 맞이하기 위해 오는 천상 악단의 만다라는 영혼을 위해 일본의 사찰에 봉헌한다. 종종 죽어가는 사람의 머리맡에 놓이기도 한다.

66 Edkins, 『Chinese Buddhism』, 346쪽, R. J. Johnson, 『Buddhist China』, 196쪽 참조.

67 "잘못 생각하지 마십시오. 자기 육체에 심는 사람은 무엇을 심건 자기가 심은 것을 그대로 거둘 것입니다."(「갈라디아」 6:7, 8 참조.)

68 고야 수도원에서 가장 오르기 힘든 후도자카(Fudozaka)에는 염마(Yemma)와 지장의 그림이 나란히 있다. 명칭은 다르지만 하나이고 또 같은 존재를 나타낸다.

69 일본어로는 케사[袈裟]이다. 가톨릭 선교사 마리뇰리(John de Marignolli)는 중국에서 가사를 오른쪽 어깨를 드러내며 사도들처럼 입는 사람들을 봤다.

2세기 로마의 놀랄만한 모자이크는 두 명의 순교자들이 이런 차림이었다는 것을 보여준다.(Frontispiece, 『Early Christianity and Paganism』, S.P.C.K[그리스도교 지식보급협회 -편집자 주] 참조.)

70 「시편」 23:4 참조. 홍법대사의 석장은 오노미치[尾道]의 사이코쿠지[西國寺]에 보관되어 있다. 다른 것들과 달리, 이 석장은 한 쪽에 고리가 세 개, 다른 쪽에 하나가 달려 있다. 홍법대사는 이것을 장안에서 가져왔다. 내가 생각하기에 세 개의 고리는 경교비 비문 가운데 삼위일체(Three-One)를 뜻하는 것이다. 그리고 석장은 대승불교에만 있는 것이다.

71 『Purgatory of St. Patrick』에서 죄수들은 붉고 뜨거운 쇠로 된 고리를 찬다. 오리게네스는 이집트의 가장 열악한 감옥에 있을 때 쇠사슬에 묶이고 쇠칼을 찼다. 물론 칼(cangue)은 나무로 만든 중국의 형틀이다. 스타인 박사는 당나라 시대에 만들어진 둔황 천불동의 동굴 사찰에서 같은 그림을 발견했다. 이것은 소승불교에서는 매우 낯선 것이다.

238

이 책의 20쪽을 보라.

72 삿다르마 푼다리카(Saddharma Pun-
darika). 정확하게 옮기면 '연꽃의 복
음'이다.

73 조선의 사찰에서 천장을 뒤덮으며 어
디서나 볼 수 있는 연꽃이라는 점에
서, 예루살렘의 솔로몬 신전에서 이 연
꽃이 두드러진다는 것은 주목할 만하
다.(유럽에서는 연꽃이 알려져 있지 않
다는 단순한 이유 때문에 영어 성서에
서 연꽃은 백합으로 번역한다.)

74 Edkins, 『Chinese Buddhism』, 364쪽
참조.

75 「히브리서」 7, 「요한묵시록」 1:13 참조.
아름다운 지장경은 아난다가 쓴 것임
을 유의하라.

76 조선의 그림에서 이 주옥 마니[株]는
일본의 불투명한 것과는 달리 보통 투
명하다.

77 「니고데모 복음」은 매우 오래되어 3세
기에 일부 기독교 교회에서 사용했다.
13장은 지옥 깊은 곳에서 갑자기 어둠
속에서 검은 옷을 입고 나타나, 교부들
에 의해 하느님의 아들로 인정받은 거
대한 빛에 대해 말하고 있다. 신약의 정

경에 포함되지 않은 외경이기는 하지
만 「니고데모 복음」은 이단 서적이 아
니다.

78 산스크리트어로는 토페(tope) 혹은 스
투파(stupa)다. 이 안에 유해가 안치되
어 있다. 스투파는 땅을 나타내는 방형
기단 위에 반원형의 돔이 얹혀 있다. 이
위에 정육면체로 된 부처님의 처소가
있다. 빌 씨는 "이것은 부처라는 정신
적 존재가 지배하는 삼계(三界)를 돌로
묘사한 최초의 시도"라고 말한다. 스투
파 안에는 부처의 존재를 암시하는 부
처의 유해가 있다. 부처 자신의 유일
하고도 권위 있는 대체물이다.(S. Beal,
『Buddhism in China』, 256쪽 참조.)
흥미롭게도 기원이 1세기까지 거슬러
올라가는 카이펑 유대교 회당의 베델,
즉 하느님의 집은 밖에서 보면 사각형
이지만 돔 안쪽은 원형이다. 베이징 천
단은 원형인데, 땅을 나타내는 사각형
기단 위에 있다. 이오나(Iona) 등의 고
대 켈트 십자가는 이것과 똑같은 가르
침을 준다.

79 아시리아의 위대한 정복자 사르곤 2세
가 사마리아에서 이스라엘 종족을 몰

아냈을 때 그중 일부—요셉 가문—는 우디아나 지역으로 보내졌다. 홀디치 경은 최근 포로들의 강제 노동에 의한 박트리아의 운하와 관개 사업에 대해 기술했다.

80 같은 생각이 고대 이집트의 구세주이 자 신(神)인 오시리스에게도 나타난다. 이것을 보면, 죽은 자가 생명을 얻는다. 요세푸스에 따르면, 모세는 이스라엘의 구원자가 되기 전에 이집트 헬리오폴 리스(Heliopolis)의 사제였다.

81 현장이 우디아나에서 들은 이야기에 따 르면, 어느 왕은 바위에서 물을 끌어올 려 자신을 따르는 사람들의 갈증을 해 소했다고 한다. 이것은 로마 대리석 석 관에 양이 열두 명의 동료들을 위해 바 위를 깨뜨리는 모습으로 나타나 있다.

82 기원전 720년, 아시리아의 위대한 정복 자 사르곤 2세가 사마리아에서 이스라 엘 열 부족을 떠나게 했을 때 몇몇 부 족—요셉 가문—은 우디아나 지역으로 갔다. 최근 홀디크 대령은 박트리아의 운하와 관개사업이 이 포로들의 강제 노동에 의해 진행될 수 있었다고 주장 했다.

83 「루가복음」 23, 42, 43 참조.

84 이 책의 55쪽 주76, 77 '광명의 옥' 참조.

85 모사본이 1911년 일본 고야산에 세워 졌고, 현재는 오쿠노인 안에 있다. 이것 의 '영적인 영향력'은 '매우 강력한' 것 으로 일컬어진다.

86 졸저『Temples of the Orient and Their Message』366쪽과 370~371쪽을 보라.

87 수메르인들은 몽골어를 사용하는 민족 으로, 점토판엔 그들과 관련해 "신이 머리가 검은 민족을 사랑했다."고 적고 있다.

88 후기 바빌로니아 신앙에서 '메로다크 (Merodach)'는 그리스의 아시아 왕 들이 비문에서 제우스와, 그리고 조로 아스터인들이 사오시안트(Saoshyant) 와 동일시한 인물이다. '무적의 아지타 (Ajita the Invincible)'는 고타마 붓다가 미래불 미륵에 수여한 명칭이다.(Eitel, 『Handbook to Chinese Buddhism』, 5쪽, 52쪽, 이 책의 37쪽 주56, 50쪽 주 49 참조.) 페르시아 제국(동쪽 경계는 인더스강 의 나라인 간다라 지방)을 건설한 키 루스는 점토판에서 자신을 바빌론에서

일상의 희생의식을 복원한 '메로다크의 작은 종복'으로 묘사했다. 한편 히브리 작가들도 그를 예루살렘에서 자신의 가문과 경배를 복원한 '여호와의 선택받은 종'이라고 언급한다.

키루스 대제는 박트리아에서 죽었다.(「이사야」 44:28, 45:1~5, 「역대기하」 36, 22, 23, 「에즈라」 1~9, 「다니엘」 6:28, 10:1 참조.)

89 'Creation Series'의 11태블릿(tablet) 참조.

90 그리스도의 산상수훈을 보라. 「마태오복음」 5:17, 「히브리서」 1:1 참조.

91 이 책의 94쪽 참조.

92 이 책의 46쪽 주31 참조. 동경제국대학의 다카쿠스는 말한다. "산스크리트어 울람바나는 하늘에 매달려 있는 일본어 '우란분(본)'에 해당한다. 웨일즈어로는 장엄하다는 의미의 바나(bana)이다. 본(bon)과 횃불은 선물이나 호의라는 것과 연결된다. 횃불은 위험한 암벽을 항해하는 선원들을 위한 경고의 표시다.(이 책의 50쪽 참조.) 이와 같은 횃불과 등대는 6세기 브리튼섬의 암벽 해안 주위에 영혼의 안내와 평안을 위

해 지은 수도원들과, 앵글로색슨 공주로 7세기에 '조국의 어머니로 존경받은' 힐다가 세운 횃불 섬의 스트레안샬츠(Streanshalch)다. 이것은 극동에 있는 코묘지[光明寺]의 기본 생각이다.

93 에드킨스는 말한다. "마(魔)라는 글자는 분명 516년 남경 양나라 황제 무제가 만든 것이다. 신라 법흥왕이 그에게 보낸 사람이 불경을 구하고 공물을 갖고 왔다. 541년 백제에서도 '위대한 죽음'의 불경과 장인 그리고 불화를 그리는 화가를 요청하는 사절을 보냈다. 이것은 내가 조선 남쪽 지방과 금강산 사찰들을 방문할 때의 일이다."

94 수메르비에는 이렇게 명명되고 있다.

95 이 책의 13쪽, 17쪽 주22 참조.

96 관음은 소승불교에는 존재하지 않는다.

97 『Mission and Expansion』, 1권, 240쪽 참조. 그리고 졸저 『Temples of the Orient and Their Message』를 보라. 바빌로니아 에사길 순례 사원의 의례는 사원이 기원전 275년 파괴될 때까지, 이집트 헬리오폴리스에서는 기원전 240년까지(이 책의 55쪽 주80 참조), 신앙의 중심지인 니푸르의 에쿠르에서

는 파르티아 유목민들이 기원전 150년 이곳을 파괴할 때까지, 예루살렘 시온 산에서는 70년 로마에 함락되어 밭을 일구고 소금으로 씨를 뿌릴 때까지 계속되었다. 히브리 선지자들과 그리스도 자신은 이러한 몰락을 예견했다.

98 대승불교는 3세기에 '수많은 프라바시(Thousands of Fravashi)'―수호령(守護靈)―라는 페르시아의 개념을 받아들였다.(Eitel, 『Handbook to Chinese Buddhism』, 8쪽 참조.)

99 이 책의 21쪽, 40쪽, 56쪽 참조. 특히 주목할 것은 조선의 그림이나 조각 가운데 머리, 다리, 팔 등을 여러 개 지닌 신은 없다는 점이다. 일선군 석굴에서 십일면관음을 보았을 뿐이다.

100 가장 최근의 학자에 따르면, 호탄에서 용수(대승불교 2조 가운데 한 사람)는 철탑(iron tower)에서 불교에 귀의했다.

101 산스크리트어로는 마이트레야(Maitreya, 자씨慈氏) 또는 무적의 아지타(Ajita the Invincible)이다.(이 책의 57쪽 주88 참조.) 티베트에서는 부처에 대한 수식어 가운데 석가모니와 여래(tathāgata) 다음으로 '승리의(Bhagavan)'라는 말이

많이 사용된다.(『Buddhism in Tibet』, 345쪽 참조.) 『동시리아 성무일도서』에는 "우리의 정복자 왕인 그대 예수께 영광을"이라고 되어 있다.

102 백의는 관음을 일컫는 한자 명칭이다. 서양에서는 보통 오순절―영국에서는 성령강림절―때 세례의식을 하는데, 세례를 받은 사람들은 8일 동안 흰색 새 옷을 입기 때문이다. 동시리아인들 역시 크리좀(chrisom)이라는 세례용 흰옷을 입는다.

103 「루가복음」 2:13, 15:10, 「마태오복음」 27:50~54 참조.

104 사람의 영혼이 어린아이로 다시 태어난다고 생각하는 기독교 관습 때문에 천사가 종교화에 등장하는 일이 유행했다.

105 이 책의 54~55쪽과 62~63쪽 참조.

106 '몸은 세 개, 마음은 하나'를 뜻한다. 조선의 대미륵사의 배 그림에서 이 세 부처는 '바다의 삼존불'이라 불린다. 경교비 참조.

107 '여러 줄로(In piles).' 「레위기」 24:6, 「히브리서」 9:2, 이 책의 47쪽 주39 참조.

108 안티오크의 이그나티우스, 순교자 유스

티니아누스, 갈리아의 이레니우스 등은 하느님의 성찬을 '불멸의 약' 또는 '순례자의 음식'으로 불렀다.

109 2세기 아시리아인 타티안(Tatian)이 편찬한 시리아어본 복음 디아테사론(Diatessaron)의 제목은 '제4복음'이다.

110 조선의 다른 벽화에서 필자는 오색 깃발, 즉 무지개가 걸린 배의 이물에서 삼존불을 봤다. 대세지 혹은 지장이 있고 관음이 뒤에 있고, 한 척 이상의 배에 어떤 승려가 이끄는 사람들이 가득하다.

111 이 책의 제11장 '구옥(球玉)과 물고기'를 보라.

112 마지막 문단은 원문에 나와 있는 그대로 수록했음을 밝힌다. 일종의 덧붙임 글로 보인다. ―편집자 주

제3장

1 「베드로 1」 3:18~22 참조.

2 소유의 증표로, 관(冠)이나 문(紋)처럼 성스러운 의미를 담고 사람, 몸, 영혼, 정신 등에 증표로 새겨진 십자가나 만(卍)자 표시를 가리키며, 소유자의 옷이나 물건에 찍혀 있다.

3 「고린토 1」 15:29 참조.

4 『Apostolic Fathers of the First Century』, 에딘버러의 J. 그랜트가 발행한 소 실용판 참조.

5 따라서 조선어로 된 『Life of Shaka』에는 "모든 세계가 지금 아미타불의 이름을 부르고 있다. 수천 개의 눈으로 보고, 대세지 그리고 생명의 관음과 함께 모든 유한한 생명을 지닌 자들을 구원하는 이 부처는 그들의 머리에 손을 올리고 증표를 주고 있다."고 되어 있다. "따라서 아난아, 서쪽 하늘에서 빛나는 빛을 따르거라. 조심해서 잘 보거라." (「사도행전」 2:21, 38~41 참조.)

6 이 책의 17쪽 참조.

7 Eitel, 『Handbook to Chinese Buddhism』, 210쪽 참조. 그륀베델(Grünwedel)은 『Buddhist Art』에서 우디아나 지역 스바트(Svat)에서 발견된 모형 성전에 대해서 언급한다.(놀랍게도 조선, 일본의 그림과 닮았다.) 이것은 위로는 삼존이, 아래에서는 삼존의 일체가 설교하는 것을 보여준다.

8 금강산에서 본 벽화에서 아미타불은 삼존불의 중심으로, 불멸의 부처, 즉

‘대무량수여래’로 불린다.

9 「요한복음」 5:24 참조.

10 “하느님의 성격을 나누어 가진 자”(「베드로 1」 1:23 참조.) “하느님의 아들들”(「로마서」 14, 「요한복음」 12:1, 「에페소서」 3:1, 이 책의 15~18쪽, 32쪽 참조.) 십자가의 성 요한은 “영혼은 진실로 신이 된다. 사도 가운데 으뜸인 자(「베드로 2」 1:2~4 참조)는 우리에게 영혼이 하느님의 본성과 함께 하고 그와 함께, 그리고 그 안에서 삼위일체의 일을 도우며 이것은 영혼과 하느님 사이의 일치에 의한 것이라고 가르쳤다.”고 썼다.(이 책의 17~18쪽, 24쪽 주34 참조.)

11 진언종은 “물로써 대일(大日)로 다시 태어난다.”고 가르친다.

12 15세기 유럽에서 성사가 베풀어지는 제대는 우리들의 배를 채우고 또 채우는 고기일 뿐만 아니라 우리를 하느님처럼 만드는 것이라고 한다.

13 「마르코복음」 1:8 참조. “그 분은 성령으로 세례를 베푸실 것이다.”

14 이 책의 59쪽 주102 참조. 메시아, 즉 미륵을 말한다.

15 「시편」 148:7, 9. 「이사야」 49:12 참조.

히브리인들 생각의 유사성을 보려면 「판관기」 9:8을 보라.(「판관기」는 흔히 「사사기」라고도 한다. −편집자 주)

16 644년에 세워진 절이며 이곳에서 산스크리트어를 많이 공부했다.

17 영국의 수도승들은 가죽을 이어 만든 배를 타고 아르모리카(Armorica)로 도망쳤다. ‘서쪽 끝’ 피네스테레(Finesterre) 곳의 무시무시한 바위들은 영국에 기독교를 전파한 사람들을 기려 여전히 ‘승려들’이라고 불린다.(『Monks』 2권, 17쪽, 이 책 49쪽 참조.)

18 조선의 이 대불을 볼 수 있는 가장 좋은 곳은 온정리와 건봉사 사이의 신송도 마을이다.

19 고대 메로빙거 왕조의 문서는 “성령은 훌륭한 조종사처럼 배를 이끈다.”고 말한다.(「시편」 143:10 참조.) “그 착하신 영으로 나를 인도하소서. 한 길을 가도록 인도하소서.”

20 이 복음서는 세 가지 공관복음서만큼이나 오래 된 것으로 유대−기독교 교회에 의해 받아들여진 것이다. 에우세비우스는 “이 복음서를 받아들인 히브리 사람들은 특히 기뻐했다.”고 말했다.

21 하르나크는 처음 세 가지 복음서는 예
    수 그리스도가 영혼과 육체의 의사로
    서 치료를 받고자 하는 많은 사람들을
    불러 모았다고 주장한다. 그는 기독교
    가 구원과 치유의 종교이며 처음 400년
    동안 이러한 측면이 지배적이었다고
    말한다. 이 책 13~15쪽을 보라.(「마
    태오복음」 9:35, 「마르코복음」 2:17.
    『New Testament of Higher Buddhism』
    263쪽의 "Twelve Desires of Yakushi,
    the Good Physician" 참조.) 『시리아 성
    무일도서』는 '돈을 받지 않고 병을 낫
    게 하는' 이 의사를 매우 강조한다.

22 800년 전, 호넨 쇼닌은 정토 관련 그림
    을 그렸다. 이 그림에는 5개의 구옥(球
    玉)이 위에 있는 부처를 향한 상태로
    제단에 놓여 있다.

23 케네스(Kenneth) 수도원장(517~600)
    과 이오나(Iona) 수도승들은, 조선의 수
    도승과 참배자들이 나무아미타불을 소
    리 낼 때처럼, 머리 위로 자신의 손을
    올렸다.(이 책의 17쪽 참조.) '손으로
    네 마음을 올리라'는 것은 기독교식 충
    고이며, 성 바오로는 '성스러운 손을 들
    어올리라'고 말했다.

24 고헤이[御幣]는 신에게 바치는 종이 또
    는 옷감을 말한다. 고대 셈족의 종교는
    가장 신성하고 침범할 수 없는 것이었
    다.(Robertson Smith, 『Religion of the
    Semites』 참조.)

25 신사 입구에 세운 기둥 문. −편집자 주

26 이 책의 13쪽 주8 참조.

27 「마태오복음」 28:19, 「마르코복음」
    16:15 참조.

28 나는 조선의 갑사(1513년에 아도가 창
    건했다)에서 다른 것에 비해 특이한 열
    반 장면을 발견했다. 닫힌 관 머리 쪽에
    서 무지개 불꽃이 피어오르고 그 주위
    의 모든 사람들이 울고 있다. 장안사에
    서 이 불꽃은 무지개 위에 앉아 있는 석
    가여래에게 닿을 때까지 계속 올라간
    다.(이 책의 30~31쪽 참조.) 관 주위의
    16나한은 당황하기는 하지만 다른 곳
    처럼 아주 슬퍼하지는 않는다. 영광의
    무지개가 관에서 나타날 때 가섭이 아
    주 황홀한 기쁨을 느끼면서 자신의 팔
    을 들어올린다. "이것은 조선역사에 나
    오는 이야기입니다."라고 승려가 필자
    에게 말했다.

29 대승불교에만 있는 명칭이다. 「요한복

음」12:19 "모든 사람들이 그를 따른
다." 참조.

30 「히브리」12:3, 「요한복음」19:30, 4:34,
17:4 참조.

31 아주 특별히, 「요한복음」14:2, 16:6,7을
경교비와 비교하라. "자신의 일을 마친
후 메시아는 대자비의 배를 보내 산자
와 죽은 자가 명궁(明宮)에 올라갈 수
있도록 했다."

32 이 책의 50쪽 주52를 가리킨다.

33 이 점에 유의할 필요가 있다. 에드킨스
는 12세기에 이르러서야 여성 모습을
한 관음보살이 나타났다고 말했기 때
문이다.(Edkins, 『Chinese Buddhism』,
382~383쪽 참조.) 오도자는 749년에
죽었다. 이 그림의 모사본은 장안사에
있고, 나는 1915년 10월 그곳에서 사본
을 구했다.

34 이 규율의 주요 목적은 사면, 정화, 치
유라는 점을 이해하는 것이 중요하다.
"여기서 고통은 있을 수 있지만 죽음
은 없다."(단테 「연옥」 27곡 21행, 10곡
108~110행 참조.)

35 이 책의 44~46쪽 참조.

36 몽탈랑베르의 언급이다.

37 「마카베오 하」12:44, 45 참조.

38 아마도 현재 일어나고 있는 전쟁과 관
련해 적잖이 주목할 만한 결과는 영국
에서 프로테스탄트 교도들조차 이러한
경건한 관습의 부활을 열정적으로 요
구한다는 점이다. 이것은 가장 소중한
것을 잃은 데 따른 슬픔으로 찢어진 인
간 마음의 자연적인 본능을 만족시키
기 때문이다.

39 루터는 "전쟁은 그 자체로 하느님의 사
업이다. 먹는 것, 마시는 것 그리고 다
른 일을 하는 것처럼 필요한 일"이라고
말했다. 루터 교회의 수장인 지금의 독
일 황제는 중국 원정 전야에 연설을 했
는데, 연설 내용 가운데 다음의 말들이
독일 제국 전역에 우편엽서를 통해 유
포되었다. "적을 만나면 무찔러라. 여
지를 주지 마라. 감옥에 넣을 필요도 없
다. 자비를 베풀지 마라." 이 메시지는
이어 독일인들에게 10~14세기에 유럽
을 약탈한 훈족처럼 행동하라고 명령
한다.

40 '정(正)'은 올바른 힘, '양(陽)'은 햇볕,
'사(寺)'는 절이라는 뜻이다.

41 부처는 "영적인 육체(Spritual Body)는

불멸한다."고 말했다.

42 난조 분유(B. Nanjio), 『Twelve
    Buddhist Sects 13』, 143쪽 참조.

43 아일랜드 문(Moone) 수도원의 켈트 십
    자가에는 쌍둥이 물고기 아래 다섯 개
    의 원반이 있다. 내가 동일한 가르침의
    예로 인용하는 것이다. 이 다섯 개의 원
    반은 켈트 십자가에 자주 등장하고 콘
    월(Cornwall)의 가장 오래된 십자가, 즉
    411년 순교자 밀로르(Mylor)의 것은 머
    리 쪽 원 안에 만(卍)자가 있다.

44 Eitel, 『Handbook』, 45~100쪽 참조.

45 Neale, 『Primitive Liturgies』, 79쪽 참조.

46 이 책의 16쪽, 주15, 55쪽 주78,80 참조.
    '존재의 법', 일본어로는 붓포[佛法].

47 탑[Sotoba]의 가르침은 육신은 죽을 때
    흙, 물, 불, 공기, 기(氣)로 나누어진다
    는 5원소설과 비슷하다. 맨 위의 에테
    르는 위를 향하는 주옥으로 나타난다.
    이것은 성 바오로가 빌립보인에게 준
    가르침인 "땅 위와 땅 아래의 모든 것
    이"와 정확하게 일치한다.

48 건축에서 괴물 형상으로 만든 낙숫물
    받이. -편집자 주

49 「요한묵시록」 7:1 참조.

50 "'석가모니'라고 할 때는 '편재하는 신
    (God Throughout)'을 의미한다."(『New
    Testament of Higher Buddhism』,
    26쪽, 이 책 70쪽 참조.)

51 아잔타 석굴은 페르시아(와 싱할라)의
    영향을 받았다는 사실을 주목할 필요
    가 있다.(이 책의 55~59쪽 참조.)

52 이 책의 40~41쪽 참조.

53 『Ruins of Desert Cathay』, 2권,
    207~208쪽. 이 책의 55~57쪽 참조. 진
    홍색 옷을 입은 그림과 함께 있는 것은
    교토 세간지의 것이다. 벌거벗은 오른
    손(「이사야」 63:1 참조), 타오르는 일곱
    개의 주옥(「요한묵시록」 4:3, 5 참조),
    사자와 일각수, 포도나무 위의 큐피드,
    시리아 시종 여섯 명의 얼굴은 604년에
    세워진 야마토 호류사에 있는 것들과
    닮았다.

54 『Jews in China』, 18쪽, 『Chinese Jews』,
    6~10쪽 참조. 이 팸플릿에 나타나 있는
    회당 바깥뜰 그림은 요시노의 그림처
    럼 어느 신사를 닮았다.
    성전 안 모세오경이 놓인 '모세의 의자'
    는 법회가 열리는 동안 부처가 내려와
    앉는 '부처의 의자'를 떠올리게 한다.

운이 좋게도 필자는 1913년 음력 4월 8일 석가탄신일에 조선 통도사에서 이것을 봤다. 이날 사람들은 더없이 존경하는 마음으로 보좌에 앉은 보이지 않는 존재에게 봉헌을 하고 향을 피웠다. 또 다른 절에서 의자에 앉아 있는 불상을 봤는데, "이것은 관행이다."라는 얘기를 들었다. 시리아의 메시아 교회에서 이러한 제단은 '그리스도의 옥좌'이다.

55 사자는 유다, 일각수는 에브라임(Ephraim)을 나타낸다.(「창세기」 49:8, 「신명기」 33:16, 17 참조.) 현재 조선의 남쪽 지방 화엄사에는 사자 네 마리가 석가여래상을 떠받치고 있다. 이 가운데 두 마리는 입을 다물고 있고, 다른 두 마리는 입을 벌리고 있다. 이는 옴(A-UM)을 나타낸다. 웨스트민스터 사원에 있는 '운명의 돌(Stone of Destiny, 보통 야곱의 베개라고 불린다)' 위 대관식용 의자(coronation chair)는 네 마리의 사자가 떠받치고 있다. 참고) 아일랜드 더로우(Durrow) 십자가는 약 913년 경 모나스터보이스(Monasterboice)의 십자가를 만든 조각가와 동일한 사람이 만든 것으로, 삼

위일체, 분신, 법륜(rimbo)을 매우 잘 보여준다.(이 책의 63쪽 주7, 93~94쪽, 99~100쪽 참조.) 법륜 위에 있는 성삼(聖三)으로부터 바퀴 안에 매달려 십자가에 못 박힌 존재의 머리 위로 비둘기가 내려온다. 십자가 뒤편에는 우리가 극동에서 이따금 접하는 것과 같은 흥미로운 형태의 커다란 만(卍)자 문장이 있다.(Macalister, 『Muiredach, Abbot of Monasterboice』, 3권, 2장 참조.)

제4장

1 버킷(F. C. Burkitt) 교수의 통찰력 있는 작품 『Early Christianity Outside the Roman Empire』 22쪽을 보라.

2 "복된 성 도마에 의해 생명의 교리가 힌두 전역에 일어났다. 그로 말미암아 하늘나라가 확대되었고 중국인들에게도 하늘나라의 문이 열렸다."(아세마누스Assemanus 인용, 『시리아 전례(Syriac Liturgy)』, 156쪽 참조.) "나는 생명을 얻고 더 얻어 풍성하게 하려고 왔다."(「요한복음」 10:10 참조.) 또, 『동시리아 성무일도서』에는 "그리스도, 우

리의 구세주요 생명을 주는 분"으로 기
록되어 있다. 로마의 성무일도서에서도
구세주이자 생명을 주는 자의 이름은
'예수'이다.

3 단테 「연옥」 1곡 4~6행, 16곡 30~41행
참조.

4 일본어 모든 문자에서 ん을 제외하고
모두 한 번씩 사용해 만든 노래. −옮긴
이 주

5 「마태오복음」 5:8의 산상수훈.

6 단테 「천국」 30곡 103행 참조.
「연옥」 2곡 43~50행에서 하늘의 뱃사
공(Celestial Pilot)은 자신의 배에 탄 사
람들이 연옥 산기슭에 닿기 전에 그들
을 향해 십자가 성호를 그었다.

7 여섯 명의 도둑은 변화를 좋아하는 눈
씨, 쉽게 화를 내는 귀 씨, 냄새를 좋아
하는 코 씨, 폭식가인 혀 씨, 탐욕스러
운 생각 씨, 만족을 모르고 까다로운 슬
픔 씨 등이다.(Mission to Heaven, 140쪽,
205쪽 참조.)

8 「요한1서」 3:1~3 참조.

9 손오공은 성격이 독특한 등장인물이
다. "자신의 호전적 성격 때문에 500년
을 갇혀 지낸 그는 다른 사람을 위해 일

한다는 조건으로 풀려났다. 오노미치에
있는 그림은 관정(灌頂)을 받고 새롭게
태어나는 것과 혜원이 백련사의 경전
(이 책의 18쪽, 주20, 21 참조)을 설법
하는 장면을 그리고 있다. 손오공도 그
림 속에 보인다. 금강산 건봉사의 16나
한전에는 손오공이 영생의 과일인 복
숭아 세 개를, 기뻐하는 승려와 경배자
몇 명에게 바치는 장면을 그린 그림이
있다. 매우 흥미롭게도, 고대 이집트에
서는 아비도스(Abydos)의 갈라니 바위
사이로 죽은 자를 실어오는 배를 비비
원숭이가 기뻐하며 맞이했었다. 경성
근처 봉은사에는 손오공이 황제의 사
절인 현장을 위해 관음보살에게 간청
하고 있다. 현장은 물속으로 들어가려
는 거북 위에서 매우 두려워하고 있다.
이 광경은 큰 고래를 섬으로 착각한 성
브렌단이 고래의 꿈틀거림을 보고 공
포를 느낀 것과 비슷하다.

10 러시아 전례에서는 말에 대한 기도가
가장 감동적인데, 이는 "사람과 짐승을
구한다."는 하느님의 약속을 바탕으로
한다.

11 그리스도는 "모든 사람들에게 복음

을 선포하라.''면서 제자들을 보냈다.
(「마르코복음」 16:15, 「로마서」 1:20,
8:22~23 참조.) 마찬가지로 16나한상
가운데 상당수가 팔로 야수를 안고 있
다.

12 「로마서」 8:16, 26 참조. "그 성령께서
우리가 하느님의 자녀라는 것을 증명
해 주십니다." 시리아어로 이것은 '스
스로'라는 뜻이다.

13 「시편」 85:10 참조.

14 이 책의 63쪽 주7,8 참조. 또 「아타나시
오 신경」을 보라. "이 세 가지는 하나
다. 성부이자 성자이고 성령인 것처럼."

15 「마태오복음」 19:24~26 '바늘 눈' 참조.

16 홍법대사는 제자들을 불러 모은 뒤 자
신은 곧 금강승(金剛乘)으로 들어갈 것
이라고 말했다. 그는 고야산에 절을 세
우고 이름을 곤고부지[金剛峰寺]로 지
었다.

17 『New Testament of Higher Budd-
hism』, 38쪽 참조. 금강산의 승려들이
공부하는 경전들은 대승불교 계열의
불경들인데, 화엄과 대승불교에 대한
좀 더 상세한 주해로는 『대승기신론』
『법화경』『보문품』『아미타경』 등이

있다.

18 Grünwedel, 『Buddhist Art in China』,
81쪽 참조.

19 S. Beal, 『Buddhism in China』, 114쪽.
『Buddhist Records』, 1권, 227~228쪽
참조.

20 진언종, 정토종, 신종 각각의 창시자들
이다. 일본인 대다수는 이들 교단에 속
한다.
교토 토호쿠지[東福寺]의 400년 된 그
림에는 아름다운 공작과 비둘기로 둘
러싸인 신란 쇼닌이 나온다. 600년 전
당 고종의 친구 선당(Zendo)처럼 삼불
(三佛)이 그 가슴에 나타난다.

21 「데살로니카 1」 4:16~17 참조.

22 현장이 인도에 가서 찾고자 한 '진법
(True Law)'. 『서유기』와 「시편」 25:14
를 보라. 이것은 "하느님께서 털어놓고
자 하는 생각"을 말한다.

23 이 책의 16~20쪽, 64쪽 주10, 「마태오
복음」 11:28, 29 참조.
힌두교의 『바가바드 기타』는 "신과 함
께 하라. 아슈바고사의 영향력은 분명
하다."고 말한다. 즉 삼위일체 교리, 하
느님의 부성(父性), 신적 존재의 육화

(Incarnation), 신적 존재의 강력한 권능 등을 말한다. 그리고 성 요한, 아슈바고사, 『아미타경』『법화경』의 세 가지 핵심어인 생명, 빛, 사랑이 『바가바드 기타』에도 등장한다는 점은 매우 중요하다. 아놀드(Edwin Arnold) 경은 이 『바가바드 기타』의 번역자 서문에서 "여러 증거를 종합해 볼 때 『바가바드 기타』가 편찬된 것은 기원후 약 3세기 경"이라고 말한다.

24 「마르코복음」 10:25 참조. 또 헤르마스가 꾼 탑에 관한 꿈을 보라. 탑 입구는 현세에서 다른 사람과 부를 나누지 않은 사람들에게는 닫혀 있었다. 그리고 나라 대불전의 기둥에는 순례객들이 웅크려야 들여다 볼 수 있는 구멍이 있다.

25 "십자가 표시는 사방(Four Quaters)을 하나로 모으고 파괴된 조화를 회복시킨다." 경교비 참조.

26 필자가 조선의 사찰에서 피우는 향은 주로 향기 나는 나무 조각이다. 이는 인도 남부 성 도마 기독교인들의 경우와 같다. 우에노의 제국박물관은 시리아 글자가 새겨진 나무향 조각 두 개를 소장하고 있다. 이것은 781년 에도에 들어왔다. 이해에 장안에 경교비가 세워졌는데, 경교비는 '환혼향(還魂香, Life-restoring Incense)'을 언급하고 있다.

27 「창세기」 8:21 참조.

28 웨스트민스터 사원의 딘 스탠리(Dean Stanley).

29 그처럼 '큰 가마솥'—끔찍한 소용돌이—에서 성 콜롬바는 연옥에서 겪는 시련의 상징물을 보았다.

30 '구룡'은 '최초의 부처'가 금강산에 도래하는 것을 반대했다.

이 승려들은 '53불'로 불리고, 때때로 '53불상'으로 불린다. 따라서 몽탈랑베르는 서양의 수도승에 대해 쓰면서 "그들은 하느님의 사람이 가진 모습 가운데 어떤 모습을 높이 평가하는가?"라고 말한다. 흥미롭게도, 모든 사람들이 삭발을 했고 초기 기독교에서 사용한 소매 긴 제의(chasuble)를 입었다. 소코지[宗功寺]에는 '최초의 부처'를 기리는 법당이 있다. 유점사에서처럼, 가운데에는 가슴에 만(卍)자가 새겨진 금빛 옷을 입은 석가가, 용이 갉아먹으려는 우주수(宇宙樹) 뿌리 위 무지개 안에 앉아 있다. 석가에게서는 불꽃이 나

온다. 우주수는 바빌로니아의 티아마트
(Tiamat) 신화에 등장하는 나무, 에덴
에서 뱀이 지키는 나무(「창세기」 3 참
조), 스칸디나비아의 『에다(Edda)』에
나오는 나무와 닮았다.

31 Hulme, 『Symbolism in Christian Art』,
117쪽 참조.

32 1915년 9월, 필자는 마하연 두 번째 방
문 길에 유점사와 미륵불의 거대한 손
(이 책의 31~32쪽 참조)을 거치는 역
방향 행로를 무사히 마치고 마하연에
서 하룻밤을 묵었다.

33 「출애굽기」 19:16~24 참조.

34 이 책의 31쪽, 37~38쪽, 56~57쪽 참조.

35 아르메니아의 사도인 '빛을 밝히는
자(Illuminator)' 선지자 성 그레고리
는 구세주가 빛이 넘쳐흐르는 가운데
하늘에서 내려오는 것을 보았다. 그
는 309년에 기념 교회를 세웠는데, 이
를 '독생자(the Only Begotten Son)
가 내려온 곳'이라는 뜻의 에치미아진
(EtchMiadzin)으로 불렀다. 이 위대한
수도사는 147년 중국에 『대무량수경』
을 전한 안세고와 같은 아르사크 왕족
출신이었다.(이 책의 16쪽 주20 참조.)

36 811년 사이초[最澄]가 지금도 볼 수 있
는 불상 세 개를 히에이산[比叡山]에
안치한 것에 유의해야 한다. 불상 세
개는 '소리를 내려다보시는 주님(the
looking-down Lord)'인 관음상, 자애
롭고 지혜로운 미륵상 그리고 그 사이
의 '하늘에서 땅으로 내려와 모든 것을
비추는 광휘의 존재인' 태장계 대일여
래상! 그 신비의 이름은 산스크리트어
로 옴(A-Um)이다.(『Marco Polo』, 1권,
316쪽, 「이사야」 9:6 참조.)

37 이 책의 39~40쪽 참조.
'지칠 줄 모르는 열정을 지닌' 사이초
는 790년 '모든 사람을 구하기 위해 강
을 가로질러' 히에이산에 근본중당(根
本中堂)을 세웠고, 토굴에 만든 멋진 제
단에 자신이 직접 만든 석가여래, 지옥
에 있는 영혼을 편안하게 할 금강불, 갑
옷을 입은 십이지신상 등을 봉안했다.
(『동시리아 성무일도서』에서처럼)약사
사 대문 한쪽에는 부리를 열었다 닫았
다하는 불사조가 있는데, 이는 각각 옴
(A-UM)을 뜻한다.(이 책의 73~74쪽
참조.) 이 사이초는 4세기에 활동한 혜
원이나 도안의 정신적 후예였다.(이 책

17쪽과 94쪽 참조.)

38 두 개의 금강홀(악을 누르는 부처의 힘
    의 상징)로 만든 이 약사문은 모든 진
    언종과 천태종 제단의 네 구석에 위치
    한다. 이것은 서양의 주교가 제단에 봉
    헌할 때 자신의 손가락을 반짝이는 물
    에 담근 뒤 각각의 구석에 있는 십자가
    를 표시하는 것과 마찬가지다. 판에 다
    섯 개의 십자가가 새겨져 있다.(이 책
    28쪽 주39, ‘마르코 폴로’ 참조.)

39 클레르보의 위대한 수도원장 성 베르
    나르는 더 나은 수도원, 더 많은 수도원
    이 있어야 한다고 끊임없이 소리를 높
    였다. “이 교회의 성채를 늘리자, 교회
    가 이 땅을 뒤덮고 이끌도록 하자. 하
    느님의 아들과 함께 진지를 만들자.”
    (Vaughan, 『Hours with the Mystics』,
    145쪽 참조.)

40 일본어로 오나무지[大己貴].「창세기」
    14:19 참조. ‘위대한 이름의 소유자’로
    하늘 아래 모든 것, 어둠의 지하세계
    의 통치자, 또한 의학적 치료의 선구자
    를 가리킨다. 시리아 사람들에게 향은
    치료의 구성요소 중의 하나다.(이 책의
    82쪽 주26 참조.)

41 히브리어「시편」125:1~2.『동시리아
    성무일도서』참조. “우리 사이에 평화
    가 있게 하시고, 우리에게 십자가요 피
    신처가 되시느니라.”

42 이 깃발은 장안사와 관련된 모든 사찰
    의 특징이다. 장안사에서 ‘장안’은 ‘오
    래 지속될 영원한 평화’라는 뜻을 지
    니는데, 이것은 민족과 나라를 위한 평
    화를 말하며 중국 시안(장안)과 명칭
    이 같다. 이를 본보기로 하여 교토의 헤
    이안[平安]시가 조성되었다.(이 책의
    46~47쪽 참조.) 중국어로 장안은 ‘하늘
    의 도시’다. “평화 속에서”라는 표현은
    로마 카타콤에서 가장 빈번하게 사용
    하는 표현 중 하나다.

43 이후 필자에게 전해진 정토종 사찰의
    휘장(portiere)이 이를 증명한다. 그 윗
    부분에 횐색으로 크게 만(卍)자와 백색
    십자가가 나란히 그려져 있는 게 눈에
    띈다. 이것은 ‘건강을 구하기 위한’ 상
    징이다.

44 침묵의 힘과 관련해 일본인들이 ‘석가
    의 귀하고 친한 친구’라고 말한 유마
    는 우레와 같은 목소리로 말했다. 그는
    “부처님 나라는 네 안에 있다.”고 주장

했다.(이 책의 43쪽 주20 참조.)

조선의 불승들은 '침묵의 계율'을 철저하게 이해했다. 이것은 오늘날 영국에서 부활하고 있는데, 저녁 예배 시간에 가장 인상적인 부분은 예배가 끝날 무렵 신자들이 침묵 속에 서 있다가 앉는 시간이다. 사찰을 떠난 후에도 형언할 수 없는 정신의 침묵이 계속되는데, 한동안 다른 소리들은 불경스럽게 느껴질 정도다.

45 오백 제자(생김새가 모두 다르다)와 함께 있는 석가상 가운데 가장 멋진 것은 원산에서 몇 마일 떨어진 석왕사에 있다. 이들 '오백 명'은 일본에서도 많이 알려져 있는데, 일본의 가장 오래된 사찰들 근처 바위에 이들의 모습이 새겨져 있다. 이 때문에 티모시 리차드 박사와 같은 학자들은 그들이 부활 후에 주님을 본 오백 명의 사람들이라는 나의 주장에 동의한다. 성 바오로가 말한 바대로다.(「고린토 1」 15 참조.)

46 이 책의 31쪽 주44 참조. "비드보다 조금 앞서, 라벤나 등의 교회 후진(後陣)에 장식된 무지개 모자이크는 항상 기독교적 희망의 상징을 담고 있다."고

스커더(V. D. Scudder)가 비드의 『교회사(Ecclesiastical History)』 서문에서 말한다. 이탈리아의 경우가 이렇다면 같은 시기의 조선에서는 왜 마찬가지가 아니겠는가? 조선의 승려들은 "부처는 무지개를 매우 사랑한다."고 말했다.(「요한묵시록」 10:1 참조.)

47 기독교 미술에서처럼, 그리스도의 양쪽에는 각각 유대 교회와 이방인 교회의 창설자인 성 베드로와 바오로가 서 있다.

고타마 부처의 제자인 가섭은 1세기에 인도에서 다시 태어났다. 이것은 유대인들도 잘 아는 바다.(「말라기」 4:5~6, 「마태오복음」 11:13~14, 「마르코복음」 6:14 참조.)

48 이 책의 86쪽 주37 참조. 불사조의 꼬리가 세 개인 것은 카타콤 벽화의 두드러진 특징이고, 깃털은 다섯 가지 무지개 색으로 장식되어 있다. 이 새는 또한 유대 신전의 바닥에도 등장한다. 유대인들이 자신들 삶의 끊임없는 변화를 추구하는 것은 히브리의 전승에서 비롯된 것이다.

그리고 아시리아 기념비들에는 히브리

포로들의 머리카락이 곱슬곱슬한 것으로 그려져 있다.

49 "이 묵시록은 시리아 신약 경전에는 포함되지 않는다." 버킷(F. C. Burkitt) 교수의 말이다.

50 「창세기」 3:24, 「에제키엘」 10:19~20 참조.
이 흥미로운 존재는 세계에서 가장 오래된 성소인 니푸르(Nippur) 유적에서 있다. 이곳에서 히브리 선지자 에제키엘은 꿈을 꿨고, 이에 대해 그는 "나는 그들이 체루빔이라는 것을 알았다."고 말한다. 그들은 홍수 이야기를 기록한 수메르 점토판에 나오는 '임명관(throne-bearer)'들이었다.(이 책의 58쪽 주94 참조.) 이집트의 하계인 '아멘티'에서 이 사신(四神)들은 사자의 심판관인 오시리스 발 앞 연꽃 위에 서 있고, 재판을 받고 있는 사자(死者)를 위해 중재역할을 맡았다.

51 『동시리아 성무일도서』에는 "순교자를 태운 그 배는 얼마나 아름다운지! 체루빔의 동료들은 행렬 중에 그걸 지니고 있다."라고 되어 있다.

52 이 책의 46~47쪽 참조.

53 중국의 전승에 따르면, 용수는 아슈바고사의 제자다. 조선의 정양사에 봉안된 대승불교 고승의 초상화 가운데 14번째가 기쁜 마음으로 아슈바고사의 말을 경청하고 있는 용수다. 이들 사이에 있는 용머리와 바위 위에 있는 물그릇은 세례병과 세 갈래 버드나무 가지를 들고 있는 관음보살이다. 붉은 연꽃 위에 앉아 있는 것이 용수다. 그리고 소승불교에는 관음도 관정도 없다.

54 586년에 이르러서야 십자가에 대한 묘사가 나타났다. 그리고 휴대용 십자가가 도입된 12세기까지 십자가에 매달린 그리스도는 항상 살아있는 모습과 옷을 입은 모습으로 나타났다. "죽음이 다시는 그분을 지배하지 못한다."는 것을 뜻한다.

55 고위 성직자의 제의(祭衣) 시에 입는 사제복.(「출애굽」 28:31~33, 「마태오복음」 9:20~21, 14, 36, 「히브리서」 7:19~26, 「요한묵시록」 1:13 참조.) 에데사의 베레니체(Berenice)가 이 여성이었다고 일컬어진다.

56 이 책의 87쪽 주44 참조. 『유마경』은 아슈바고사가 쓴 『대승기신론』의 주해서

이며, 일본 선종의 승려들이 이 책을 많이 연구했다.

57 오리게네스는 가장 영적인 기독교 교부 중 한 사람으로, 개종하기 전에는 희랍 철학에 경도되기도 했다. 불굴의 기운 때문에 아다만티우스(Adamantius), 즉 '금강석'으로 불렸다. "지칠 줄 모르는", "만족할 줄 모르는", "불굴의" 등은 동서양 모든 위대한 수행자들에게 적용되는 형용사이다. 조선 전역에 퍼진 가톨릭 교리의 일관된 내용은 '합일에 이르는 길(Unitive Way)'에 관한 것이다. 다시 말해, 먼저 하느님과의 만남을 준비하기 위해 정화를 하고, 다음으로 깨달음을 얻으며, 마지막으로는 밀교, 신적인 합일(union), 우애 등을 추구하는 것이다. 성 아타나시우스(Athanasius)는 말했다. "성령이 없으면 무리들은 하느님에게서 낯선 존재가 되고 그분으로부터 멀어집니다. 그러나 성령의 도움이 있으면 우리들은 신격(神格)을 지니게 됩니다."

제5장

1 『Chips from a German Workshop』, 5권, 219쪽, 234쪽, 237쪽 참조.

2 아주 이른 시기인 서기 100년에 편찬되었다.(Grünwedel, 『Buddhist Art』, 194쪽 참조.) 이 경전은 대세지와 관음을 언급하고 있다. 이 책의 115~116쪽 내용과 비교하라.

3 "고귀한 자들은 12사도와 70사도의 기초 위에 세워졌다. 성인들은 성 안토니우스의 진리를 기초로 세워졌다. 나의 눈은 안토니우스의 배를 본다. 이 배는 예언자를 낳고 사도들을 인도했다. 또 순교자와 고백자를 낳은 후 동쪽으로 갔다."(『동시리아 성무일도서』, 125쪽, 183쪽 참조.)

4 이 책의 69쪽 주33 참조.

5 일본어 고쿠라쿠[極樂] 또는 천상의 정원을 말한다. 페르시아어 '낙원(Paradise)'과 같은 뜻이다. 주 그리스도는 이 말을 자신과 함께 십자가에서 매달려 죽어가는 도둑을 상대로 사용했다.(「루가복음」 23:43 참조.) 이것은 「창세기」 2:18에 나오는 '에덴'이다.

6 『日本書紀』, 2권, 170쪽, 142쪽, 그리고 주(註)를 보라.

7 에데사의 왕 아브가르 역시 사도 마르 아다이(Mar Adai, 혹은 타데오Thaddeus)가 자신에게 가져온, 천에 그려진 그리스도의 진짜 모습(vera ikon)을 보고 잠자리에서 펄쩍 뛰었다. 이를 『천로역정』의 다음 내용과 비교하라. 이것을 본 그리스도인은 홀가분함과 즐거움에 넘치는 마음으로 이렇게 말하였습니다. "주께서 괴로움을 당하므로 내게 평안을 주셨고, 주께서 목숨을 버리셔서 내게 영원한 삶을 주셨습니다!" 그러고 나서 한동안 우두커니 서서 신기한 듯이 바라보다가 매우 기쁜 나머지 노래를 부르며 갈 길을 갔습니다. (이 책의 52쪽 주63 참조.)

8 「에제키엘」 1, 「사무엘 상」 6 참조. 논산 근처 관촉사에서 삼지창과 오층탑을 들고 있는 비사문과 물고기 그리고 구원의 큰 배를 봤다.(이 책의 60쪽 주106, 61쪽 주110 참조.) 의식이 치러질 때 신의 수레는 무지개 깃발을 앞쪽에, 삼층탑 한 기를 뒤쪽에 둔다. 한 승려는 어린 아이가 다리를 건너 하늘로 갈 수 있도록 인도한다. 『동시리아 성무일도서』에서 이것은 '지극히 높은 곳으로 이어지는 다리'로 표현한다.

9 현장은 우디아나의 구 도읍 탈리아에서 큰 사찰을 발견했다. 계곡에 위치한 이 사찰 옆에는 매우 거대한 목조 세지보살상이 있었다. 빛나는 황금색에 기적의 힘을 가졌으며 높이가 100피트가 넘는다. 이것은 카슈미르를 개종시킨 아난다의 어느 제자가 만든 것이다. 그는 초자연적 능력을 발휘해 도솔천에 세 번이나 가서 매우 아름다운 미륵의 모습을 연구했다. 이곳 사람들은 법현에게 정법(正法)의 동전(東傳)은 이 불상이 만들어진 것과 때를 같이 한다고 말했다. 와터스 영사의 『On Huen Chwang』 2권 239쪽을 보라.(이 책의 17~18쪽, 44쪽 주26, 78~80쪽 참조.) 모니에 윌리엄스 경은 "불교에서 간다라 조각의 등장 이전에는 불상도, 불상 숭배도 없었다."고 말했다.

10 아발론 섬의 글래스턴베리 수도원에 꾸준히 전해오는 이야기에 따르면, 61년 아리마태아의 요셉과 동료 12명이 영국에 복음을 전했고. 요셉은 버드나무를

엮어 성당을 만든 뒤 은총이 가득한 동정녀에게 봉헌했다. 동시에 오늘날 역사 연구를 통해 확인된 전통에 따르면, 라자로는 마르타, 막달라 마리아, 트로피무스 등과 함께 남프랑스로 갔다고 한다.

11 유럽에 위대한 이방인들의 사도를 초청한 '마케도니아 사람' 참조.(「사도행전」 16:7~9, 23:11. 「이사야」 6:8 참조.) 또한, 하느님 군대의 총사령관으로, 예리고 지방에 가까이 이른 사람.(「여호수아」 5:13~15 참조.)

12 이 책의 44쪽 주26, 50쪽 주49, 63쪽 주6,7, 86~87쪽, 제3장의 주55 '참고' 부분 참조.

13 이 책의 50쪽 주50 참조.

14 그리스도의 형제인 성 야고보의 말 "여러분 중에 지혜가 부족한 사람이 있으면 하느님께 구하십시오."(「야고보서」 1:56 참조)와 솔로몬 왕의 사례(「열왕기 상」 3:5~15, 4:29 참조)를 보라.

15 북방불교의 본질적 특징을 구현한 짧은 경전 『바가바드 기타』는 "죽음의 끝은 탄생"이라고 말한다.(Okura, 『Ideals of the East』, 81쪽 참조.) 그리고 "이것

은 기독교의 강력한 영향력, 즉 매우 기독교적인 특징을 나타낸다."(Hasting, 『Encyclopedia of Religions』, 538~542쪽, 이 책의 79쪽 주23 참조.) 이 힌두 사상은 초기 기독교의 탄생일, 즉 참된 삶으로의 탄생과 일치한다.

16 박사 각가(覺家)는 태자에게 외면적 교리(outer doctrine)를 가르쳤다. 이처럼 안[內]과 밖[外]을 구분하는 생각은 이세 신궁의 내궁과 외궁, 그리고 금강산의 내금강과 외금강이라는 관념 속에 담겨 있다. 오늘날 서양의 화법으로 이것은 '비전(秘傳)'이라 할 수 있다.

17 힌두교 전승에 따르면, 성인들은 자신들이 선택하기만 하면 언제든지 조용히 생명을 마칠 수 있다.

18 경교비 참조.

19 한자로는 '신토(神土)'이다.

20 오늘날의 장덕(ch'ang-teh-fu)을 말한다.

21 우디아나. 간다라 참조. 인도 남서부. 천축 혹은 제니코(Jennico)로 불린다.

22 사자 같은 지성을 지닌 불도징은 316년 낙양에 도착한 뒤 업(鄴)으로 가서 318년부터 340년까지 세 명의 흉노 황제를 섬겼다. 도안은 330~333년 경 불도징

을 만났다. 335년 황제는 그의 신하들이 불교를 받아들이도록 했다. 330년 이후 곧 기독교 로마제국의 수도인 콘스탄티노플에 들어온 이 새로운 수도원주의가 매우 유명해졌다. 이집트에서 망명한 아타나시우스는 340년에 이러한 생각을 이탈리아에 가져갔고, 이어 갈리아 지방에 확산시켰다.(Spence Jones, 『Golden Age of the Church』 참조.) 따라서 제2차 대물결 같은 금욕주의가 동서양에 동시에 퍼졌고 정신적인 생활을 부활시켰다.

23 중국어로 가울리[高麗]이다.

24 오늘날 신의주, 압록강 가까운 곳에 위치한 고구려의 수도이다.

25 이 책의 92쪽 주9 참조.

26 이 책의 19쪽, 78쪽 주9 참조.

27 빌(S. Beal) 씨가 남중국과 일본 북부 하코다테에서 본 것이다. (『Buddhism in China』, 153쪽, 155쪽 참조.)

28 용수는 힌두 베다 철학에 정통했다.

29 이 책의 87쪽 주44 참조.
    『Memoir on the Opinions of Laotseu』에서 아벨 레뮈자(Abel-Rémusat)는 고대 전승 가운데 입에 담기 황송한 이름과 삼위일체 교리에 대해 한 줄기 빛과 같은 흥미로운 문장을 인용한다.
    네가 찾고자 하나 볼 수 없는 것은 나(철자 I)다. 네가 듣고자 하나 듣지 못하는 것은 Hi(철자 H)이다. 네 손이 찾고자 하나 느끼지 못한 것은 Wei(철자 V)이다. 이 세 가지는 이해하기 어렵고, 합쳐야만 하나가 된다. …… 형태가 없는 형태이고 모습이 없는 모습으로서, 가늠하기 어려운 존재인 것이다! 앞서 나간다 해도 그 시작을 찾을 수 없다. 뒤 따른다고 해도 그 끝을 찾을 수 없다.(경교비의 시작하는 말 참조.)
    와이즈만 박사는 이와 관련해 다음과 같이 말한다.(『Twelve Lectures on the Connection between Science and Revealed Religion』 참조.) "이 삼위의 본질에 부여된 이상한 이름은 세 글자 I, H, V로 이루어져 있다. 중국어로 표현하는 경우 아무런 의미가 없고 단순한 문자에 불과하다. 따라서 그것은 낯선 이름이고 어렵지만 다른 곳에서 의미를 찾아야 한다. 그런데 유대인 사이에는 감히 입에 담기 어려운 명칭, 우리가 여호와라고 부르는 단어가 존재한다."

30 「에제키엘」에 기록된 '금빛으로 빛나는
사람(Amber-colored man)'을 지상에
데리고 오는 전차에 대한 꿈은 기원전
592년의 이야기이다.

31 노자는 모세나 에녹처럼 '사라졌다.' 그
리고 공자는 기원전 479년, 고타마 붓
다는 477년에 생을 마감했다.

32 Eitel, 『Handbook to Chinese
Buddhism』, 8쪽 참조.

33 "꺼져가는 심지도 끄지 않으리니"라는
구절, "나는 율법이나 예언자의 말을
파괴하러 온 것이 아니다."라는 그리스
도 자신의 예언 그리고 "하느님께서 예
전에는 예언자들을 시켜 여러 가지 모
양으로 우리 조상들에게 여러 번 말씀
하셨습니다. 그러나 이 마지막 시대에
와서는 당신의 아들을 시켜 우리에게
말씀하셨습니다."라는 「히브리서」의 내
용과 일치한다.

34 신실한 아브라함에 대한 「창세기」
18:19에 나오는 하느님의 말씀을 참조
하라. "나는 그로 하여금 그의 자손과 그
의 뒤를 이을 가문에게 옳고 바른 일을
지시하여 이 야훼의 가르침을 지키게
하려고 그를 뽑아 세우지 않았던가?"

35 그리스 철학에서 도(道)는 이법(理法,
Logos)이다. 필로(Philo)는 "말씀—이
법(理法)—은 신의 성상(聖像)"이라고
말했다. 한자로는 '걷다'라는 뜻과 '말
하다'라는 뜻도 담고 있다.

36 「요한복음」 1:12~14, 「고린토 2」 6:16
참조.

37 한자로는 神道, 즉 '신 혹은 영의 길'이
다. 저명한 중국학자 에드킨스는 일본
의 신토[神道]가 기원전 153년 한나라
의 도교와 매우 닮았다고 생각했다. 나
는 영광스럽게도 동경제국대학의 겐이
치 가토(Genichi Kato) 교수와 '신토의
180개의 신탁'의 영역(英譯) 작업을 함
께 한 경험이 있어서 이러한 사실뿐만
아니라 신탁이 신구약 모두가 말하는
도의 가르침과 완전히 일치한다는 것
을 확인할 수 있었다.

제6장

1 따라서 히브리 민족의 선조인 '부름 받
은 아브라함(Call of Abram)'이나 아므
라벨(Amraphel), 즉 바빌로니아의 위대
한 셈족 법률가 함무라비가 살았던 시

기에 해당한다.

2 옥문관은 만리장성의 요새였다. 만리장성 자체는 진 시황제 때 북방 흉노족을 방어하기 위해 만들었다. 214~220년 시황제는 흉노족을 맞아 30만 명의 군사를 보냈다. 시황제는 장성을 축조하기 위해 아주 많은 사람들을 징발했다. 그 중 월지국 사람들은 그의 전제(專制)를 피해 서쪽으로, 아야(Aya)와 하다(Hada)족은 동쪽에 있는 조선 땅 북쪽의 부여와 고구려로 도망갔다. 「에즈라」의 라틴어본 13장 45절에 따르면, 아르자레트(Arzareth)는 720년 아시리아의 사르곤 2세에 의해 유배된 열 개 부족이 다다른 곳의 지명이다. 그런데 시리아어본에는 '땅의 끝'을 뜻하는 아르자프(Arzaph)로 되어 있다." (F. O. Brukitt의 말과 「열왕기 하」 17:6 참조.)

3 「루가복음」 10:20 참조.

4 『법화경』은 2세기 말에 벌써 인도 승려가 장안에서 번역했다.(Edkins, 『Chinese Buddhism』, 89쪽 참조.)

5 구마라집은 그 밖에 아슈바고사의 『대승기신론』을 번역했다. 구마라집은 『아미타경』(『소무량수경』)을 번역하면서

기쁜 나머지 다음과 같이 외쳤다. "그처럼 행복한 천당이라니! 그러나 영적인 이 나라는 영적으로 충만한 사람들만이 갈 수 있다. 그곳엔 무한한 빛과 마르지 않는 생명이 있다!" 막스 뮐러는 "이 텍스트는 2세기에 편찬한 것"이라고 말한다.(『Chips from a German Workshop』, 5권, 219쪽, 이 책의 79쪽 주23 참조.)

6 탈리라(Talila, 이 책의 44쪽 주26, 92쪽 주9 참조)라고도 한다. 학문이 융성한 곳으로, 힌두 전승에 따르면 이곳에서 청년 부처가 교육을 받았다고 한다. 이곳은 3대 불교 도시 중의 하나로 영국 정부의 후원 아래 발굴이 진행되면서 주목할 만한 결과를 낳았다.

7 서양 수도사들과의 관련성을 보여주는 또 다른 대목이다! 이 수도사들이 처음 한 일은 왕자들을 위해 학교를 세우는 일이었다. 성 패트릭은 40년 간의 전교생활 동안 아일랜드를 학교와 공동체가 가득한 곳으로 만들었고, 30개 주교좌를 세웠으며, 450년 이전에 기독교 법률을 도입했다.

8 이 점에 특히 유의해야 하는데, 유대 선

집(選集, Yalkut)에서 고통 받는 메시아
는 '에브람 벤 요셉의 아들'로 지칭된
다. 메시아가 요셉의 아들이라는 주장
은 가장 늦게 형성된 유대교 전승에 속
한다.(「에제키엘」 37:19 참조.)
우디아나의 유주아자이아(Yuzuazaia)
족, 혹은 (아프간어로)요셉 가문에 대
한 언급은 거룩한 왕자 석가(Xaca)의
전승과 연결된다. 특히 유주프자이아
(Yuzuf-zaia) 지역에 있는 "매우 많은
조각에서는 아주 놀랄 만한 새로운 발
전이 있었다."(Grünwedel, 『Buddhist
Art』, 82쪽, 83쪽 참조.) 또한 불(佛)의
개들, 즉 아잔타의 사자와 일각수를 보
라. (이 책의 76~77쪽, 76쪽 주2 참조.)

9 6세기 초의 역사가 프로코피우스(Pro-
copius)는 성 소피아 성당이 "콘스탄티
노플 위 망루에 닻을 내린 배와 같다."고
묘사했다. 현재 관음과 가톨릭교회는 모
두 '구원의 배(ship of salvation)'로 불
린다.(이 책의 44쪽, 57쪽, 60쪽, 124쪽
주39 참조.)

10 이 책의 88쪽 주47 참조. 또 「역대기
하」 3:3, 15, 17 참조.

11 성문사(省門寺)의 오기가 아닌가 한다.

－옮긴이 주

12 절이 세워지기 수 세기 전에 통찰력을
지닌 순도에 의해 봉헌된 곳에서, 순도
가 기도했다는 말을 전해 들었다.

13 법현은 호탄에서 타타르인 한 명을 만
났다(기원후 400년). 이 타타르인은 열
렬한 법의 신봉자, 즉 외적으로 뿐만 아
니라 내적으로도 '도를 따르는 사람'이
었다.

14 낙양은 기원전 604년 노자가 태어난 곳
이었다.

15 중국에 관한 유명한 권위자인 뒤 알드
(Du Halde)는 『Rise and Progress of
Christianity in China』 2권에서 "이 유명
한 황제는 분명 자신이 쓴 기념비와, 나
중에 비문에 새겨진 내용이 증명하는
것처럼 예수 그리스도를 알고 있었다.
이것은 그가 기독교에 대해서 언급하
지 않으면 어떤 것도 이루어질 수 없는,
거의 모든 곳에서 발견되는 모사본에
서 모은 것이다. 왜냐하면 그는 바람에
노출된 석굴에서도 구세주의 탄생을
언급하고 있기 때문이다. 그의 죽음, 그
의 부활, 그의 강림, 그의 성스러운 발
자국 등."이라고 썼다.(『Indian Church

History』, 83쪽 참조.) 동방에서 구세주의 탄생지는 석굴, 서양에서는 마구간이었다.

16 Asvaghosa, 『Awakening of Faith』, 9~17쪽 참조. T. 스즈키, 빌 씨는 1884년 유사기독교적 요소가 많이 가미된 이 책의 발견을 발표한 바 있다.(『Buddhism in China』, 138쪽 참조.)
   같은 해 리차드 박사는 런던 대사관의 일원인 양 씨에게서 이 책을 추천받았는데, 양씨는 이 책이 자신이 유교에서 대승불교로 개종한 원인이라고 했다. 여기에 큰 인상을 받은 리차드 박사는 1894년 이 책을 번역했고, 이것을 1910년 『The New Testament of Higher Buddhism』이라는 이름으로 발간했다.

17 Eitel, 『Handbook to Chinese Buddhism』 참조. 월지(月支)는 게테(Getae)의 중국어 표기이다. 부족의 우두머리 쿠샤나는 카드피세스 1세 아래에서 기원전 25년 카불 계곡의 그리스-인도 왕국을 정복했고 인도-스키타이인으로 알려지게 되었다.

18 이 말은 『바가바드 기타』에서 온 말이다. "목숨이 끝나는 순간에 나만을 기억하며 육신을 버리는 사람은 누구나 다 나의 지경에 이를 것이니, 거기에는 의심이 없느니라."(「루가복음」 23:42~43, 「요한복음」 14:1~4, 탑에 대해서는 『Sotoba』, 50쪽, 69쪽, 71쪽 참조.)

19 같은 시기 켈트족의 대 수도원인 클론퍼트(Clonfert)의 방고르(Bangor) 수도원에서도 숫자가 같았다.

20 티모시 리차드 박사.

21 『유마경』, 68쪽 참조.

22 홍법대사와 『동시리아 성무일도서』의 관련성은 분명하다. "그리스도여, 와서 잠자고 있는 당신의 종에게 생명을 주소서. 왕의 아들이 와서 죽은 자를 다시 살게 하리니. 정의로운 자들은 그분이 오시기에 앞서 울리는 나팔 소리를 듣고 영광의 옷을 입은 채 그분을 만나러 가옵니다."

23 이 책의 55쪽 주75 참조.

24 일본어로는 아난으로 불린다. 경교비에 나와 있는 셀레우키아의 가톨릭교도는 아난-예수이다. 조선의 아라난타를 보라.

25 나는 보편적인 기독교 전통을 받아들

인다. 왜냐하면(막스 뮐러가 매우 진실
하게 말한 것처럼) "제4복음을 제베데
오의 아들 요한이 쓴 것이든 혹은 다른
요한이 쓴 것이든 그것이 우리에게 하
느님의 아들을 계시하는 것이라면 무
슨 상관이 있는가?"

아베 푸아르의 소책자 『St John and
Close of the Apostolic Age』는 영적인
학생들에게 매우 유용하다. 그는 리옹
의 성 이레니우스가 "주의 제자 요한은
아시아에 있으면서 복음서를 펴냈다."
고 한 말을 인용한다.

네 번째 복음은 성 도마를 언급한다. 그
는 파르티아인, 힌두인, 중국인의 사도
가 되었고, 부활에 대한 그의 의심과 주
님의 영광스런 흔적은 흥미롭게도 가
섭에 대한 설명과 일치한다. 그는 "부
처가 열반할 때는 없었으나 지진에 놀
라 돌아오니 관 밖으로 사랑스런 발이
나오는 것을 보았다."고 말한다. 장안사
벽화에서 가섭은 닫혀있는 관의 머리
쪽에서 무지개 불꽃이 올라올 때 흥분
한 상태에서 자신의 손을 들어올린다.

26 이 책의 24쪽 주34 참조.

27 이 책이 인쇄되는 도중에 요코하마
에 있는 미국성서공회가 내 요청에 따
라 일본어판 성 요한 전집을 하나의 제
목 아래 발행했다는 사실을 기쁜 마음
으로 전하고자 한다. 8센[錢]으로 불자
들에게 유통되어 대승불교와 기독교를
비교할 수 있도록 했다.

28 「마르코복음」 3:17, 이 책의 60쪽 주
109 참조.

29 이들은 에덴 최초의 계시와 「요한묵시
록」 4:6~8에 나타나는 바와 같이 미래
에 속한다.(『Cathay』, 1권, 24쪽 참조.)

30 리차드 박사가 『서유기』의 영역본에 사
용한 그림을 보라.

31 "존엄한 모습을 감추고". 경교비를 참
조하라.(「요한복음」 1:14, 「고린토 2」
6:16, 「요한묵시록」 21:2~3, 「출애굽기」
26:31, 40:3, 「역대기 하」 3:14, 「마태오
복음」 27:50, 51, 「히브리서」 9:2, 10:20.
이 책의 60~61쪽, 71~72쪽 참조.)

32 중세 유럽에서는 이 보석들로 성체를
보관할 성합을 만든다. 상아로 만든 그
것은 탑을 닮았다. 그리고 삼층탑에 보
이는 세 개의 창문은 성 삼위일체를 나
타낸다. 이에 대해 오리게네스의 친구
인 성 바르바라는 항상 공작 깃털을 함

께 들고 아래쪽에 성반과 성체를 가지고 있다.

33 이 책의 44쪽 주27 참조.

34 샤르트르 성당 중앙 창문에 그려져 있는 원죄 없이 잉태한 마리아는 교회를 나타낸다. 그 주위에는 고대 율법의 네 예언자, 즉 이사야, 예레미야, 에제키엘, 다니엘 등이 있다. 각각은 자신의 어깨에 4복음사가를 태우고 있다.

35 『동방성서(Sacred Books of the East)』 21쪽, 227~228쪽을 참조하라.

36 '아라본과 성상'을 참조하라. 현종은 박해 후에 성상을 복원했다. "인쇄술이 발명되기 전 종교적 스승들은 종교를 가르치기 위해 회화나 조각 등 독창적인 방법을 사용했다."고 리차드 박사는 말한다. 불교도들은 워체스터의 딘 (Dean)이 자신의 『The Golden Age of the Church』에서 능숙하게 묘사했던 것처럼, 서방의 스승들이 기독교 교회의 초기 역사에 무지했기 때문에 성상들을 우상이라 했다는 점을 알아야 한다.

37 「출애굽」 26:31, 40:3, 「역대기 하」 3:14, 「마태오복음」 27, 50, 51, 「히브리서」 9:3, 10:20, (이 책의 60쪽, 71~72쪽

참조.)

38 이 책의 49쪽 퍼시(Fursey) 참조. 동방 기독교에 있었던 이 "이상하지만 일반적인 혼성 수도원"에 대한 보다 자세한 사항은 『The Monks of The West』의 4권 420쪽 이하를 보라.

39 소승불교에는 없는 이 염주는 미륵의 특별한 문장으로, 미륵은 손에는 감로 정병을 들고 있고 머리 위에는 탑이 있다. 염주는 이집트의 어느 은자가 발명했다.(이 책의 18~19쪽, 89~90쪽, 120쪽 주25 참조.)

40 「루가복음」 6, 13, 15 참조. 『New Testament of Higher Buddhism』, 178쪽, 『법화경』 8장을 보라.

41 젠코지는 현재 아사쿠사의 관음사(638년 창건)처럼 천태종에 속해 있다.

42 콘스탄티누스 대제는 라테라노 대성당의 제단에 약 30파운드 되는 황금탑과 성반(聖盤, paten)을 바쳤다. 말라바르의 성 도마 기독교인들 역시 그와 같은 탑을 사용했다.

43 이 책의 92~93쪽, 『日本書紀』, 2권, 118쪽, 370쪽 주2 참조.

44 그 자리에 생긴 교회는 오늘날에도 이

기적을 기념한다.

45　나는 한반도 중부의 개원사에서 산스크리트어 세 글자 '아-옴-부(A-Om-Bhū)'가 새겨진 기와를 받았다. 이것은 신의 비밀스런 이름인 '대일여래'와 '풍도'를 부르는 것이다. 일본의 진언종, 정토종 승려들과 개원사 승려들이 내게 그렇게 말했다. 나는 유점사 석가여래의 에메랄드 후광에서도 세 글자를 발견했다.(이 책의 85쪽 그림 참조.)
　카슈미르 출신의 힌두교도인 친구는 다음과 같이 말한다. "이것은 '모든 신의 이름 가운데 가장 신성하고 은밀하며' 모든 형태의 신비를 품에 안는다. 옴(Om)은 힌두교와 불교 경전에서 가장 신성하고 고귀한 이름이다. 이것을 다섯 번 반복하면 구원을 얻는다. 이것은 베다에 처음 나오는 낱말이다. 창조주인 신의 이름 부(Bhū)라는 한 낱말과 관련해 수천, 수만 권의 책이 쓰였다. 세 개의 이름 전체는 '신을 소유하는 것이 구원이다'라는 뜻이다."

46　4세기에 성 아우구스티누스는 짧은 글 '파르티아인들에게 보내는 요한의 편지에 관하여'를 썼다.(이 책의 79쪽 주

21, 105쪽의 주25, 「사도행전」 2:9 참조.)

47　이 책의 105~108쪽 참조.

48　「요한묵시록」 1:8, 11:6 참조.

49　깎인 바위는 어느 날 아침 땅에서 기적적으로 일어나 소년의 목소리로 그 존재를 알렸다. 미륵은 항상 소년이나 청년의 모습을 하고 있다. 초기 기독교가 그리스도를 기뻐하고 그 모습을 영원한 소년과 같은 청년의 모습으로 묘사한 것과 같다.(Farrar, 『Life of Christ』, 112쪽 이하 참조.) 아베 휴(Abbé Hue)는 티베트에서 코카시아 양식인 흰색 불상을 보았다.

50　「마르코복음」 3:15, 17, 「루가복음」 9:54 참조. 몽탈랑베르는 영국의 성인 두 사람을 언급하고 있다. 이들은 왕의 부인들이다. "천둥과 같은 하느님의 사랑에 큰 감명을 받았다."고 그는 기록하고 있다.(『The Monks of the West』, 4권, 408쪽 참조.)

51　「창세기」 21:5, 6, 「시편」 40:6 참조.

52　프랑스의 위대한 설교가인 보쉬에(Bossuet)는 "박해자들에게 짓눌린 성인들의 비탄과 기도가 하느님에게 올

라가 분노가 천둥처럼 내려온다."고 말
했다.

53 이 책의 15~18쪽, 32~34쪽. 35쪽 주
51 참조.

54 왕 앞에 전령이 왔을 때 그의 주임은 마
르 아다이를 파르티아로 보냈다. 탐욕
스런 늑대 같았던 그들은 마르 아다이
를 만나 기도에 의해 순한 양이 되었다.

55 「출애굽」 3:1~5, 「시편」 66:12 참조.

56 「루가복음」 24:29, 「사도행전」 1:8 참조.

57 『Mission to Heaven』, 1권, 90쪽, 273쪽.
이 책의 58쪽 '하르나크의 견해' 참조.

58 「루가복음」 9:1, 10:19 참조.

59 「에제키엘」 1:20 참조. "생명의 영은 바
퀴처럼 움직였다." 이 책의 18~19쪽,
24쪽 주35, 79쪽 주23 참조.

60 「사도행전」 10:35~47, 「마르코복음」
16:19, 20 참조. "하나의 신앙을 진실
하게 수용한 매우 다양한 인종과 민족
들"에 관한 3세기 아르노비우스의 증
언 참조.

61 광명(Luminosity)은 단테가 쓴 서사시,
중국어로 된 선당(禪堂)의 저술, 그리
고 장안에 있는 경교비의 특징 중 하나
다.(「마태오복음」 5:14~16 참조.)

62 「루가복음」 24:47, 「사도행전」 11:18~
21 참조.

63 매우 이상하게도 나는 조선에서—세
전차에 실려 하늘로부터 전해진—불멸
의 약을 받아 섞는 일곱 여자의 만다라
를 봤다. 이것은 놀랍게도 『대경』 만다
라에도 나타난다. "하느님의 구원 전
차 하나가 셋으로 나누어진다."(『New
Testament of Higher Buddhism』,
174쪽, 179~180쪽 참조.) 성 패트릭의
대찬송 '로리카(Lorica)'의 '셋인 동시
에 하나'를 참조하라.

용수는 매일 환약을 먹고서 자신의 삶
을 노년까지 연장했다. 이 '우주의 환
약'은 번연이 『천로역정』에서 충분히
설명하고 있는 바인데, 불멸의 환약에
대한 워델(Waddell)의 설명(『Buddhism
of Tibet』, 445~448쪽)과 비교할 필요
가 있다. 그 기원은 문성 공주에게서 시
작된 시리아의 영향을 받았을 가능성
이 있다.

현장은 이 '신비의 약'에 대해 언급하고
있다.(『Buddhist Records』, 2권, 212쪽
참조.)

또 다른 중요한 요소는 이 신성한 환약

(티베트의 조코반에서 무량수의 아미타
불이 지니고 있는 구옥球玉으로 그려진
다)을 이오나 섬의 고대 켈트 십자가의
환약과 연결한다. 이것은 성찬의 전례
에 나눠주는 생명의 빵을 나타낸다.(이
책의 47쪽 주39, 55쪽 주78 참조.)
순양궁(純陽宮)에 한자를 쓴 중국의 유
명한 서예가 여수암(呂秀巖)은 '불멸의
약'과 관련한 비밀 종파를 만들었다. 중
국에서 신도가 현재 천만 명에 이른다.
리차드 박사는 이들 승려 가운데 한 사
람이 바로 프라즈나(Pradjna)로, 장안에
서 홍법대사와 같이 번역 일을 했다고
말한다. 이 모든 것 가운데 가장 중요한
것은 대승불교에서 말하는 영혼의 변
모를 보여주는 『서유기』에서 불멸의 환
약이 야수와 같은 훈족의 본성을 성인,
보살, 세계의 치유자로 변모시켜 그들
을 신성하게 만들었다는 점이다.

64 단테, 「연옥」의 '일곱 개의 P자' 및 「연
    옥」 9곡 110~112행 참조.

65 믿음을 말한다. 「마태오복음」 17:20
    참조.

66 『대무량수경』은 부처가 살고 있는 지복
    의 땅을 묘사한다. 이것은 수미산과 닮

았으며, 여러 개의 층들이 금, 은, 에메
랄드, 수정, 진주, 옥 등으로 장식되어
있다.
따라서 다양한 색깔의 돌로 만들어진
헤르마스의 탑은 '태양처럼 밝게 빛나
고' 여기에 동정녀 일곱 명이 함께 있
다. 이들은 각각 믿음, 금욕, 순진, 지식,
무결, 존경, 사랑 등을 의인화하고 있
다. 하느님의 성인과 함께 탑 안에 살고
자 한다면 이 덕목들을 갖추어야 한다.

67 이것은 '성사의 은총을 주는 진정한 주
    체는 인간이 아니라 하느님'이라는 교회
    의 전통적인 신학에 내용상 부합한다.

68 이 책의 89쪽 주53 참조. 「마태오복음」
    38:19 참조. 말라바르 기독교인들이 사
    용하는 시리아 전례에 따르면, "중국인
    들은 은총을 받은 성 도마에 의해 진리
    의 길로 개종했다. 그들은 세례성사를
    받고 양자가 되었다."(「사도행전」 2:41
    참조.)

69 이 책의 19쪽 주28 참조.

70 이것은 "성사의 영광을 주재하는 것
    은 사람이 아니라 하느님"이라는 교회
    의 전통적인 신학과 일치한다. (이 책의
    107쪽 주32 참조.)

71 「목자서신」알레고리에서 노파가 헤르
  마스에게 "그 탑은 내 자신"이라고 한
  말을 생각해 볼 필요가 있다. 노파는 이
  어 "교회의 모습으로 나타나 너와 함께
  이야기한 성령은 하느님의 아들"이라
  고 말한다. 대승불교 벽화에서 지장과
  관음은 지옥으로 내려가고, 기독교의
  세 가지 신앙고백은 예수가 혼자 지옥
  으로 내려갔다고 말한다. 그러나 성 베
  드로는 "그리스도는 갇혀 있는 영혼들
  에게로 가서서 기쁜 소식을 선포하셨습
  니다."라고 말하고 있다. 「목자서신」에
  서 아들과 성령은 서로 대체할 수 있는
  동일한 존재로 보인다. 이 때문에 일부
  한어 경전은 관음과 미륵을 같은 것으
  로 보고, 관음에게 붙이는 대자(大慈)라
  는 명칭을 미륵에게도 붙이는 것이다.

72 「시편」 61:3 참조. "야훼의 이름은 튼튼
  한 성루, 무죄한 사람들에게 안전한 피
  신처가 되느니라."

73 한역본 금강경(중국 역사상 모든 불경
  가운데 가장 대중적이고 널리 사용된
  경전 중 하나)에 미륵에 관한 고타마의
  예언이 나타난다.
  "내가 죽은 뒤 500년 후에 성스러운 예
  언자가 나타날 것이다. 그의 가르침은
  한두 개가 아닌 1만 개 정도 되는 부처
  의 가르침에 바탕을 둔다. 그때에 그를
  믿으면 값으로 매길 수 없는 축복을 받
  을 것이다."
  모세와 이사야의 예언들을 참조하
  라. 「신명기」 4:4, 18:15~19, 「이사야」
  1:10, 「마태오복음」 11:2~5, 「루가복음」
  24:19~27, 45, 51, 「사도행전」 3, 22, 23.

제7장

1 이 책의 44쪽 주28, 79쪽 주23 참조.

2 산스크리트어로는 슈카바티뷰하(Suk-
   havati vyuha).

3 Edkins, 『Chinese Buddhism』, 43쪽,
   109~110쪽 참조.

4 이것은 미륵, 일본어로는 '미로크'라고
   한다.(이 책의 114쪽 주72 참조.)

5 『Antiquities』, 2권. 106쪽 주25 참조.
   「루가복음」 2:2~4 참조.

6 「사도행전」 2:9 참조. 옥스퍼드대학교
   칙임 교수인 퍼시 박사는 예언자 다니
   엘에 대해 강의하면서 "'파르티아인들
   과 메데스'는 극동의 나라들을 상징적

으로 나타내는 것"이라고 자신의 견해를 밝혔다.

7 요세푸스는 몇 해에 걸쳐 이 유대 명절에 250~300만 명의 사람들이 참석했다고 말했다.

8 「출애굽」 3:2, 19:16, 18, 「이사야」 6:4, 「열왕기 상」 18:36~38, 「에제키엘」 1:27~28, 9:14, 37 참조.

9 태장계(胎藏界) 만다라—장안에서 혜과가 홍법대사에게 준 것—의 편지원(遍智院)에는 단단한 사각형 제단이 있었고, 그 위에 세 개의 '불의 혀(tongues of fire)'가 있다. 이 전체는 무지개 후광과 타오르는 불꽃으로 둘러싸여 있다. 이 '불의 혀'는 『법화경』에도 나온다.

10 대리석 상인방(上引枋)에 그리스어로 쓰인 이 편지는 '선하신 목자 예수'에게 보내는 것으로 최근 에페소에서 발견되었다. 이것은 십이신장과 함께 죄의 결과이기도 한 병마와 싸우는 훌륭한 의사인 약사불을 떠올리게 한다. 유럽에서는 착한 목자는 열두 마리의 양, 즉 12사도에 의해 둘러싸여 있다. 그런데 아시아 전역에서 시리아 선교사들

은 의사로 유명하다.

『마르 아다이의 전례(Liturgy of Mar Adai)』는 말한다. "그는 마음이 아픈 자를 낫게 한다. 우리 주님은 교회의 사제로서 이 증표를 지닌 의사들에게 회개의 약을 주었다. 그들은 지혜로운 의사의 사도들이다."(이 책의 60쪽, 63쪽 주 4 참조.)

간다라의 카니슈카를 모신 것은 '현명하고 지적이며 온유한' 의사인 카라카(Karaka)였다. 그는 협존자 파르스바나, 아슈바고사와 함께 왕을 모시는 영육의 친구 삼인조였다.

11 라이트(W. Wright) 박사는 영국 박물관이 1841~1847년 저 이집트 지방의 습지인 니트리아 산(약 138~161년에 세워진 수도원)에서 입수한 고대 시리아어 문서 가운데 에우세비우스가 에데사 문서보관소에 있다고 말한 원 아람어 문서 상당수를 발견했다. 바로니우스 추기경을 비롯한 저명한 학자들은 이 편지가 아브가르 왕이 주님에게 보낸 것이 확실하고, 마르 아다이에 의해 아브가르가 개종한 후 '성 도마의 도시'인 에데사에 초기 기독교가 널리 퍼졌

다는 점을 확신했다.(이 책의 90쪽 주
55, 제12장 참조.)

12 하르나크는 "적지 않은 이방인들의 영
혼이 불멸하려면 순수해야 하고 신성
해야 한다. 따라서 그들은 금욕을 설교
하고 생명의 선물을 전하는 위대한 의
사의 메시지를 파악했다.""알렉산드
리아의 클레멘스는 그리스도의 로고
스를 '아픔을 치유하는 의사.' 그 로고
스는 그리스도라고 했다.""오리게네
스는 예수를 그 누구보다 자주 의사로
묘사했다."라고 말했다.(『Mission and
Expansion』, 2권, 109쪽 참조.)

13 『The Monks of The West』, 1권, 253쪽
이하 참조.

14 이 주옥의 편재성(遍在性)을 보여주는
가장 중요한 실마리는 순도가 고구려
에 불교를 전한 4세기에 위대한 시리
아 승려 마르 에브라임(Mar Ephraim)
이 에데사에 살았다는 점이다. 에브라
임은 사도이자 박사였으며 웅변가이자
시인이었다. 에브라임은 「니케아 신경」
을 번역했고, '주옥'이라는 유명한 연설
에서 상징을 통해—복음서에서는 '값
비싼 주옥'이라 일컫는—예수 그리스

도의 강림과 하느님의 아들에 의해 속
죄 받은 인간의 존엄성을 찬양했다. 니
사(Nyssa)의 성 그레고리는 "성령이 에
브라임에게 놀랄 만한 지식의 샘을 주
었다."고 말했다.
역병이 에데사를 황폐하게 만든 374년
에브라임은 환자 300명에게 침상을 제
공했다.
이집트에서 메소포타미아로 수도원의
'새로운 삶'을 도입한 것이 에브라임이
었다.

15 『Chips from a German Workshop』,
1권, 90쪽 참조.

16 구약과 신약이 다른 것처럼, 아슈바고
사가 쓴 『대승기신론』은 그 이전의 불
교와 다르다.(이 책의 53~54쪽, 58~60
쪽, 113~114쪽 참조.) 『대승기신론』
을 처음 번역한 리차드 박사는 "이 책
은 기독교를 아시아의 고대 사상에 맞
게 각색한 것으로 '위대한 희망의 복
음(Gospel of Great Hope)'이다."라고
썼다.

17 대승불교의 다보탑 참조.(이 책의 59쪽
주99, 89쪽 주53, 113쪽 주64, 114쪽 주
73 참조.)

18 율법을 뜻하는 히브리어 '토라'는 정확
하게 한자 '다오', 일본어 '도', 즉 '삶의
바탕에 관련된 가르침'과 같은 뜻이다.
'법의 창시자'로 불린 신라의 법흥왕을
참조하라.

19 『법화경』참조. 중국인들은 관음의 이
름을 산스크리트어 avalokiteśvara(아발
로키테스바라)에서 번역했고 이스바
라(ishvara)라는 단어를 자재(自在), 즉
'스스로 있는 존재'라는 뜻으로 옮겼다.
이것은 히브리 이름 여호와와 매우 비
슷하다.(Edkins, 『Chinese Buddhism』,
139쪽, 215~216쪽 참조.) 이것은 또 다
른 실마리인데, 왜냐하면 「보문품(普門
品)」은 요셉의 계약과 거의 비슷하기
때문이다.

20 이 책의 44쪽 주27 참조.

21 「다니엘」 34~35 참조.

22 「목자 서신」 참조.(이 책의 32쪽 주46,
79쪽 주23, 106~107쪽, 114쪽 주71
참조.)

23 이 책의 14~15쪽, 89쪽 참조.

24 이 책의 63쪽 주7 참조.

25 일본인 주지가 내게 말했다. "만(卍)자
는 대승의 상징이다." 이것은 젠코지에

서 사용된 염주 중 가장 큰 구슬 위에
새겨져 있다.

26 당시 유럽의 신앙에서 각각의 별은 대
천사의 집이었다.

27 중국의 유대인들은 에스더를 자신들의
위대한 어머니로 존경한다.

28 『日本書紀』 참조. 이것은 마카베오의
유대인 어머니의 진정한 정신이다. 그
녀는 용기로 자신의 아들들을 격려했
다. 그리고 "사람이 없는 곳에서 제 모
습을 드러내라."고 했다.

29 「다니엘」 8:15, 10:13~20, 12:1, 「여호
수아」 5:13~15, 「열왕기 하」 19~35 참
조. 성 프란치스코 하비에르는 일본의
수호자요 보호자인 이 대천사에게 기
도했다.

30 「루가복음」 1:19, 「요한묵시록」 9:2~6,
10:7, 15:1, 16:16, 17 참조. 일곱 번째
천사는 특히 하늘의 전쟁인 아마겟돈,
보편적 왕국의 도래, 메시아의 재림과
관련되어 있다는 점을 유의하라.

31 「토빗」 12:15, 4, 「에즈라」 2 참조.

32 「요한묵시록」 1:4, 6, 7, 20, 4:5 참조.

33 이 책의 34~35쪽과 31쪽 주45, 32쪽
주46 참조.

34 『Chinese Jews』를 보라. 마르쿠스 아들
러 참조.

35 다이아몬드 모양의 님부스(nimbus, 광
배—성인 등의 초상화에서 머리 뒤에
나타나는 빛의 둥근 고리 —옮긴이 주)
는 이탈리아에서 삼위 가운데 제1격을
가리키기 위해 사용되었다.

36 「에스더」 1:1, 8:9 참조. '인도'는 간다
라의 주(州)이다. 「다니엘」 6:1, 2, 참조.

37 『Golden Age of the Church』는 극동의
관습과 의식에 대한 귀중한 설명을 제
공한다.

38 성 패트릭처럼, 에린(Erin)의 사도들은
415년 경 거친 아일랜드 사람들에게 위
대한 하느님의 사랑을 전했다.
'세상이 존경하는 하느님은 자신의 법
을 알리고
위대한 진리의 비를 내리고
큰 영적 나팔을 불고
커다란 영적 북을 두드리고
위대한 영적 의로움을 선포하고자 하
시네.'(『New Testament of Higher
Bud-dhism』, 163쪽.)
이러한 사실과 함께, 패트릭이 자신의
사원 주위를 감쌀 정도로 무성하게 자란

토끼풀을 통해 삼위일체 교리를 설명하
자 조선의 승려들은 매우 기뻐했다.

39 3세기 로마의 카타콤(특히 피에트로와
마르첼리우스의 카타콤)에는 성찬식
을 도와주는 여성 두 명이 항상 있었고,
벽화 위의 설명문은 그들을 '이레네와
아가페(평화와 사랑)'로 묘사하고 있
다.(「시편」 85:10 참조.) 또한 「동시리
아 전례」의 다음 내용을 참조하라. "우
리 마음의 배를 빨리 가게 하자. 사랑과
믿음 속에 우리는 기쁨의 하늘에 이를
수 있다."
신라 홍국사의 여러 가지 멋진 상(像)
가운데에는 세 가지 유명한 여성 상이
있다. 이 가운데 두 사람은 각각 세례병
과 봉헌식에서 파리를 쫓기 위해 사용
하는 성스러운 부채(flabellum)를 지니
고 있다. 관 앞부분에는 정교회에서 사
용하는 독특한 십자가가 있다. 각각은
배 모양의 후광을 지니고 있다. 세 번
째, 보관을 쓰고 있는 아름다운 존재는
후광으로 달을 지니고 있다. 분향하는
경배자에게 성배를 내리는 그 존재의
이름은 '관음'이다. 이러한 인물들은 흄
(Hulme)에 따르면 기독교 예술가들이

교회와 회당을 나타내기 위해 사용한
다고 한다. 일본인 전문가들은 그와 같
은 성배가 불교에는 없다고 한다. 다만
줄기 없는 모양의 잔이 초기 기독교 유
적 가운데는 있다고 한다.

40 「마카베오 하」 12:44, 55 참조. 이 책의
히브리-시리아어본은 카이펑에서 발견
되었다.

41 조선의 중앙 제단에서 가장 큰 특징이
라면 일본 천황, 황후, 황태자의 이름이
적힌 세 개의 위패가 놓여 있다는 점이
다. 일본에서는 진언종만이 이러한 관
습을 따른다. 진언종을 개창한 홍법대
사는 장안에 있을 때 이것이 아시리아
에서 사용되고 있다는 것을 알았을 것
이다. 카이펑에서는 금색 글자로 중국
황제의 '만세'를 축원하는 내용을 새긴
위패가 회당의 한쪽 자리를 차지했다.

42 나는 이와 같은 책이 조선의 제단 앞
의 설법대에 펼쳐져 있는 것을 종종 보
았다.

43 Duchesne, 『Christian Worship』, 78,
79쪽 참조. 이 경건한 관습은 16세기
까지 더럼(Durham) 교회에서 거행되
었다.

44 이 책의 51쪽 주57, 88쪽 주47, 89쪽 주
53 '용수, 아슈바고사' 부분 참조.

45 실로암은 'the Sent One', 즉 실로
(Shiloh)의 메시아적 예언과 연결되었
다.(이 책의 92쪽 주7,9 참조.)

46 「레위기」 23:39, 40 참조.

47 「사도행전」 2:38, 5, 9 참조.

48 「요한복음」 7:37~39, 8:12 참조. 유대인
저술가 에더샤임(Edersheim) 박사가
쓴 『Temple and Its Services』는 이 대
단한 의식들을 잘 묘사하고 있다.

49 이 책의 13쪽 주11, 14쪽 주12, 31쪽
주45, 32쪽 주46, 51쪽 주57, 69쪽 주
31, 95~97쪽, 119쪽~120쪽, 123~
124쪽, 134~135쪽 참조. 아사쿠사의
카케모노는 오른손에 버드나무 가지
를 들고, 무릎에 아기를 안고 있는 노파
로 관음보살을 묘사한다. 이들 위에는
장안의 경교비와 조선의 1,400년 된 평
양 근처 고대 고인돌과, 경성의 황제 보
좌 위 천정에 있는 것처럼 구옥(球玉)
을 차지하려는 '두 마리의 용[二龍]'이
있다. 이 카케모노는 가능한 한 분명하
게 영혼의 새로운 탄생이라는 위대한
교의가 물과 성령으로 나타난다.(「요한

복음」3:3, 5 참조.) 아주 초창기 시리
아 기독교 문헌에서 성령은 '영혼의 어
머니'이고 마리아는 '빛의 어머니'이
다.(이 책의 66~67쪽 참조.) 젠코지에
는 버드나무가 아름다운 샘과 불상 옆
에서 자란다.

제8장

1   어떤 근거에서인지 모르지만, 이 티리
     다테스(Tiridates)왕이 성 도마를 아르
     메니아로 초청해 설교하도록 했다고
     알려져 있다.
2   「필립비서」1:13, 4:22, 「사도행전」
     28:30, 「로마서」16:10, 11 참조.
     하르나크 박사는 성 바오로가 이름 붙
     인 사람들인 아리스토불루스와 나르키
     소스에 대해 중요한 언급을 하고 있다.
     하르나크는 이 서한이 53~54년에 지어
     진 것으로 보고, 로마에서 클라디우스
     황제의 해방노예이자 개인 비서인 나
     르키소스만큼 강력하고 클라디우스 황
     제와도 친한 사람은 없었다고 한다. 나
     르키소스는 54년 혹은 55년에 죽었다.
     요세푸스에 따르면, 유대 왕 헤로데의

삼촌인 아리스토불루스는 클라디우스
케사르의 절친한 친구로 45년 로마에
살고 있었다고 한다. 죽음에 이르러 그
와 같은 '가문'들이 '케사르의 가문'에
흡수되는 일은 다반사였다.
3   제2차 대박해 때 요세푸스는 자취를 감
     췄다.
4   이 책의 90쪽 주57 참조.
5   이 책의 제10장과 제11장의 '물고기'를
     보라.
6   일본에서는 석가탄신일에 치유의 스승
     인 약사불이 관정 의식의 대상이 된다
     는 점이 중요하다.
7   이 책의 47쪽 주40 '임재의 빵(Presence
     Bread)' 참조. 「출애굽기」25:8 참조.
8   『Buddhism of Tibet』, 9쪽, 297쪽 참조.
     티베트는 641년 왕이 당나라의 원정 공
     주와 결혼하면서 야만적인 암흑의 나
     라에 문명의 정수를 도입한 대승불교
     를 국교로 받아들였다. 그에 앞서 장안
     에서는 성서의 중국어 번역이 완료되
     었다.(이 책의 44쪽 주26, 59쪽 주101,
     113쪽 주63 참조.) 따라서 이 공주가
     태종의 궁전에서 시리아 수도사들을
     만나 영향을 받은 것이 분명하다. 시리

아 수도사들은 태종의 궁전에서 큰 영
예를 누렸다. 결혼 후에도 티베트 수장
의 아들들은 장안에 공부를 하러 갔다.
원정은 왕후로서 '진법을 찾아' 티베트
[土蕃]를 거쳐 인도로 가거나 인도에서
오는 현장과 그 밖의 순례자들을 맞이
했다. 이 때 그의 부군은 열정적으로 법
에 매달렸다.(이 책의 44쪽 주26, 59쪽
주101, 114쪽 주63 참조.) 또한 그 왕은
현장이 1만 명 모두 대승불교도인 나란
다(Nalanda)의 주지를 티베트로 초대
해 그를 수장으로 삼았다.

9 이 책의 55쪽 주78 참조.

10 성 베드로는 자신의 첫 번째 서한을 비
티니아의 이교도들에게 보냈다.

11 315년 아리스티데스는 하드리아누스에
게 사과의 글을 보냈다. 이 글은 그리스
어, 시리아어, 아르메니아어로 된 판본
이 존재한다. "이 글은 그가 가장 높으
신 하느님의 아들로 불리는 구세주 예
수에게서 유래한, 빛으로 들어가는 길
을 가르침으로 삼는 새로운 민족을 대
표해 쓴 것이다. 하느님은 하늘에서 내
려와 순수한 동정녀에게서 태어난 육
신을 갖게 되었다."(이 책의 69쪽 주

29,31, 84쪽 주35,36 참조.)
이상하게도 그리스어 문헌은 시나이산
에서 불과 몇 년 전에 유명한 작품『바
를람과 요사팟(Barlaam and Josaphat)』
안에서 발견되었다. 많은 사람들은 이
작품이 어떤 기독교인이 부처의 생애
를 표절한 것이라고 생각했다.

12 에우세비우스의 말과 하르나크의『Mi-
ssion』1권 243쪽, 또 뒤센느의 권위 있
는 저작『초기 기독교사(Early Church
History)』를 보라.

13 『사도 아다이와 마리의 전례(Liturgy
of the Apostle Adai and Mari)』(이 책
의 101~102쪽, 108~110쪽, 118쪽 주
10 참조.)—성 도마(영어로는 토마스,
일본어로는 잘못하여 '다르마'로 부르
고 있다. 이 책의 76쪽 주2 "동방의 사
도가 되었다" 구절 참조)까지 포함—
는 오늘날 여전히 동시리아인들이 사
용하고 있다.(Brightman, 『Liturgies』,
1권 참조.) 홍법대사는 장안에 있을 때
분명 이 전례를 들은 적이 있었을 것이
다. (이 책의 46쪽 주33, 124쪽 주41 참
조. 또 48쪽의 오본절, 87쪽 주42,43,
53쪽 주70 '석장' 참조.)

14 이것은 특히 흥미로운데, 중국에 최초의 대관구를 세운 것은 셀레우키아의 총주교였기 때문이다.(이 책의 135쪽 주47 참조.)

15 이 책의 16쪽 주20, 84쪽 주35, 117쪽, 134쪽 참조.

16 이 책의 60~61쪽, 136~137쪽 참조.

17 이 책의 126~127쪽, 131쪽 주20 참조.

18 9판 603쪽 참조.

19 '파르티아를 제패한 자'라는 뜻. ―옮긴이 주

20 비교역사학 연구를 위해 아래와 같은 율 대령의 주장에 유의해야 한다. "오래 전부터 중국과 서아시아 사이에는 희미한 상호교류가 있었다. 이에 대해 우리들은 단편적인 것밖에 알지 못하지만 대부분의 사람들이 아는 것보다는 더 자세한 정보와 자유로운 상호소통이 있었다는 것을 가리키는 것이 아닌가 한다. 따라서 중국은 이른 시기부터 아르메니아인들에게 잘 알려져 있었던 것으로 보인다. 440년이 조금 지나서 저작을 낸 기독교학자 모세는 제나스덴을 지금까지 알려진 세상에서 가장 끝에 있는, 스키타이 동쪽의 거대한 평원이라고 말하고, 이 땅은 부유하고 문명화되고 성격이 매우 평화적이어서 '평화의 친구'일 뿐만 아니라 '생명의 친구들'이라고까지 불린다. 그 나라는 비단이 풍부하여 모든 계급의 사람들에게 비단옷이 일반적이었다. 아르메니아의 대가문 중 하나 이상은 중국계였다." 에데사의 바르타 역시 그리스어로 이 무렵 중국에 대해서 썼다. 이것은 중국과 서아시아의 밀접한 관계를 보여주는 증거다.

21 중국과 일본의 대사관이 주로 불교적이라는 점에 대해서는 에드킨스의 『Chinese Buddhism』 146~147쪽을 보라.

22 막스 뮐러는 "중국의 학자들은 명제가 자신의 꿈에 나타난 것과 똑같은 불상을 찾기 위해 대월지국에 승려인 채음(Tsai-yin)과 진경(Khin-king)을 보냈다는 걸 사실로 인정한다."고 말했다.(이 책의 43쪽 주20, 84쪽, 92쪽 주9 '우디아나' 참조.) 이 권위 있는 주장을 널리 알려진 선교잡지 「중국보(中國報, Chinese Recorder)」 1913년 10월호에 실린 평론과 비교해 볼 필요가 있다. 이

잡지는 '세칭 한 명제의 꿈이라고 하는
것'에 대해 말한다.

23 『진주의 찬미』(성 도마가 곤도파레스
왕에 의해 인도 감옥에 갇혀 있을 때 지
었고 에데사에서 출판된 책)가 호탄의
'옥(玉)'을 언급한다는 점을 간과하면
안 된다. 중국의 순례자 법현은 그곳에
서 수많은 대승불교 승려를 발견했다.
스타인 박사는 "최근 중국, 조선, 일본
에 도착한 모든 불교예술은 간다라와
그리스계 박트리아에서 호탄과 예술을
애호하는 궁중을 거쳐 온 것"이라는 점
을 입증했다.

24 성 베드로는 다음과 같이 말했다. "하
느님께서 이방인들에게도 회개하고 생
명에 이르는 길을 열어주셨다."(「사도
행전」 11:18, 26, 23 참조.)

25 「사도행전」 7:56, 8:37, 「다니엘」
7:13,14 참조.

26 이 책의 131쪽 주22 참조.

27 이 책의 19쪽 주27, 28 참조. 일본의 진
언종은 이 이야기를 강조한다. 진언종
의 창립자인 홍법대사는 804년부터 장
안에서 공부했는데, 당시 그와 친하게
지내던 당나라 황제에 대한 시리아인

의 영향력은 대단했다.(이 책의 46쪽
주33, 53쪽 주70 참조)

28 '바닷속'을 뜻함.(이 책의 59쪽 주101,
89쪽 주53 참조.) 일본의 진구 황후가
토요라 인근 '바다에서' 여의옥을 발견
했다는 점을 잊어서는 안 된다. 왜냐하
면 이 구슬은 일반적인 구옥(球玉)이
아니라 불상과 승려를 거룩하게 만들
고 홀을 장식하는 것이기 때문이다. 이
것은 『진주의 찬미』에서 말하는 진주
일 수 있다. 아무튼 이 '흠 없고 밝게 빛
나는 진주'는 『동시리아 성무일도서』의
특징이고 목표를 이루기 위해 분투하
는 '선수'는 그리스도와 동일시된다.

29 몽골 사원에서 찍은 이 사건에 관한 사
진을 나는 진언종 주지인 샤카 케준에
게서 받았다. 그는 내게 기독교에도 평
화의 입맞춤이 있는지 물었다. 이 책의
59~60쪽을 보라. 물론 성 바오로가 언
급하고 순교자들이 실천했으며 희랍교
회, 로마교회, 러시아교회에서 간직하
고 있는 초기 기독교 관습은 프로테스
탄트에게는 알려져 있지 않다.

30 성 바오로의 말을 참조하라.(「로마서」
1:20, 「고린토 1」 4:18, 「히브리서」 11:1,

6, 27. 이 책의 52~53쪽, 106~107쪽 참조.)

31 "내가 신체의 눈을 가지고 본 것은 환영(幻影)이다. 내가 영혼의 눈을 가지고 본 것은 내 영혼이 바라는 것"이라고 13세기 위대한 도미니크 수도회 신학자인 토마스 아퀴나스는 말했다.

32 여기에 또 다른 중요한 관련성이 있다! 몇몇 승려가 이 당시 신라에서 출발해 장안에 도착했다. 그 중 한 명은 매우 거룩해서 아모가와 그에게 중국 제국과 신민들의 번영을 기원하도록 했다.(Edkins, 『Chinese Buddhism』, 132쪽 참조.) 따라서 이 신라 승려가 시리아인들과 접촉했음은 틀림없는 사실이다. "성인(聖人)이 성인(聖人)을 만난다."는 말은 오늘날 조선에도 있는 격언인 것이다.

33 이 책의 72~73쪽, 106~108쪽, 113쪽의 주66, 114쪽의 주71, 119쪽의 주18 참조.

34 따라서 17세기의 번연은 순례자 우의담에서 "우리들은 태양으로부터 더 멀리 있게 되어 더욱 춥고 무감각해진다. 그러나 얼음의 산에 있는 어떤 사람에게 정의의 태양이 떠서 그를 비춘다면 얼어붙은 마음이 녹게 되는 것을 느낄 것이다. 그런 다음 그는 자애의 거룩한 입맞춤으로 모든 순례객들에게 인사할 것이다."

35 이 책의 84쪽 주35 에치미아진 참조.

36 오늘날의 칸다하르(Kandahar). 칸다하르의 로버츠 경이 이 명칭을 택했다.

37 모두 같은 옷을 입고 있다. 제4복음에서 그리스도가 "나의 양들은 내 목소리를 듣는다."고 말하는 점에 유의할 것. 그륀베델은 "간다라 조각의 발전기는 그리스도의 탄생부터 5세기까지"라고 말한다.(Grünwedel, 『Buddhist Art in India』, 85쪽, 210쪽. 그리고 이 책의 63쪽 주7, 77~78쪽 참조.) 퍼거슨은 아잔타의 대승불교 석굴사원과 관련해 "아프가니스탄에서 최근 발견한 것 중 가장 흥미로운 사실 중 하나는 인도에 들어오기 오래 전에 대승불교 교리가 인더스강 지역과 그 너머에 유행했다는 점이다. 따라서 아프가니스탄 식 조각의 연대를 좀 더 과거로 비정해야 할지 아니면 대승불교 도입 시기를 좀 더 이른 시기로 잡아야 할지

는 앞으로의 연구과제다. 석굴에서 발견된 증거는 후자가 더 타당하다는 것을 뒷받침하는 것으로 보인다."고 말한다.(『Cave Temples of India』, 299쪽 참조.)

38 이 책의 13쪽 주10, 46쪽, 89쪽 주51, 92쪽 주8 참조.

39 Edkins, 『Chinese Buddhism』, 277쪽 참조. 난조 분유의 『Twelve Japanese Buddhist Sects』 49쪽에 나오는 놀랄만한 구절에 따르면, "대승불교 경전 가운데 고유한 것은 없다." 따라서 "이 경전들은 용수가 바다 밑 용궁이나 인도의 철탑에서 발견했다고 일컬어진다. 즉 고타마 붓다의 원래 가르침이 아닌 셈이다." 같은 책의 다음 구절을 참조하라. "용수가 살았던 시대에 대승은 떠오르는 태양처럼 환하게 빛났다." 영국의 수도사이자 역사가인 길다스(Gildas) 역시 61년에 같은 말을 했다. 그리고 아미타 교의는 페르시아의 영향을 보여준다.(Eitel, 『Handbook to Chinese Buddhism』, 8쪽 참조.) 에데사에 관한 시리아어 문헌에서 그리스도의 공현(公現)은 '드러남

(Manifestation)'이란 단어로 기록되어 있다. 말 그대로 태양처럼 '떠오른다'는 뜻이다. 일본 사찰에서 언덕을 뒤로 한 채 올라오는 아미타불이나 석가를 그린 불화를 보라.

40 조로아스터교의 거룩한 경전 『아베스타』(아르사크의 왕자들은 모두 이 경전의 가르침을 받고 자라났다)는 젠드어로 쓰였다. 젠드어는 프랑스의 저명한 학자 뷔르누프(Burnouf)가 증명하는 바와 같이 고대 페르시아어로, 산스크리트어가 핵심이다. 한편 산스크리트어는 셈어와 밀접한 관련이 있다.(이 책의 129~131쪽 참조.)

41 페르시아 키루스(Cyrus) 대제의 아버지인 다리우스 왕은 고대 베히스툰(Behistun) 바위에 페르시아어, 메디안어, 아시리아어 등 세 언어로 자신이 정복한 민족의 목록을 만들 때 스키타이인(Sacae)과 간다라인을 포함시켰다.(이 책의 123쪽 주36, 129~130쪽 참조.) 페르시아 제국이 몰락했을 때 간다라와 인더스강 지역은 기원전 331년 알렉산더 대왕의 통치 하에 놓였다.

42 이 책의 74쪽, 92쪽 주9, 103쪽 주17,

131쪽 주21,23, 149~150쪽 참조.

43　이 책의 44쪽 주26, 111~112쪽, 114쪽 주73, 119쪽 주16, 131쪽 주28 참조.

44　597년 앵글로색슨족을 개종하기 위해 로마에서 사절을 보낸 해박한 대그레고리 교황이, 에우세비우스 저작의 존재조차 알지 못했다는 점을 언급할 필요가 있다. 이것은 근대까지 서방 세계가 일반적으로 기독교의 동방 전파에 대해 무지했음을 보여주는 것이라고 하겠다.

45　좀 더 자세한 내용으로는 졸저 『World Healer, or the Lotus Gospel and Bodhisattvas』, 또 이 책의 20쪽과 예이츠(Yeats)의 『Indian Church History』를 보라.

46　지리학자 프톨레미가 말한 '키타이 스키타이인(Kitai Scythians)'은 호탄을 지칭하는 것일 수 있다. 오늘날까지 러시아에서는 중국을 '키타이'라고 하고, 성벽도시 모스크바는 여전히 '키타이 고로드'로 불린다. 몽골의 지배 흔적이다. 고문서에서 키타이(Kitai)라는 낱말은 북중국을 나타내며, 'Cathay'에 해당한다.

47　311년 예루살렘 주교는 승려 에브라임(Ephraim)을 스키타이(Scythia)로 보냈다. 유의해야 할 것은 314년 영국의 주교 세 사람이 갈리아의 아를르 공의회에 참석했다는 점이다. 60년 후 고구려에 이불란사가 세워지게 된다.(이 책의 101쪽 주8 참조.)
4세기 말 흑인 주교인 아둘(홍해의 항구)의 무세우스(Museus)는 밀라노의 성 암브로시아에게 자신이 중국 전역을 횡단한 후 인더스강을 지나 파탈라(Patala)에 와서 향 무역 중심지인 자신의 고향으로 갔다고 보고했다. 이 보고서가 전해진 이후, 411년 중국에 대주교좌가 만들어졌다. 그 기이한 선물이 중국에서 신라로 전해졌을 때 '예배에 향을 사용한다는 것을 알고 있었던 묵호자'는 중국에서 고구려를 거쳐 신라에 나타났다. 이 승려의 이름은 안티오크의 교사인 니게르와 비슷하다.

48　이 책의 19쪽, 35쪽 주50 참조.

49　이 책의 19쪽, 20쪽, 118쪽 참조.

50　이 책의 16쪽 주20 참조.

51　이 책의 102쪽 주15 참조.

52　난조 분유 박사는 안세고가 번역한

『Margha Bhuma』의 세 장(章)은『묘법
연화경(妙法蓮華經)』에 바탕을 두고 있
다고 말한다.

53 중국 백과사전 중 'Fa-hien-lin' 항목.

54 이 책의 113쪽 주54 참조.

55 브리태니커 백과사전 11판 20권 219
쪽, 이 책의 134쪽 주39 참조.

제9장

1 비(碑)의 이름은 비석 머리 부분에 적
혀 있다.

2 초기 기독교는 새로운 메시지를 당시
생각이 있는 사람들이 익숙하게 받아
들인 그리스 사상의 용어로 번역함으
로써 로마제국의 아주 많은 사람들을
개종시킨 바 있는데, 경정은 이와 같은
초기 기독교 방식을 따랐다.
오늘날 유학자, 도교학자, 불교신자 그
리고 기독교인들이 사용하는 용어들을
해석하기 위해서는 유비어 사전이 필
요하다. 이들 중 많은 사람들은 다른 종
교의 어구나 전문용어를 이해하는 데
혼란을 느낀다. 실제로 그와 같은 무지
때문에 각자가 지닌 상호보완적이고

동일한 진리들이 묻혀버린다.
성 바오로는 아테네 사람들에게 설교
하면서 다음과 같이 힘주어 말했다.
"여러분이 미처 알지 못한 채 예배해
온 그분을 이제 여러분에게 알려드리
겠습니다." 분명 우리들 중 누구도 바
벨의 혼란을 더 가중시킬 필요를 느끼
지 않는다.

3 몽탈랑베르는 말한다. "심지어 가경자
비드조차도 그(경교비 비문을 쓴 사람
—옮긴이 주)를 이단으로 취급하는 폭
력적이고 옹졸한 생각들을 강하게 비
판했다. 왜냐하면 그는, 세상은 오직
6,000년 동안만 계속될 뿐이고 그리스
도가 현현(顯現)할 때가 다소 불확실해
보인다는 통념에 맞서 싸웠기 때문이
다." 근자에 일본인들의 신앙에 관심을
보이는 사람들은 '불교신자들'이라 일
컬어지고 있다.

4 경교비의 구절 "이 참되고 변하지 않는
길은 신묘하여 이름을 정하기 어렵다."
참조.(이 책의 97쪽 주35,37, 101쪽 주
13, 119쪽 주18 참조.)

5 『천로역정』의 곁길초장(By-path
Meadow), 지옥으로 가는 샛길(A By-

path to Hell)을 보라.

6   이 책의 87쪽 주44 참조 .

7   「마태오복음」 11:25, 「루가복음」 10:21
    참조.

8   「마태오복음」 18:1 이하 참조.

9   「신명기」 30:11~17, 20, 참조.

10 따라서 순교자 '사무라이(samurai)'는
    1622년 "비록 낙원의 사찰이 매우 넓기
    는 하지만 그 길이와 폭은 네 마음 안에
    있다."고 말했다.

11 이 시리아 주교는 "자신 안에 하느님을
    모셨기 때문"이라고 말한 뒤, 안티오
    크 식으로 '테오포루스(Theophorus)'
    라는 별명을 얻게 되었다. 따라서 트라
    야누스는 그를 사자의 먹이가 되게 했
    다. 이그나티우스는 로마인들에게 보내
    는 편지에서 그들을 "사랑스럽고 현명
    한 사람", 즉 세례 받은 사람으로 생각
    했다.(이 책의 113쪽 주61 참조.)

12 이것은 3세기 전반에 한역(漢譯)되었
    고, 제4장은 오늘날에도 중국과 일본에
    서 가장 유명한 글 중 하나다. 유마는
    승복(cowl)을 입는다고 해서 다 수도자
    가 되는 것은 아니라고 가르쳤다. 한커
    우[漢口] 근처 어느 곳에서 입수한 중

국 그림에 따르면, 유마는 기독교 전승
에 나오는 이그나티우스처럼 어렸을
때 석가여래로부터 은총을 받았다고
한다.(이 책의 87쪽 주44 참조.) 유마는
자라나 시리아 전례 속에 등장하는 '힘
센 거인(a Giant of Strength)'처럼 대
역사(大力士)라는 이름을 얻었다고 하
며, 유마는 중국을 방문했다고 한다.(이
책의 102쪽 주15 참조.) 이 만다라에서
석가여래가 매우 두드러지게 히브리
인 같은 얼굴을 하고 있다는 점 그리고
(「루가복음」 18:15, 16에서처럼) 어린
이들이 석가에게 다가서는 것을 막는
사도 중의 한 사람이 독특한 붉은색
차림의 달마라는 데 주목할 필요가 있
다. 그와 같은 붉은색 옷은 수세기동
안 대승불교도들이 입어온 것으로 초
기 소승불교의 황색 복장과 뚜렷이 대
비된다.

13 이 책의 79쪽 주23 참조.

14 「요한복음」 14:1~3 참조.

15 「마태오복음」 5:8, 「시편」 37:1 참조.

16 이 책의 62쪽 주106, 63쪽 주7 참조.

17 이 책의 73쪽, 107~108쪽, 144쪽 참조.

18 「루가복음」 9:43 "하느님의 위대한 능

력" 참조. 「요한복음」 1:14, 「베드로 1」 1:16 참조.

19 성 아타나시우스는 "그분은 사람이 되시어 우리가 하느님이 될 수 있도록 했다."고 말했다. 오늘날의 선교사들은 하느님의 진리와 사도들이 가르친 것의 한쪽 면을 놓친 뒤 현재 활발히 연구하고 있지 않다.

20 호류지[法隆寺]의 천사들처럼, 나는 날아다니는 천사들을 장안사, 관촉사(1350년 경 창건)의 벽화와 조선의 경주 외곽에 있는 동종(銅鐘)에서 보았다. 이와 같은 '천상의 존재'는 콘스탄티노플에 있는 존재의 유형과 같다.(이 책의 91쪽 참조.) 로마 카타콤의 천사들은 날개가 없다는 사실을 기억하라.

21 로마제국, 즉 대진의 동쪽 속주인 시리아를 말한다. 중국의 지리학자들에 따르면 '대진'은 시리아 전역과 팔레스타인을 의미한다고 아세마니(Assemani)가 말했다.

22 나는 다음과 같은 뒤 알드의 독법을 선호한다. "이 기적의 탄생은 당시 나타난 신성(新星)으로 표현되었다. 그 의미를 이해한 어떤 왕들이 와서 '아기

하느님(Divine Infant)'에게 선물을 바쳤다."

23 구약의 저자들을 말한다.

24 이 책의 57~59쪽, 95~97쪽 참조.

25 이 책의 46쪽 주33 참조.

26 초기 기독교인들은 '마음을 풍요롭게 하는(fertilizing presence)' 새로운 민족(New People)으로 알려졌다. 이는 제3의 민족이다.(몽탈랑베르의 책과 하르나크의 『Mission』 제7장 참조.) 그러나 '헤르마스의 환영'에서 고대의 탑에는 새로운 문이 있는데, 이것은 하느님의 아들이라고 한다. 그는 마지막 날 창조물들 앞에 나타나 자신의 이름을 받아들이는 사람에게 하느님의 왕국에 들어갈 수 있도록 한다고 한다. 이것은 중세 찬송가에서 '생명과 구원의 약속'을 담은 '다윗의 탑'을 의미한다.

27 이 책의 92~93쪽 참조. "가톨릭 신앙은 바로 이것, 즉 삼위이신 하느님과, 하나이며 삼위이신 하느님을 경배하는 것을 말한다."「아타나시우스 신경」 참조.

28 「히브리서」 1:6 참조.

29 이 책의 129~130쪽, 「마태오복음」 8:20 참조.

30 Waddell, 『Buddhism of Tibet』, 127쪽
    참조.

31 이 책의 107쪽 주32, 109쪽 주42, 114쪽
    주72 참조.

32 '삼위일체'라는 단어는 2세기 이전 기
    독교인들이 하느님의 머리를 가진 세
    사람을 가리키기 위해 사용했다. 오늘
    날 로마 교회의 공식적 입장은 "삼위
    일체 교리는 초자연적 교감을 통해서
    만 이해할 수 있다."는 것이다. 그렇다
    면 정토교의 대아미타불 교리와 구원
    의 배를 움직이는 그 성스럽고 복된 삼
    위일체는 어떻게 설명할 수 있을까? 설
    명할 수 없는 것일까?(이 책의 78, 79
    쪽 주23, 103쪽 참조.) 멜리아포르의 성
    도마 무덤 근처에 쓰인 프란체스코 하
    비에르의 다음과 같은 말을 참조하라.
    "특히 하느님과 그 분을 기쁘게 해드리
    기 위해서 기독교인들이 해야 할 첫 번
    째 행동은 지성(至聖) 삼위일체를 고백
    하고 찬미하는 것이다. 이것은 하느님
    의 신비로, 원래 하나이시나 위격이 셋
    인 것을 말한다. 하느님의 세 위격에 대
    한 고백은 기독교 신앙의 독특한 표시
    이다."(『Life and Letters』, 307쪽 참조.)

33 Suzuki, 『Asvaghosa』, 44쪽, 66쪽 참조.

34 이 책의 29쪽 주42 참조.

35 이 책의 46쪽 주31 참조.『동시리아 성
    무일도서』는 메소포타미아의 마르딘
    산을 "하느님께서 스스로의 거처를 마
    련하신 곳으로 세상의 어떤 산보다도
    험하고 접근하기 어려우며 메마른 산"
    이라고 말한다.(이 책의 86쪽 주37 참
    조.) 이것은 『천로역정』에 나오는 "험한
    산"과 비슷하다. 번연은 이를 "숨을 헐
    떡이게 하는 산"이라고 불렀다.(이 책
    의 140~141쪽 참조.)

36 가장 그럴 듯해 보이기는 한데, 만약 일
    본인들이 기원전 721년 아시리아의 유
    수 시절로 거슬러 올라간다면 그들은
    당연히 그와 같은 오래된 가르침(old
    teaching)을 접하게 될 것이다.

37 이 책의 131쪽 주28, 140쪽 주12 참조.

38 바빌론의 끓는 용광로 속 히브리 어린
    이 세 명과 요람 안의 마기 세 명은 이
    런 모습으로 나타난다. 이 프리기아 모
    자는 타림 분지 미란에서 스타인 박사
    가 발견한 벽화에 나타나 있다.(이 책의
    92쪽 참조.)

39 이 책의 103쪽 주17 참조.

40 이 책의 32쪽 주46, 144쪽 참조.

41 '월지'를 말한다. 빌 씨는 그 기원을 카스피해의 해안으로 거슬러 올라간 것으로 본다. 앵글로색슨족을 연구하는 역사가 샤론 터너는 월지의 서양 분파를 언급한다. 이곳은 이스라엘의 열 개 지파가 721년 아시리아 유수 이후 사라진 바로 그곳이다. 어떤 작가들은 사캬(Sakya) 내지 사카에(Sacae)를 '이삭의 아들'로 간주했다.(「창세기」 22:18, 「갈라디아」 3:12, 이 책의 74쪽 주51,52, 75쪽 주55, 135쪽 참조.) '초기 힌두 작가들은 이 석가족을 전혀 언급하지 않고 있다'는 점에 유의하라.(『Chips from a German Workshop』, 1권, 14쪽 참조.)

42 이것은 스타인 박사가 만리장성 옥문관에서 서기 1년에서 20년 사이의 것으로 추정되는 초기 아람어 문서를 발견한 것을 뒷받침하는 흥미로운 증거라고 할 수 있다.(『Ruins D.C』, 2권, 113쪽 이하 참조.) 고려해야 할 또 한 가지는 조선에 처음 복음을 전한 사람은 372년과 384년의 티베트 승려인 순도와 마라난타였다는 점이다.

43 서기 586년 이전의 한때, 다양한 민족들이 요르단에서 경이로운 구세주의 빛나는 상(像)을 봤다.(Beazley, 『Dawn』, 122쪽 참조.) 놋쇠처럼 환하게 빛나는 사람에 대한 에제키엘의 꿈을 참조하라. 이분은 '이스라엘의 하느님'인 구세주로, 신비의 날개를 단 피조물이 끄는 전차를 타고 땅에 태어났다. 이들은 하느님이 구원할 모든 창조물들을 상징한다.

44 "중국인들 사이에서 널리 받아들여지는 전승에 따르면, 공자는 종종 서쪽에 가장 성스러운 것이 있을 것이다."라고 말했다고 한다. "한나라의 15대 황제인 명제는 이러한 선언과 자신이 잠들어 있을 때 나타난 어떤 사람의 모습에 크게 놀라 자신의 그러한 환영이 비롯된 서방으로 고관 두 명을 보냈다. 이때 명제는 하늘이 그에 대해 알려준 성스러운 사람을 발견해 그가 가르쳐 준 교리를 배울 때까지 돌아오지 말 것을 지시했다고 기록되어 있다."(『Indian Church History』, 200쪽, 이 책의 131쪽 주23 참조.) 이 책이 크게 의존하고 있는 저작은 1818년 발행되었으며 내 조

부의 책이기도 하다. 그는 증기시대 이
전에 대서양을 서른 번이나 횡단했다.

45 카이펑의 유대교 회당에는 큰 탁자 가
운데, 세 가지 서로 다른 빛깔을 내
는 여섯 개 가지가 달린 촛대, 횃불, 초
와 다른 장식 등 사이에 삼족대가 있
다.(『Jews in China』, 20쪽, 이 책의 46
쪽, 57쪽 참조.)

46 「다니엘」 2:3, 4, 4:8, 5:11, 9, 24, 48
참조.

47 이 책의 59~60쪽, 88쪽, 148쪽 참조.

제10장

1 「역대기 하」 3:4, 11, 「열왕기 상」 6:22,
이 책의 131~132쪽 참조.

2 마르코 폴로는 반투명 대리석인 옥
을 '벽옥(jasper)'이라고 불렀다. 이것
은 1153년 세상을 떠난 성 베르나르
가 지은 천국에 대한 기독교 성가에 등
장하는 벽옥이다("네 성채가 벽옥으
로 빛나도다"). 그의 영향력은 "클레르
보에 있는 그의 방에서 극동의 스키타
이인들에게까지" 미쳤다고 한다. "관
음과 불승이 들고 있는 여의봉은 옥으

로 만든 것이다. 조선 약사불의 약 종
지와 지옥의 지장보살이 들고 있는 구
옥(球玉) 역시 마찬가지다."(『Chinese
Buddhism』, 172~173쪽 참조.)

3 이 책의 147쪽 참조.

4 이 책의 15쪽, 20~21쪽 참조.

5 스타인의 『Sand-buried Khoten』과
『Ruins D.C.』 1권의 512~515쪽, 2권의
122쪽을 참조하라.

6 이 연대기가 맞다면 이것은 442년, 즉
구마라집이 장안에서 자신의 경이로
운 번역 사업을 마무리한 지 4반세기가
지난 해의 일이다.(이 책의 100쪽 주5,
100~101쪽 참조.)

7 "회개하라 하느님의 나라가 가까이 왔
느니라."(「마태오복음」3:2. 이 책의
57쪽 주93, 88쪽, 129쪽 주11 참조.)
경주의 멋진 미륵 불상은 경성 박물관
에 있고 다른 것은 통감부 정원에 있다.
남경에 있는 연화경의 설교가인 양 무
제의 강력한 선교적 영향력 때문에 대
승불교는 528년 신라의 국교가 되었다.
9개의 승가대학이 세워졌고 800개 이
상의 사찰이 만들어져 탁월한 예술품
들을 보유하게 됐다. 한 세기 뒤 시리

아 승려가 도착했을 때 장안에서의 당나라의 영향은 경주 태종무열왕 비석에 여전히 남아 있다. 이 비석엔 781년에 세워진 경교비와 같은 형식으로, 영생을 나타내는 거대한 거북 위에 진주를 다투는 두 마리 용이 새겨져 있다. 이 태종무열왕은 당나라와 연합을 맺고 668년 삼국통일의 길을 열었다.

8 610년 백제의 왕은 두 명의 승려를 일본에 보냈다. 그 중 한 사람은 화가의 물감, 종이, 먹을 만드는 데 능숙했다. 그는 또 맷돌도 만들 수 있었다.(『日本書紀』, 2권, 140쪽 참조.)

9 경교비는 발흐의 사제인 밀리스(Milis)의 손자 아담이 781년 기록했다. 르코크(Lecoq) 박사는 1907년 경교의 정착지와 박트리아의 복음을 투판에서 발견했다. 이 복음서들은 우리가 알고 있는 어떤 것들과도 다르다. 현재 베를린에서 뮐러(F. Muller)가 번역하고 있다.

10 이 책의 152쪽 주11, 154쪽 주24 그리고 「에제키엘」 28:11~13 참조.

11 마르투(Martu), 즉 '지는 해의 땅'은 가나안, 나중에는 시로-페니키아 혹은 팔레스타인, '바다의 길', '이방인들의 갈릴래아'로 알려져 있다.(「이사야」 9:2, 「마태오복음」 4:12~15, 「마르코복음」 1:14, 7:26, 15 참조.) 중국 한나라 때는 '서해의 왕국'으로 통했다.(「출애굽」 13:17의 '블레셋 땅으로 가는 길' 참조.)

12 「루가복음」 3:15, 4, 41 참조.

13 '그의 별'. (「마태오복음」 2:2, 이 책의 141쪽, 148쪽 참조.)

14 「민수기」 24:17~19 참조.

15 「창세기」 48:1~13, 15~20, 49:10, 11, 22, 24 참조. 모세의 축복(Moses' blessing)에 대해서는 「신명기」 33:13~17을 참조하라. 부가적인 정보로서, 이른바 부처의 기독교화된 삶의 영웅이 요셉이라는 점은 흥미롭다. 이 북방불교의 전설은 6세기 초 시리아를 매개로 하여 유럽에 다다랐다.(이 책의 58쪽 주93, 88~89쪽, 129쪽 주11 참조.)

16 에브라임의 수도 세겜에는 실로의 대성소가 있었다. 이곳에 이스라엘의 원래 신전이 300년 동안 존재해 있었다.(「요한복음」 4:5, 20. 이 책의 125쪽 주45 참조.)

17 "모든 민족의 바람."(「하깨」 2:7, 이 책

의 124쪽 참조.) "이 메시아적 예언은 거부할 수 없다. 랍비, 자유사상가, 개신교도의 모든 논리와 독일인들의 기발함은 모두, 교회의 오래된 바위에서 틈을 찾거나, 그것을 훼손하는 데에는 실패했다." "인간에겐 그것을 감히 부정하려드는 영적인 무지에 허덕이는 게 틀림없다는, 명백하고 물리칠 수 없는 근거가 있다."(Huysman, 『The Cathedral』, 210쪽 참조.)

18   이 책의 46쪽 주30,32,33, 57쪽 주88, 108쪽, 139쪽 주2, 144~145쪽 참조.

19   티그리스강 너머까지 전교했던 아시리아인 타티안은 유스티니아누스의 제자였다.

20   「창세기」 41:1 이하,「다니엘」 2:15~23 참조.

21   이 책의 84쪽 주35, 131쪽 주23 참조.

22   「에스더」 2:20~23, 6:1~3 참조.

23   테르툴리아누스의 말을 뜻한다.(이 책의 103쪽 주17, 135~136쪽, 147쪽 주41 참조.)

24   '카니슈카'라는 이름은 '가장 어린'이라는 뜻이다. 졸저 『World-Healer』 1권의 주와 지도를 보라.

25   이 책의 74쪽 주51,52,53, 102쪽 주15, 105쪽 주25 참조. 성 도마가 안티오크에서 중국의 만리장성까지 사도 활동을 한 사실은 계속되고 불변하는 교회의 전통과 그리스, 라틴, 시리아 저술가들의 증언, (무함마드의 제자인)아랍인들의 신앙, 그리고 가장 오래된 고고학적 기념물 등에 의해 입증된다. 그리고 사도 자신들의 시대에서부터 중국에서의 기독교 신앙의 전파는 그와 맞먹는 오래된 성격을 띤다.(이 책의 42쪽 주11, 133~134쪽 참조.) 프란체스코 하비에르는 1546년 "많은 사람들은 성 도마가 중국까지 가서 많은 사람들을 기독교도로 만들었다."고 썼다. 당시 인도의 그리스 주교들은 성 도마가 중국으로 가 여러 도시를 거치면서 복음서를 출간하고 많은 중국인들이 그리스도를 믿게 했다는 것을 확신했다.(『Life and Letters』, 276쪽, 279쪽, 300쪽, 378쪽, 379쪽 참조.)

26   이 책의 88쪽 주48, 119쪽 주16 참조.

27   한자로 불(佛)은 '사람이 아니다'라는 뜻이다.(이 책의 73쪽 주49, 86쪽 참조.)

28   이 책의 134~135쪽 참조. 천축은 일본

인 안지로가 (프란체스코 하비에르가
일본에 도착하기 전 말라카에서)그에
게 말했던 '제니코'이다. 안지로는 "이
곳에서 성스러운 왕자 석가가 1,600년
전에 태어났다."고 말했다. 일본인 본
제(bonze)는 '제니코에서 온 신부' 하
비에르와 헤어졌다. 이것은 '일본에서
의 1년 반 동안의 여행'이었다. 캠퍼는
"말 그대로 천축은 천상의 나라를 의
미한다."고 했다. 몽골인들은 간다라
를 '불(佛)' 즉 '하강한 신의 나라'로 묘
사했다. 기이하게도 1489년 카이펑 회
당의 석비 비문에는 "우리의 종교는
원래 천국에서 유래했다."고 되어 있
다.(『Chinese Jews』 4쪽 참조.)

29 현장이 말하기를 우디아나는 '성스러
운 종족' 유주프자이아(요셉가문의 동
양적 형태를 말한다.「다니엘」 12:7 참
조)의 본부였다. 현장은 법현과 같이
250년 전에 이 지역의 많은 구전 설
화를 담은 모자이크를 우연히 목격했
다.(이 책의 19쪽, 44쪽 주26, 50쪽 주
52, 55쪽 주79,80, 93쪽 주21, 98쪽 주
2, 134쪽 주39, 147쪽 주41, 153쪽 주
15,16 참조.)

30 이 책의 114쪽 주68, 153쪽 참조. 중
국의 유대인들에게 '실로'의 전통적
인 의미는 '인간으로 하생한 위대한 존
재', 하나의 성스러운 신비이다.(『Jews
in China』, 40쪽, 『Etch Miadzin in
Armenia』, 63쪽, 『Apology of Aristides
and Kobo's Mandara』, 103쪽, 107쪽
참조.)

31 네부카드네자르 왕의 '꿈의 돌'(「다니
엘」 2:44 참조)과「마태오복음」 21:42,
「사도행전」 2:36, 4:10~12,「요한복음」
2:19~21,「다니엘」 9:24, 25 참조.

32 「이사야」 53:1 이하 참조.

33 캠퍼는 1690~1692년 에도의 쇼군이
있는 궁전에서 네덜란드 대사 일행을
수행했다.

34 「요한복음」 1:41, 4:25,「마태오복음」
1:16, 23, 16:16, 17,「루가복음」 7:19, 20,
이 책의 14쪽 주12, 24쪽 주35 참조.

35 250년 라틴어는 유럽의 전례어가 되었
고 이로써 라틴 문명에 의한 서구 기독
교의 전반적인 성장은 그리스를 능가
하게 되었다.

36 그리스도와 그 사도들은 아람어 즉 시
리아 방언으로 소통했다.

37 이 책의 118쪽 주13, 하르나크의 『Mission』 2권 133~135쪽, 142~145쪽을 참조하라. 시리아어는 경교의 영향으로 몽골 저술과 저작들의 기초가 되었다.(『Chinese Buddhism』, 148쪽 참조.)

38 Burkitt, 『Early Christianity』, 22쪽. 이 책의 60쪽 주109, 「마르코복음」 1:1 참조.

39 이 책의 120~121쪽, 129~131쪽 참조.

40 「요한묵시록」 19:13, 6:2과 이 책의 55쪽 주76, 57쪽 주88, 59쪽 주101 참조. '해설자의 성서(Expositor's Bible)'에 나오는 '영웅 신'이라는 표현은 이사야 9:6의 번역에 근거한다.

41 간다라에서 미륵은 왕의 모습을 하고 있다.(『Buddhist Art』 참조.) 그는 다르마 라자(Dharma Rajah, '법의 왕')였다.(「마태오복음」 5:21, 22 이하, 이 책의 31쪽 참조.) 나는 버마 랭군에서 부처를 그린 그림을 봤다. 이것은 조선에서는 비슷한 것이 없지만 비구니와 비구들로부터 미륵으로 인식되었다. 왕의 사제인 그는 국화 두 송이가 새겨진 보좌 위에 앉아 있다. 이 문장은 이스라엘의 왕 다윗과 기원전 660년 진무 천황 계열의 야마토 황실의 문장과 비슷하다. 미륵의 가슴에는 이스라엘의 대사제들이 사용하는 보석으로 장식한 흉배가 있다. 이것은 정의와 평화의 왕인 멜기세덱을 계승한 왕-사제가 분명하다. 이에 대해서는 「즈가리아」 14:9, 「히브리」 7,8, 「루가복음」 23:2, 35, 「요한복음」 4:42, 「다니엘」 7, 13, 14을 참조하라. 나는 조선에서 아난다와 가섭의 목 양쪽에 국화 문양이 있는 것을 보았다. 나는 또 600년 된 중국의 작은 관음상을 가지고 있는데 야마토 호류사에 소장된 조선 불상의 복제본인 이 관음상은 목걸이에 두 개의 국화를 지니고 있다. 렝스에서 동정녀와 요한은 십자가 아래에 서 있고, 각각의 후광에서 두 개의 해바라기가 생겨난다. 이 이스라엘의 문양은 예루살렘 솔로몬 신전의 유지에서 발견되었는데 현재 런던의 어느 박물관이 소장하고 있다.

42 중국의 국사(國師) 혜과는 불공삼장(不空三藏, 아모가 바즈라)에게서 사사한 밀교를 홍법대사에게 전하고 장안 석불사(石佛寺)에 주석(駐錫)했다.

43 이 책의 21쪽 주31, 92쪽 주9, 124쪽 참조.

44 「다니엘 하」 54 참조.

45 교토 다이고지[醍醐寺]의 삼보인[三寶院] 본존은 미륵이고 홍법대사는 그 오른쪽에 앉아 있다. 밀교는 간다라의 무착과 현장에 따르면 "단순히 미륵의 계시"라고 한다. 산스크리트어 명칭 '미륵'은 사랑이라는 뜻으로 '미트르(mitr)'에서 유래했다. 뿌리라는 뜻의 미트르는 고차원적인 친교, 즉 하느님과의 친교를 뜻한다. 이것은 모든 히브리 대사제들과 모든 나라의 사도들이 누리는 내적 생활이다. 가톨릭 교리상의 '연합의 길(Unitive Way)'이다. 고타마의 예언인 "그의 이름은 미륵, 즉 사랑이다."와 함께 「요한1서」 3:16을 참조하라.

46 이 책의 50쪽 주50 참조.

47 이 책의 53쪽 주68, 55쪽, 66쪽, 79쪽 주23, 140쪽, 144쪽 주32 참조.

48 이 책의 12~13쪽 참조. 금강산 정양사의 창건 연대는 기원후 5년이다. 동방의 현자가 가져온 소식이 아시아 대륙 전역에서 섬광처럼 빛났다고 진정 말할 수 있을까?

49 「마태오복음」 2:16 참조.

50 아마테라스(일본 신화에 등장하는 태양신―편집자 주)가 자신의 몸을 바위 동굴에 숨기자 동굴 입구가 큰 돌 때문에 막히면서 세상이 어둠에 빠졌다. 돌이 굴러가자 땅에 다시 빛이 찾아왔다. 이것은 복음서에 나오는 이야기의 반영인 것처럼 보인다.(「마르코복음」 16:2~6 참조.) 베들레헴의 예수 탄생지 근처에 살았던 성 히에로니무스는 "바위의 갈라진 틈 사이에서 우주의 건설자(architect)가 태어났다."고 썼다.(이 책의 102쪽 주15 참조.)

51 이 책의 143쪽 주22, 52쪽 주61, 55쪽 주77, 132~133쪽 참조.

52 이 책의 141~142쪽 참조.

53 이것은 진언종 대 만다라의 '태장계'와 '금강계'에 관한 가르침인데, 『대일경』에 나오는 용수의 인도에 의해서 아래쪽을 향하는 삼각형으로 그려져야 한다. 그런데 장안에서 혜과가 홍법대사에게 준 만다라에는 삼각형을 무지개 화염이 원형으로 둘러싸고 있고 삼각형의 꼭짓점이 위를 향하고 있다.(「에페소서」 4:10 참조. 구옥(球玉)에 대해서는 이 책의 67쪽, 117쪽 주9, 131쪽

주28, 150쪽 주2 참조.) 이오나 등지의 켈트식 십자가 역시 비슷하다. "원형의 하늘(금강계)과 네모난 땅, 태장계. 이 둘을 하나로 이어주는 것은 육화(肉化, incarnation)다."라고 어느 진언종 주지가 내게 말했다. 주지는 덧붙였다. "료부 야소(Ryobu Yaso)를 이해하는 사람들은 이것이 매우 소중하다는 것을 안다."고 말이다.

54 라이트(W.Wright) 박사가 번역한 『Journal of Sacred Literature』를 보라.

제11장

1 이스라엘 쟁월(Israel Zangwill)은 "유대인들은 자신들의 13개 신앙 개조에서 '그분의 오심이 늦어지기는 하지만'이라 말하면서도 여전히 메시아의 강림을 믿고 있다."고 말했다.

2 이 수메르비의 기원은 기원전 4700년까지 거슬러 올라간다. 셈족, 즉 아시리아와 바빌로니아인들은 적어도 기원전 2200년까지 거슬러 올라간다.(이 책의 57쪽 주87 참조.)

3 오리게네스와 아우구스티누스는 "이

크티스(Ichthys)는 그리스도를 가리키는 신비의 명칭"이라고 말했고, 테르툴리아누스는 "우리 주님 자신은 큰 물고기, 진정한 이크티스"라고 말했다. 베로나의 순교자이자 주교인 제노(Zeno)는 여러 종류의 그림에서 항상 자신의 홀에 큰 물고기를 매달고 있는 모습을 하고 있다.(『Sacred and Legendary Art』, 706쪽 참조.)

4 로마 최초의 기독교 묘지인 성 프리스킬라 묘지의 비문을 보라.

5 「요한묵시록」 19:1, 2, 13. 이 책의 84쪽 주36 참조.

6 '피스키나(piscina)'라고 한다.

7 눌지왕 때인 422년 묵호자가 '대도(大道)의 교리를 전하기 위해' 평양에서 신라로 왔다. 그는 '여래의 전령'으로 인정받았다. 어떤 사람들은 묵호자가 바다를 통해 들어왔기 때문에 그가 간다라에서 신라의 부상국에 도착한 사람들 중 한 사람일지도 모른다고 말한다. 경교비가 에티오피아 수도승 네 명의 이름을 언급하고 있다는 점을 유의하라. 묵호자는 도읍인 경주에서 약 10마일 떨어진 굴방(窟房)에 지내면서 농사

를 지으며 살았다. 향을 피우고 기도를 해 왕녀의 병을 고친 후, 군주에게 서역에 사람을 보내 교리를 형상화하는 조각가들을 불러올 것을 간언했다. 이들이 40여 일간 일한 결과가 바로 간다라 조각 양식의 찬란한 15개 불상이다.(이 책의 124쪽 주39, 134쪽 주37 참조.) 그 복제본들이 1915년 열린 경성 전람회의 전시실을 장식했다. 그 중 두 작품이 이 책에 그림으로 나타나 있다. 동경제국대학의 세키노 박사는 조각으로 유명한 '일선군 석굴'에 대해 내게 처음으로 말했고, 시카고 대학의 인류학 교수인 스타 박사는 불상에 등장하는 네 개의 서로 다른 인종 유형에 관심을 갖도록 했다. 흥미롭게도 이 같은 네 가지 유형은 바실리카에 있는 불교식 오순절을 그린 불과 물고기와 구름의 캄보디아 만다라에도 나타난다. 이것은 남경과 부산을 거쳐 도쿄로 왔다.

프랑스 샤르트르 성당에서 "동정녀는 지상의 끝에서 온 것처럼 보인다. 아프리카인처럼 검고, 몽골인 내지 중국인처럼 황갈색을 띤 눈은 작고, 혼혈인처럼 피부는 창백한 올리브빛이고,

또 유럽인처럼 희다. 성모의 아들인 성자는 마치 모두의 메시아인 것처럼 각 인종의 특징을 모두 지니고 있다." (Huysman,『Cathedral』, 19쪽 참조.) 몽탈랑베르가 다음과 같이 한 말을 주목해야 한다. "전혀 과장 없이 하는 말인데, 쟁기와 십자가는 이들 초기 수도사들의 전체 역사를 나타내는 깃발이자 문장이다. 몇몇 웨일즈의 수도사들은 '소가 없어서' 직접 쟁기로 밭을 갈았다." 성 패트릭은 젊은 시절에 노예이자 돼지몰이꾼이었는데, 그 경험을 통해 완강한 자연을 어떻게 상대해야 하는지 알게 되었다.

8 499년 혜생은 중국으로 돌아가면서 당시 잘 알려지지 않은 부상(扶桑, '누에를 키우는 데 필요한 뽕나무의 나라')에 대한 소식을 전했다. 이곳은 40년 앞서 불승 5명이 459년 키핀(Kipin)에서 바다를 통해 와서 "자신들의 신앙을 가르치고 조선 등지에 성상(聖像)을 전파했던 곳이다." 유점사 전승에 따르면, 이 승려들은 서기 5년 유점사를, 서기 10~24년 정양사를 창건했다. 비즐리 박사는 키핀은 코펜(Kophene), 즉

아프가니스탄으로, 간다라와 카불을 포함한다고 주장한다. 그러나 브레트 슈나이더(E. Bretschneider)는 키핀을 한나라 때부터 사마르칸트와 동일한 것으로 본다. 5세기 그리고 이보다 좀 더 이른 시기에 사마르칸트는 기독교의 중심이자 문화의 아테네였다. 이 점은 주목할 필요가 있다. 456년 실론의 불승 다섯 명이 중국 왕실에 삼중 불상을 가지고 왔다. 이것은 그중의 한 사람인 유명한 조각가 난테(Nante)가 조각한 것이다.(이 책의 42쪽 주10 참조.) 이집트의 승려 코스마스는 타프로바네(스리랑카)에 페르시아 장로가 집전하는 페르시아 기독교 교회를 세웠다. 동시에 "다섯 명의 이방인이 티베트에 와서 몇 가지 신비한 경배대상을 설명하려고 했다."(Rockhill, 『Life of Buddha』 참조.)

9 대승불교는 5세기 말까지 간다라와 우디아나에서 번성했다. 515년 경 흉노족의 미히라쿠라는 우디아나와 카슈미르를 침략해 국사를 살해하고 불자들을 살육했다. 따라서 바로 그 순간 파괴될 수 없는 성스러운 길이 극동을 번성시키기 시작했다는 것을 알 수 있다.

10 이 책의 55쪽 주80 참조.

11 페레 S. 시글리아는 자신의 『Catacombs of St. Callistus』에서 "카타콤 탐험가인데 로시는 물고기가 끊임없이 되풀이되어 나타는 것을 보고 당황했다. 그러나 모든 종류의 기념비에 신비의 물고기가 나타나는 것을 봤을 때 그 의미는 명확하고 분명하다. 그것은 '그리스도'를 의미하는 것"이라고 말한다. 우리들은 예루살렘, 아프리카, 조선, 일본에서 볼 수 있는 신비의 물고기가 지닌 같은 의미를 부정할 수 있을까?

12 이 책의 24쪽 주34, 46쪽 주32, 79쪽 주22,23 참조.

13 이 책의 24쪽 주35, 62~64쪽, 124~125쪽 참조.

14 이 책의 113쪽 주66, 114쪽 주 68,70,72, 119쪽의 주17 참조.

15 산스크리트어로 암리타이다. 중국어로는 간로[甘露]라고 한다.(이 책의 32쪽 주46 참조.)

16 가섭마등은 명제를 위해 수많은 전차와 기병으로 둘러싸인 삼계의 탑에 관한 그림을 그렸다. (「시편」 68:17, 「열왕

기 하」6:15~17 참조.)

17 「룻기」2:12 참조.

18 「말라기」4:2, 「루가복음」1:70 참조.

19 이 책의 39~40쪽, 42~43쪽 참조.

20 새로운 생명을 위한 세례(관정)와 양식을 통한 새로운 탄생에 관한 이러한 물고기의 교리는 다른 어느 종교에도 없는 기독교와 대승불교의 매우 독특한 점이다. 힌두교에서는 비슈누가 환생한 것 중 하나가 물고기이다.

21 거의 한 세기 전에 시마네의 젠신[善信] 비구니는 조선으로 건너가 에벤(Eben)이라는 매우 히브리적인 이름을 지닌 승려에게서 관정을 받았다.(「사무엘 상」7:9~12, 이 책의 42쪽 주10 참조.)

22 이 책의 62쪽 주2, 63쪽 주5 참조.

23 「출애굽기」9:9, 「마태오복음」17:5, 「사도행전」1:9, 「요한묵시록」1:7, 「다니엘」7:13,14 참조.

24 이 책의 92쪽 주10, 119쪽, 125쪽 주49 참조.

25 이 바구니는 단순한 상징이 아니었다. 이에 대해 히에로니무스는 "어느 누구도 버드나무 바구니로 그리스도의 몸을 담는 사람만큼 부자는 아닐 것"이라고 말했다.

26 대부제 도울링이 그린 아르메니아 교회의 '전형적인 아르메니아 제단' 그림에 따르면, 이것은 아르메니아 제단의 성작보에 그려져 있다. 이것은 동정녀와 그 아이에 관한 가장 오래된 그림에서 그들 머리 위에 나타나 있다. 이것은 복음을 전하는 여덟 개 지역을 나타낸다. 극동에서는 위로는 하늘, 아래로는 지옥을 가리키는 한 가운데를 관통하는 수직선을 추가한다. 이것은 즉, 열개 지역에 대한 보편적인 구원을 나타낸다.

27 이 책의 87쪽 주43, 88쪽, 90쪽 참조. 마하연은 662(혹은 661)년 의상대사가 창건했다. 경교비를 참조하라.

28 「마태오복음」28:19, 이 책의 64쪽 주10, 90쪽 주54, 113쪽 주67 참조.

29 경성화학연구소의 도요나가 박사는 지난 12세기 동안 조선에서 사용된 백자 인장 하나를 내게 췄다. 각각의 모서리에 꽃문양이 장식된 이것은 멜리아포르의 성 도마 무덤과 경교비에 새겨진 십자가와 비견된다.

30 희랍 의식서에서는 기도를 통해 특별

히 성령이 빵과 포도주를 진정한 살과 피로 변모시키는 은총을 내려줄 것을 기도한다.(Duchesne, 『Christian Workship』, 181쪽 참조.) 우리 주님의 형제인 성 야곱의 미사 전문(성찬용)에는 "살아있고 거룩한 성령이 가장 높은 하늘에서 내려와 이 성소에 강복하기 위해 성찬에 오는 이 순간 얼마나 떨리는지!"라고 기록되어 있다.(Neal, 『Primitive Liturgies』, 48쪽 참조.)

31 이 책의 162쪽 주20, 164쪽 주26 참조. 「루가복음」 24:40~42, 「요한복음」 21:9 참조.

32 켈트족의 성인전에서는 클롱페르 수도원의 창립자인 브렌던이 수도승들과 축복의 섬으로 항해하여 큰 고래의 등 위에서 죄 없는 양으로 축제를 열어 부활절을 기념했다고 전해진다.

33 예이츠는 프라 파올리노가 묘사한 다음과 같은 성 도마 계열 기독교인들의 독특한 관습을 인용하고 있다.(『Indian Church History』, 160쪽 참조.) "나는 고대에 그랬던 것처럼 잔치를 좋아한다. 많은 사탕수수, 쌀, 바나나, 꿀 등이 쌓여있고 그들은 쌀가루로 아빰

(appam)을 구웠는데, 이것은 교회 근처의 건물에 공개적으로 차려진다. 사람들은 교회 마당에 모이고 사제는 이들을 축성한다. 그 이후에 그들은 차례로 앉아 조용히 음식을 먹는다." 이것은 내가 조선에서 목격한 것과 매우 흡사하다. 프라 파올리노는 존경하는 마음으로 6,000~7,000개를 묘사하고 있다.

34 이 상징이 널리 퍼졌다는 사실을 보여주는 흥미로운 증거가 두 가지 있다.
(1) 5세기 예루살렘에서 '하느님의 동생'인 의인 야고보의 묘위에 세워진 수도원에서 '중국과 일본'풍의 기와를 볼 수 있다.
(2) 403년 성 히에로니무스는 예루살렘에서 게테(Getae)의 여성들로부터 편지 한 통을 받았다. 이 편지를 전해준 어떤 수도사는 2년 후 히에로니무스와 아우구스티누스 사이의 서신을 교환하는 일에도 관여했다. 목어를 두드리면서 그들은 사랑과 평화의 복음을 선포했다. 일본에서는 정토종과 진언종 승려들이 삼부경을 외우면서 목어를 쳤다. 이처럼 나무를 두드리는 것은 목소리를 받쳐주기 위해 사용하는 오늘

날의 오르간이나 풍금과 목적이 같다. 이것은 4세기에 세워졌으며 무세우스(Museus)가 주교였던 아비시니아 기독교인들에게서 여전히 계속되고 있다.

35 이 책의 71쪽 주43 참조.

36 「히브리서」 1:6 참조.

37 이 책의 32쪽 주46, 112쪽 참조.

38 이 책의 92쪽 주8, 134쪽 주39 참조.

39 어떤 선교사는 경성의 왕립아시아학회에서 행한 연설에서 이것들을 '주석 장식물'로, 보관들을 '머리장식(Coiffure)'으로 묘사했다.(「요한묵시록」 19:12, 이 책의 37쪽 주56, 60쪽, 74쪽, 156쪽의 주41 참조..)

40 성 암브로시우스(4세기에 중국을 횡단한 흑인 주교 무세우스가 파견한 자)는 숫자 8은 재생을 상징한다고 설명했다. 뒤센느는 "밀라노의 암브로시우스는 서양 전체에서 하느님의 말씀을 전하는 자인데다가 심지어 동양에서도 유능한 인물로 간주되었다."고 말한다. 고야산의 팔면 전각을 참조하라. 이곳에는 일본인 망자들이 미륵이 하생할 때 자신들의 새로운 탄생을 기다리면서 홍법대사 옆에 쉬고 있다.

41 이 책의 118쪽 주14, 125쪽 주49 참조.

42 이 책의 50쪽 주51, 88쪽 주48 참조. 콘스탄티누스 대제는 유대의 집정관인 렌툴루스가 로마 원로원에 보낸 하느님의 아들에 대한 고대의 묘사를 바탕으로 그리스도의 그림을 그리도록 했다. 그는 풍모가 당당했고 그의 머리는 포도주색 머릿결로 빛났다.

43 대그레고리가 쓴 것으로 13세기까지 계속되었다. 이것은 꼭대기에 술이 달린 원뿔 모양의 관이었다. 1298년에 관 하나가 더해져 2개가 되었고, 1334년에 삼중관이 되었다.

44 이 책의 31~32쪽, 40쪽, 58쪽 참조. 실비아(그녀와 필적할 만한 순례여행을 한 사람은 거의 없다)는 "정법(正法)이 변화를 일으키는 힘은 언어의 힘으로는 충분히 설명할 수 없다."고 말했다.

45 이것은 이집트 피라미드 문헌에 나오는 '존재의 사다리'로서, 알렉산드리아의 오리게네스가 자신의 초기 기독교 가르침에서 구현한 것이다.(탑sotopa 참조. 이 책의 55쪽 주78, 162쪽 주19 참조.)

46 이 책의 44쪽 주26, 92쪽 주9 참조.

47　이 책의 57쪽 주88 참조.

48　이 책의 21쪽 주31, 78쪽, 79쪽 주23,
　　116쪽 주4, 129쪽 주11 참조.

제12장

1　필자의 견해는 1915년 조선을 다시 찾
　　았을 때 장안사 주지의 말을 듣고 확인
　　되었다. 주지께서는 그 사찰의 승려들
　　이 해마다 석가탄신일이면 물고기 상
　　징이 그려진 옷을 입고 춤을 춘다고 말
　　했다. 석가탄신일이면 수천 명의 순례
　　객이 모여 쌀, 만두, 과일 등 앞서 부처
　　님께 바친 음식을 놓고 고대 레위족이
　　하던 대로 잔치를 벌인다. 나비춤도 춘
　　다. 이 춤은 부처님 안에서 영혼이 즐거
　　워하는 것을 상징적으로 나타낸 것이
　　다. 이츠쿠시마에서도 젊은 여자가 시
　　스트룸(sistrum, 딸랑이류의 타악기 ―
　　옮긴이 주)을 들고 나비춤을 춘다.
　　로마의 성 도미틸라 묘지에는 정원을
　　그린 아름다운 벽화가 있다. 이 그림에
　　서는 큐피드 모습을 한 '불멸의 사랑'이
　　프시케(영혼 혹은 나비)에게 구애하고
　　있다. "날아갈 천사 같은 나비가 되기

위해 태어난 벌레들이라는 것을 모르
는가?"(단테「연옥」10곡 124~125행,
12곡 95행 참조.)

2　이러한 신비극은 491~518년 기독교 세
　　계의 새로운 수도인 콘스탄티노플에서
　　로마노스라는 수도자가 시작했다. 그리
　　하여 로마노스는 '신적(神的―일본어
　　로는 부처)'이라는 이름을 얻었다.

3　이 책의 46~47쪽, 55~56쪽, 72~75쪽,
　　91쪽 주3, 92쪽 주5 참조.

4　열정(Passion)에 맞선 투쟁(Struggle)의
　　색깔.

5　이 『진주의 찬미』에 대해서는 졸저
　　『World-Healers』 2권을 참조하라.

6　이 책의 62쪽 주2, 64~66쪽, 72~74
　　쪽 107~109쪽, 131쪽 주28, 134쪽 주
　　39 참조.
　　세례를 위한 특별한 장소인 큰 샘은
　　'바다' 혹은 '연못'으로 불린다. 이에
　　대해서는 『Canons of Hippolytus』와
　　『Egyptian Church Orders』가 언급하
　　고 있다.(Bigg, 『Origins of Christianity』,
　　272쪽. 이 책의 83쪽 '심연' 참조.) 파리
　　의 생 제르맹 오세르아를 비롯한 많은
　　교회에서는 정문으로 가려면 세례반

(洗禮盤)이 있는 베란다와 어두운 현관
을 거쳐야 했다.

7 「마태오복음」 28:19,20 참조.

8 「사도행전」 16:23~25 참조. 이것은 어
떤 감옥을 통해 유럽에 전해졌다.

9 이 책의 154쪽 주25,28 참조.

10 이 책의 88쪽 주47, 140쪽 주12 참조.

11 「루가복음」 6:13,15. 「마태오복음」 10:1
이하 참조.

12 스페인을 예로 들 수 있다. (「로마서」
15:28 참조.)

13 캠퍼는 흥미롭게도 이를 확인하는 구
절을 발견했다. 캠퍼는 "중부, 즉 인도
의 말라바리스와 코로만델 해안이라고
알려진 곳에는 석가의 제자로서 문수
(일본어로는 몬주)라는 유명한 부처가
있었다."는 일본인 저자의 글을 인용한
다. 캠퍼는 말한다. "동시에 죽은 영혼
들의 위대한 신이자 후원자인 아미타
여래의 교리는 중국으로 와서 이웃 나
라에 전파되었다."(이 책의 119쪽 주15
참조.) 그는 또 "긴메이 천황 재위 31년
에 이 교리가 일본 나니와[難波]에 나
타났다. 이곳에서 아미타상이 금빛으
로 둘러싸인 못 입구 쪽에 나타났다. 이

불상은 앞서 인도에서도 조선을 거쳐
일본에 전해졌다. 매우 용기가 많고 경
건한 황자(皇子)가 이 불상을 젠코지
에 안치했다. 이후 이 불상은 '젠코지-
여래'로 알려졌고 수많은 이적을 낳았
다."고 말한다. 또, 캠퍼는 일본인들이
섬기는 석가불의 다른 이름이 '미로쿠'
라는 것을 알게 되었다고 말한다.

14 이 책의 159쪽 참조.

15 문수보살(manjusri), 즉 몬주는 만
주와 밀접한 관련이 있다. (Eitel,
『Handbook』, 94쪽 참조.) 문수보살은
특히 중국 산시 우타이산에서는 숭배
의 대상이다. 티베트에서 문수보살은
'감미롭게 노래하는 자'로 알려져 있다.
율 대령은, 네팔 전승에 따르면 이 문수
보살이 네팔(대승불교 국가)의 사도였
다고 말한다. 극동의 그림들은 보통 문
수보살이 사자에 올라타고 있는 모습
을 그리고 있다. 흥미롭게도 인도 전승
은 공작 깃털로 장식한 옷을 입은 성 도
마가 사자에 올라탄 채 개 두 마리를 데
리고 다니는 모습이라고 전한다.

16 따라서 헤로도토스는 피부색이 검은
사람들과 아프리카 흑인을 구별하고

있다.

17 렌델 해리스 박사는 자신이 쓴 저서의 서문에서 "이 시리아 복음은 이전에 나온 히브리어로 된 사도들의 복음을 그대로 옮긴 것일 수 있다."고 말한다.

18 이 책의 76쪽 주2, 102쪽 주15, 105쪽 주25 참조. 아르노비우스(Arnobius)는 나아가 이미 '진심으로 하나의 신앙을 받아들인' 세레스인, 페르시아인, 메디아인 등에 대해서 말한다. 중국의 사서는 말한다. "이 때(65년) 불교는 중국을 그 사악한 교리로 물들이기 시작했다. 제후들과 위대한 사람 그리고 '사(士)' 계층은 그 사실을 경멸했다."(이 책의 128쪽 '전염' 참조.)

19 실비아가 순례를 한 것은 중국의 법현이 북 인도의 성지에 간 지 얼마 지나지 않아서의 일이다.(이 책의 131쪽 주24 참조.) 실비아와 법현 모두 수많은 승려와 그들의 형용할 수 없는 경건함에 감명을 받았다. "그들은 사랑과 경건함을 바탕으로 예사롭지 않은 여행을 했다."(Beazely, 『Dawn』, 1권, 73~80쪽 참조.) 주 그리스도가 침묵하면서 보낸 18년—12세에서 30세—은 이스라엘 가

문(간다라와 우디아나의 유주프자이아)의 잃어버린 양들 사이에서 보낸 것이 아니라는 점을 고려할 필요가 있다.

20 이 책의 48쪽 주44 참조.

21 이 책의 118쪽 주14, 150쪽 주2 참조.

22 연꽃 위에 놓인 이 광명옥은 정토 만다라의 가운데에 만(卍)자가 있고 필자의 친구인 주지의 친절 덕에 이 책의 표지를 장식하게 되었다.(원서의 표지를 말하는 것이다. —편집자 주) 그는 '고쿠라쿠'를 하느님의 왕국으로 풀이한다.

23 단음절 단어 옴(OM 혹은 AUM)은 삼위일체, "나는 곧 나다."라는 걸 나타내며, 곧 북방불교의 알파와 오메가의 상징이다.(Eitel, 『Three Lect: On Buddhism』, 38쪽 참조.)

24 이 그림은 유마에게 축복을 내리는 히브리 사람의 얼굴을 한 석가 그림을 그린 같은 작가(또는 같은 화파에 속한 작가)의 그림이다. 중국과 일본인 감식가 모두 내게 이것은 석가여래의 그림이라고 말했다. 이것은 적잖이 흥미로운데, 왜냐하면 시리아 사도행전 전체를 통해 사도는 그리스도의 형제로 간주되고 있기 때문이다. 도마라는 이름

은 쌍둥이를 나타내고, 사람들은 그의
신원을 잘못 알았고, 심지어 사탄이나
야수들조차도 그에게 메시아의 쌍둥이
형제라고 인사했다.

25 이 책의 129쪽 주13 참조.

26 이 책의 113~114쪽 참조. 성 프리실리
의 묘지에는 착한 목자 옆에 소나무가
있다. 180년에 지어진 외경에는 성 바
오로가 소나무 아래에서 참수되었다
고 기록되어 있다. 하르나크는 "아시
아의 장로가 쓴 이 외경의 행전들은 아
시아의 기독교를 이해하는 데 매우 중
요하다."고 말한다. 『In Early Eastern
Christianity』에서 버킷 교수는 유다의
「도마행전」을 번역한다. 곤도파레스 형
제의 삶의 회귀가 중국 황제 당 태종,
아일랜드와 영국의 수도승, 인쇄술 도
입과 관련한 조선의 이야기와도 일치
한다. 판관은 그가 전생에 개였을 때 자
신에게 보여준 친절에 대한 보답으로
그를 풀어주었다. 다만 당시 창궐하고
있던 홍역에서 조선을 구하기 위해 불
경 간행용 목판 제작을 조건으로 제시
했다. 해인사에 보관된 이 목판에서 테
라우치 총독은 지난 해 세 개의 사본을

만들게 했다. 그 중 하나는 일본 천황에
게 보내졌다. 이것은 현존하는 가장 완
벽한 일체경이다.

27 이 책의 50쪽 주51 참조.

28 「창세기」 49:9, 10, 「시편」 80:8, 14, 「이
사야」 5:1~7, 「예레미야」 2:21, 6:9 참조.

29 「요한묵시록」 5:5, 「요한복음」 15:1, 「마
태오복음」 26:29 참조.

30 「민수기」 15, 38, 39 참조. 사도들은
「사도행전」이 보여주는 바와 같이 메
시아를 따르는 사람이 되는 동시에 선
한 유대인이 되려는 노력 또한 멈추지
않았다.

31 이 책의 44쪽 주28 참조.

32 교토 난젠지[南禪寺]에서 아난의 의복
에는 봉황과 흰 왜가리 장식이 있고 옷
깃과 소매는 희랍 열쇠 문양이다. 조선
의 불국사에 있는 비석에서 묵호자는
농한기에 홍관을 쓰고 가사를 입고 불
자(拂子)를 든 채 악귀를 쫓았고 명상
으로 여가 시간을 보냈다. 그의 몸에서
나오는 광선은 어두운 일선군 동굴을
비췄다. 따라서 이 묵호자는 '광명교'의
한 사람이었다.(이 책의 41~42쪽, 57
쪽, 113쪽 주61, 161쪽 주8 참조.) 한편

복숭아나무 한 그루가 동굴 밖에서 자랐다. 눈 내리는 겨울의 한가운데 희귀한 식물들이 마치 크리스마스에 글래스턴베리에서 피는 가시나무처럼 자란다. 이 사찰의 대웅전은 백로로 장식되어 있다.

33 이 책의 51쪽 주57, 83쪽의 주30 참조.

34 이 책의 150쪽 주7 참조.

35 「욥기」 33:23~25. 번연의 『천로역정』 참조.

36 카타콤에서와 마찬가지이다.

37 「신명기」 6:4~8 참조.

38 탁발승 오도릭은 자신의 정신이 자신 속에서 죽었을 때 끔찍한 사막에서 느낀 엄청난 공포를 묘사하고 있다. "나는 성호를 긋고 '말씀이 사람이 되시어(Verbo caro factum)'를 반복했다."

39 일본어로 몬(mon). "Bright Seal."

40 이 책의 170쪽 주6 참조.

41 이 책의 15쪽, 63~65쪽 참조. 갈리아의 이레니우스는 "너는 이제 거룩하게 되었다. 너 이제 불멸하게 되었으니 하느님처럼 되었고 하느님의 친구가 되었다는 점을 볼 때, 하느님의 삶과 관련된 모든 것이 너에게 주어진 것이다."

(이 책의 140쪽 주11 참조.) 이것은 근본적으로 밀교의 가르침이다. (이 책의 16~17쪽, 143쪽 주19, 159쪽 주49 참조.) 하르나크는 말한다. "이 하느님 나라의 약속은 모든 신자들에게 전하는 기독교 최고의 메시지이다."(『Mission』, 1권, 238쪽 참조.)

42 이 책의 113쪽 주54, 118쪽 주10,11, 124쪽 참조. 아시리아 교회의 교부는 여전히 '마르 아다이의 자리'를 차지하고 있다. 그에 대해서 "그가 나이가 들어 존경받게 되었을 때 그는 자신의 재능을 갑절이나 향상시켰고 마음에서 가시와 엉겅퀴를 제거한 뒤 가장 순결한 밀을 뿌리고 주님의 기쁨 안으로 들어갔다."(J.W. Etherigde, 『The Syrian Churches』, 18쪽 참조.)

43 이 책의 129쪽 참조. 이 마리는 셀레우키아로 들어가 생명의 십자가를 통해 눈 먼 사람을 고쳤다. 따라서 그는 하느님의 천사로 받아들여져 교회를 세웠고 그곳에서 15년 간 머물렀다.

44 「루가복음」 9:1, 10:1, 「고린토 1」 15:1, 6, 이 책의 91쪽 주3 참조.

45 아브라함의 전통적인 고향.

46 이 책의 59쪽 주101 '안세고' 참조. 그
　　는 171년에 죽었다.

47 알렉산드리아 대제의 정복은 희랍 세
　　계를 유대인들에게 열어 놓았으며, 그
　　의 계승자가 펼친 정책은 디아스포라
　　를 동방 전역으로 넓혔다. 요세푸스는
　　바빌로니아에 사는 '헤아릴 수 없이 많
　　은' 유대인에 대해 언급한다.

48 Duchesne, 『Early H. C』, 17쪽, 「사도
　　행전」 11:26, 「요한복음」 4:25, 이 책의
　　42쪽, 143쪽 참조.

49 『Indian Church History』, 이 책의 131쪽
　　주28, 162~164쪽 참조.

50 이 책의 44쪽 주28 참조.

51 이 책의 100~101쪽, 154쪽 주28 참조.

52 이 책의 131쪽 주23 참조.

53 이 책의 98쪽, 132~137쪽 참조.

54 사푸르 2세의 박해는 그가 369년에 죽
　　은 후에도 30년 동안이나 계속되었다.

55 이 책의 84쪽 주35 참조.

56 이 책의 58쪽 주93, 107쪽 주36 참조.

57 이 책의 35쪽 주50, 136~137쪽 참조.

58 진무 천황 탄신 2,500주년을 맞아 그와
　　그의 종족이 아시리아 유수로 거슬러 올
　　라가는 것은 아닌가 하는 질문은 조사

해볼 가치가 있다.(이 책의 55쪽 주79,
98쪽 주2, 146쪽 주36, 147쪽 참조.)

59 이 책의 74쪽, 75쪽의 주55 참조. 금강
　　산 건봉사의 큰 전각에 있는 지장보살
　　은 흰 일각수를 타고 있다. 로마 카타콤
　　에 있는 일각수는 순수와 힘을 상징한
　　다. 수도자 코스마스는 말했다. "일각수
　　는 끔찍한 야수다. 도저히 이길 수가 없
　　다. 그러나 나는 에티오피아의 청동상
　　을 제외하고는 그것을 본 적이 없다!"

60 『The Nestorian Monument in China』의
　　저자인 사에키 교수가 발견했다.

61 이 책의 143쪽 참조.

62 『日本書紀』, 1권, 265쪽, 364쪽, 350쪽
　　참조.

63 이 책의 74쪽 주52, 90쪽, 140쪽 주12
　　참조. 스타인 박사는 또 자신이 미란 불
　　화(佛畵)에서 발견한 '셈족의 흔적, 뚫
　　린 귀, 넓게 열린 눈'에 대해서 말하고
　　있다.

64 이 책의 105~106쪽 참조. 550년 두 명
　　의 페르시아 수도사가 누에알을 대나
　　무 지팡이에 감추고 콘스탄티노플의
　　유스티니아누스 황제에게 가져왔다. 이
　　로써 유럽에 양잠이 도입되었다.

65 이 책의 98쪽 주2, 131쪽 주21, 161쪽
    주7 참조.

66 「요한복음」 4:5, 6, 이 책의 50쪽 주52,
    55쪽 주79 참조. 우즈마사 샘에 대한
    존경은 근처에 새로 생긴 샘에 '이소라
    이 이스라엘(YSORAI-ISRAEL)'이라는
    말이 새겨진 데서 입증된다. 경건한 불
    교신자들은 내게 "우물에 매우 신비롭
    고 성스러운 무언가가 있다."고 말한다.
    이것은 교토역에서 전차로 3마일 거리
    에 있다.

67 이 책의 148쪽 주44, 42쪽 주10, 62~
    63쪽, 128쪽, 132쪽 참조.

68 『日本書紀』 2권, 32쪽 참조.

69 「창세기」 41:39 이하, 「에스더」 6:13 참조.

70 「사도행전」 3, 10, 11 참조. 이 불상은
    국보로서 현재 나라박물관에 있다. 매
    우 작기는 하지만 로마와 동방교회에
    서 볼 수 있는 것처럼 마술적 권능을 지
    니고 있다. 하르나크는 말한다. "유일신
    신앙임에도 불구하고 기독교는 3세기
    말에 예외적으로 성인과 천사의 기적
    등을 강조했다." 필자는 대승불교를 비
    판하는 사람들이 이 점을 명심해야 한
    다고 생각한다.(『Mission』, 1권, 299쪽,

130쪽, 233쪽 참조.)

71 이 책의 124쪽 주41, 성 바오로의 서한
    「디모테오 1」 2:1~3 참조.

72 이 책의 41쪽 주8 참조.

73 300여 년 전 어람관음(魚籃觀音)상이
    이 나라의 정토종 사찰에서 왔다. 관음
    은 바위 위에 서 있고 새장 안에 한 마
    리의 큰 물고기 대신 두 마리의 물고기
    를 넣어 두고 있다.

74 이 책의 108쪽 주39, 109쪽 주42 참조.

75 『日本書紀』, 2권, 149쪽 참조.
    친구가 없이 죽은 자, 물에 빠진 자, 태
    중의 아이, 아이를 낳던 중 죽은 아이들
    의 영혼을 위해 흰 천을 깔고 물을 뿌리
    는 오늘날의 관습은 죽은 자를 위한 초
    기 기독교의 세례 풍습이 남아 있는 것
    이다.

76 『Ruins D.C.』, 2권, 229~232쪽 참조. 이
    책의 42쪽 주11 참조.

77 「에제키엘」 1:78, 8:2, 4, 10:20 참조. 이
    책의 58쪽 주97, 89쪽 주50, 147쪽 주
    40 참조. 졸고 『Temples of the Orient』,
    234쪽, 247쪽 이하 참조.
    이 '체루빔의 병거(chariot of Cheru-
    bim)'는 솔로몬의 성전 안에 있었다.

「역대기 하」 28:18, 「히브리서」 9:5의 저자는 이들을 '영광스러운 케루빔 천신상(Cherubim of Glory)'이라고 부른다. 아시리아어 '키라부(Kirabu)'는 은총을 내린다는 뜻이고 카리부스(Karibus)는 '힘센', '강력한'이란 뜻이다.(이 책의 88~92쪽 참조.)

78 이 책의 74쪽 주52 참조. 바티칸 박물관에는 집정관 유니우스 바수스(Junius Bassus)의 흰 대리석 무덤이 있다. 이 무덤을 장식한 조각에서 젊은 예수는 사제 복장을 한 채 율법—토라—두루마리를 들고 복을 내리기 위해 오른손을 내밀고 있다. 예수는 로마 원로원의 의원처럼 고관들의 좌석에 앉아 으뜸가는 사도인 베드로와 바오로에게 가르침을 주고 있고, 발은 하늘을 딛고 있다.(Didron, 『Iconography』,1권, 246~247쪽, 250쪽 참조.)

79 「즈가리아」 13:6, 「요한복음」 20:25, 이 책의 106쪽 주25 '가섭' 참조.

80 이 책의 46~47쪽, 68~69쪽 참조. 켈트 십자가(성인들의 섬이 아일랜드에 45개 남아 있다)의 앞쪽에 둥근 바퀴가 있다는 점을 간과해서는 안 된다. 아섭

게도 그 의미는 오늘날 잊혀지고 있다.

81 이 책의 63~64쪽, 67쪽 주21, 118쪽 주10 참조.

82 쇼소인[正倉院]의 보물들은 페르시아와 당의 영향을 많이 받았음을 보여준다. 그것들은 '삼위일체의 종'인 쇼무 천황과 그의 황후 코묘의 것이다. 이들이 죽음에 이르자 딸인 고켄[孝謙] 천황이 편재하는 비로자나불에게 이 보물들을 바쳤다. 조선의 승려 교기가 이세에 있는 신사에서 받은 신탁에 따르면 비로자나불은 천조대신과 동일한 존재다.

83 Spence Jones, 『Early Christians in Rome』, 317쪽, Dean Farrar, 『Life of Christ in Art』 참조. 이 책의 60~61쪽, 161쪽 주4 참조.

84 필자는 조선 마곡사에서 주지를 위한 장례 법회에서 옥양목으로 된 물고기 깃발을 보았다. 이곳에서 필자는 틀림없는 히브리의 영향을 발견했다. 즉 의식에 사용되는 모든 것들이 신의 수레(방주 혹은 궤)안에서 '청정한 구역'으로 옮겨진 다음, 하상(河床)에서 드러난 바위 위에 밝힌 횃불 속에서 타버렸

다.(「민수기」 19:9, 「요한복음」 19:40 참
조.) 이것은 오늘날 시리아의 관습이라
는 점에 유의하라.(『동시리아 성무일도
서』, 255쪽 참조.) 러시아의 교회에서는
성체(Host)를 모시기 위해 사용하는 용
기를 '방주'라고 부른다.

85 이 책의 58쪽 주92, 113쪽 주61, 129쪽
주11 참조.

86 이 책의 102쪽 주15 참조. 아마도 55년
동안 재상을 지낸 우마노 스쿠네가 호
코지를 '신령의 왕'에게 봉헌했던 588
년을 가리킨다. 그는 또한 일본 최초
의 비구니인 젠신[善信]을 위한 사찰을
세웠다.(『日本書紀』, 2권, 100~112쪽,
118쪽, 370쪽 참조. 이 책의 42쪽 주10,
110~111쪽 참조.)

87 「이사야」 53:3, 4, 「마태오복음」 8:17,
25, 39, 40 참조. 킹 박사는 메시아와 나
병환자에 관한 탈무드의 전통은 바빌
로니아에 기원을 두고 있다고 말한다.
홍수비(deluge tablet)는 길가메시의 경
이로운 아름다움이 파괴되었고 그의
육신이 하느님의 표적을 새겨 가장 친
한 친구들에게도 공포의 대상이 되었
다고 기록한다. 그러나 정화의 장소에

서 몸을 씻은 그는 나아졌으며 그로 인
해 신이 되었다. "그가 심연을 봤다."는
것은 단체의 마을 사람들이 그를 '지옥
을 본 사람'이라고 한 것과 같은 기록이
다. 그렇다고 해도 어느 기독교 스승은
3세기 전에 "신은 영혼을 자신에게 맞
추려고 할 때 항상 베이스를 가지고 시
작하는데, 이것은 베이스가 모든 음악
의 기초이기 때문이다."라고 했다.

88 다음의 에우세비우스의 말을 참조하라.
"생명과 빛을 주시는 그 분은 위대한
의사이자 왕 그리고 주님이신 그리스
도이다. …… 최고의 군주들도 그가 모
든 이들의 보편적인 왕이라고 고백한
다. 땅을 다스리는 최고의 통치자들은
그를 사람들 사이의 흔한 왕이 아니라
하느님의 진정한 아들이자 하느님 자
신이라고 고백한다. 에우세비우스는 특
히 "관찰자들이 주의 깊게 유념해야 하
는 것은 요한의 복음과 서한에는 한 가
지 같은 양상과 특징이 나타나는데, 그
건 생명, 빛, 하느님의 사랑 같은 표현
들이 양쪽 모두에 자주 나타난다는 것"
이라고 한다. 이것을 아슈바고사의 『대
승기승론』에도 적용할 수 있다.

89 예루살렘 올리브 산의 승천교회에는
    승천하는 그리스도가 남긴 발자국이
    바위 위에 찍혀 있다. 여기에는 "내 발
    크기는 하늘과 땅의 크기다."라고 기록
    되어 있다.

90 이 책의 37쪽 주56, 38쪽 주57 참조.

91 이 책의 118쪽 주10 참조.

92 P. Y. 사에키 교수가 발견한 것이다.

93 시리아인 아프라테스(Afraates)는 성
    서를 '지혜로운 의사의 책(Book of
    the Wise Physician)'이라고 불렀고 오
    리게네스는 '하늘의 의사(Heavenly
    Physician)'인 예수(그의 약은 영혼의
    병을 치료했다)를 종종 다른 교부들보
    다 좀 더 자세하게 묘사하곤 했다.

94 교기가 창건한 오니미치[尾道]의 사이
    코쿠지[西國寺]에는 홍법대사가 조각
    한 약사불상이 있다. 50년에 한번 그 모
    습을 드러낸다고 한다. 약사전 앞에는
    연꽃 위에 앉은 미륵을 그린 그림이 있
    다. 그 위에는 구옥(球玉) 세 개가 있
    다. 이것은 아이슬란드에서 세례반 위
    의 물고기 세 마리가 은총의 삼위일체
    를 가리키는 것과 같다. 따라서 나는 이
    두 개의 휘장이 같은 의미를 갖는다고
    생각한다.

    솔로몬 신전에서 바다모형(Molten
    Sea)은 깊이(Deep)를 나타낸다는 점,
    성 바오로가 디도인들에게 '성령의 목
    욕(Laver of Regeneration)'에 대해 썼
    다는 점을 잊어서는 안 된다. 그리
    고 로마의 라테라노 대성전의 세례당
    (Baptistry)은 팔각형으로, 이것은 그 샘
    에서의 새로운 탄생을 뜻한다. 성 암브
    로시우스와 죽은 자가 미륵이 하생할
    때 재탄생하기를 기원하는 고야산 오
    쿠노인의 팔각전을 참조하라. 미륵의
    오른손에는 구슬이, 무릎에는 탑이 있
    다. 이 탑의 아래층에는 석가가 있다.
    (성 바르바라의 탑, 이 책의 107쪽 주32
    참조.) 호류사에는 석가의 생애를 그린
    네 개의 아름다운 부조가 있다. 세 번째
    것은 그의 화장을, 마지막 것은 화장 후
    살아서 제자들에게 설교하는 그를 그
    리고 있다. 성 바오로는 이런 것을 두고
    디도인들에게 '다시 나게 하심'이라고
    썼다.

95 『Epochs of Chinese and Japanese
    Art』 참조. 이 책의 110~112쪽, 140쪽
    주12 참조.

96 신앙 잡지에 실린 "일본의 농민들은 우
    리 안의 뱀을 마치 청동뱀처럼 영예로
    운 주님, '오도츠 사마'로 경배한다."라
    는 흥미로운 대목에 대해 미처 조사를
    해볼 수는 없었다.

97 일본의 연구자들과 사상가들은 이 책
    을 읽는 주 독자층이었을 거라고 짐작
    된다. 따라서 이 마지막 단락은 '독자들
    에게 띄우는 작가의 메시지'의 성격이
    짙다. 일본에서 많은 경험을 하고 그곳
    에서 죽음을 맞이한 작가의 일본에 대
    한 애정을 엿볼 수 있는 부분이다. —편
    집자 주

98 막스 밀러가 콘스탄티노플보다 더 동
    쪽으로 간 적은 없지만 그는 옥스퍼드
    에서 두 명의 제자를 아꼈고 그가 마지
    막 와병 중일 때 인도 전역의 사원과 모
    스크에서 그를 위해 기도했다는 소식
    을 듣고 기운을 얻었다. 이것은 그 자신
    의 태도 덕분 아니었을까? 왜냐하면 그
    는 "나는 어두운 면에 흥미가 없다. 모
    든 종교에는 어두운 면이 있다. 우리 자
    신도 예외가 아니다. 하지만 우리가 연
    구해야 하는 것은 밝은 면이다."라고
    했기 때문이다.

99 이 책의 18~19쪽, 69쪽 주33, 79쪽 주
    23, 91~92쪽, 94~95쪽, 104~105쪽,
    105쪽 주25, 115~116쪽, 134쪽 주39
    참조.

도의 상징들 ─ 영국 여성이 바라본 동양과 서양의 신앙

펴낸날	초판 1쇄 2013년 12월 27일

지은이	엘리자베스 A. 고든
옮긴이	신종범
펴낸이	심만수
펴낸곳	(주)살림출판사
출판등록	1989년 11월 1일 제9─210호

주소	경기도 파주시 문발동 522-1
전화	031─955─1350
팩스	031─624─1356
홈페이지	http://www.sallimbooks.com
이메일	book@sallimbooks.com

ISBN	978─89─522─2819─2 03910

※ 값은 뒤표지에 있습니다.
※ 잘못 만들어진 책은 구입하신 서점에서 바꾸어 드립니다.
※ 이 도서의 국립중앙도서관 출판시도서목록(CIP)은 서지정보유통지원시스템 홈페이지
(http://seoji.nl.go.kr)와 국가자료공동목록시스템(http://www.nl.go.kr/kolisnet)에서 이
용하실 수 있습니다.(CIP제어번호: CIP2013028176)

책임편집	홍성빈